# Wirtschaft und Recht

## Jahrgangsstufe 12

Herausgegeben von Ulrich Mehrer
und Simone Voit

Unter Mitarbeit von Carina Freytag, Thomas Freytag
und Dr. Franz Heckl



Ernst Klett Verlag
Stuttgart • Leipzig

2. Auflage 2 9 8 7 6 5 | 2021 20 19 18 17


Programmbereich Klett-Auer

**Herausgeberin/Herausgeber:** Ulrich Mehrer, Simone Voit
**Autorinnen und Autoren:** Carina Freytag, Thomas Freytag, Dr. Franz Heckl, Ulrich Mehrer, Simone Voit

**Umschlaggestaltung:** weissbunt design und kontext, Berlin
**Satz:** Fotosatz H. Buck, Kumhausen
**Druck:** DBM Druckhaus Berlin-Mitte GmbH, Berlin

Printed in Germany
ISBN 978-3-12-006121-2

9 783120 061212

# Inhalt

## II Recht der Leistungsstörungen

### 4 Systematik des Rechts der Leistungsstörungen



### 5 Verspätung der Leistung beim Kauf



### 6 Mangelhafte Leistung beim Kauf



### 7 Vertragsfreiheit versus Verbraucherschutz

# Vorwort

Mit „Wirtschaft und Recht 12" ist auch der zweite Band des bewährten Lehrwerks für die Oberstufe aktualisiert worden. Dies bedeutet, dass Grafiken erneuert wurden, Daten aktualisiert und alle Texte hinsichtlich ihrer inhaltlichen Richtigkeit überprüft und gegebenenfalls angepasst wurden. Am 13. Juni 2014 sind durch das Gesetz zur Umsetzung der Verbraucherrechterichtlinie Veränderungen in den Bereichen des Widerrufsrechts und der Informationspflichten in Kraft getreten, die bei Verbrauchsgüterkäufen zum Tragen kommen. Alle relevanten Neuerungen sind in das Buch eingearbeitet worden.

In diesem Band wird weiterhin das Ziel verfolgt, die Kompetenzen, v. a. die Handlungs- und Urteilskompetenz, sowohl in ökonomischen als auch rechtlichen Fragen zu fördern.

Die bewährte Konzeption des Bandes „Wirtschaft und Recht 11" wird ferner konsequent umgesetzt:
- bewusste Gestaltung als Lehrbuch,
- bewusster Verzicht auf Materialüberfrachtung,
- Kontrollfragen am Ende jedes Kapitels zur Festigung und zur Vertiefung des Lehrstoffs,
- Doppelseitenprinzip zur besseren Übersichtlichkeit und Strukturierung,
- umfangreiches Stichwortverzeichnis,
- Übungsschulaufgabe, die die Themenbereiche vernetzt.

Darüber hinaus bietet der Band „Wirtschaft und Recht 12"
- eine Zusammenstellung von ausgewählten Normen des Grundgesetzes, des Bürgerlichen Gesetzbuchs und des Strafgesetzbuchs,
- eine Zusammenfassung der Anforderungsbereiche und Operatoren.

Im ersten Abschnitt des Lehrbuchs (Kapitel 1–3) wenden die Schülerinnen und Schüler ihr Wissen über Zielvorstellungen der sozialen Marktwirtschaft an und bringen ihre Erkenntnisse über theoretische volkswirtschaftliche Modelle ein, um wirtschaftspolitische Entscheidungen nachvollziehen und beurteilen zu können. Dabei steht der komplexe Problemlösungsprozess im Vordergrund. Aufbauend auf diesen grundlegenden Erkenntnissen werden in der Folge drei volkswirtschaftliche Handlungsfelder beleuchtet.
In Kapitel 1 wird die zentrale Bedeutung von Beschäftigung und Einkommen sowohl für den Einzelnen als auch für die Gesellschaft anhand von Modellen und Wirkungsketten analysiert.
Kapitel 2 setzt sich mit der besonderen Bedeutung der Geldordnung und des Währungssystems auseinander. Darauf aufbauend wird in Kapitel 3 die Bedeutung außenwirtschaftlicher Beziehungen sowie die internationale Wettbewerbsfähigkeit der Bundesrepublik Deutschland analysiert.

Im zweiten Abschnitt des Lehrbuchs zum Fachgebiet Recht (Kapitel 4–7) werden Problembereiche unserer Rechtsordnung aufgegriffen.
Nach einer Übersicht möglicher Leistungsstörungen beim Kaufvertrag werden zunächst die allgemeinen und dann die speziellen Voraussetzungen für die verspätete Leistung (Kapitel 5) und die mangelhafte Leistung (Kapitel 6) vertieft. Abschließend in Kapitel 7 gewinnen die Schülerinnen und Schüler einen Überblick über die Regelungen zum Verbraucherschutz und beschäftigen sich mit dem Spannungsverhältnis zwischen Verbraucherschutz und Vertragsfreiheit.

Die im Lehrbuch als „Exkurs" dargestellten Sachverhalte sind im Lehrplan nicht vorgesehen, sie sind jedoch bei Abgrenzung und Verdeutlichung zwingender Lehrinhalte durch den Lehrplan hilfreich.

Soweit Quellen verwendet wurden, die nicht direkt im Text angegeben sind, wird an dieser Stelle auf das ausführliche Quellenverzeichnis im Anhang verwiesen.

Wir wünschen allen, die dieses Buch lesen und mit ihm arbeiten, viel Freude und Erfolg bei der Beschäftigung mit wirtschaftlichen und rechtlichen Sachverhalten.

Die Herausgeber
Ulrich Mehrer und Simone Voit

NEED
JOB

# I Wirtschaftspolitische Entscheidungsfelder

**Wirtschaftspolitik: Ziele – Entscheidungsprozess – Entscheidungsfelder**

## 1 Beschäftigung und Einkommen

### 1.1 Strukturelle Ungleichgewichte auf dem Arbeitsmarkt

### 1.2 Lohnpolitik – Grundsätzliche Positionen der Tarifpartner

### 1.3 Wirtschaftspolitische Maßnahmen und Beschäftigung

### 1.4 Strukturelle arbeitsmarktpolitische Maßnahmen

### 1.5 Staatshaushalt – Staatsverschuldung und Steuerproblematik

# Wirtschaftspolitik: Ziele – Entscheidungsprozess – Entscheidungsfelder

## Volkswirtschaftliche Zielsetzungen

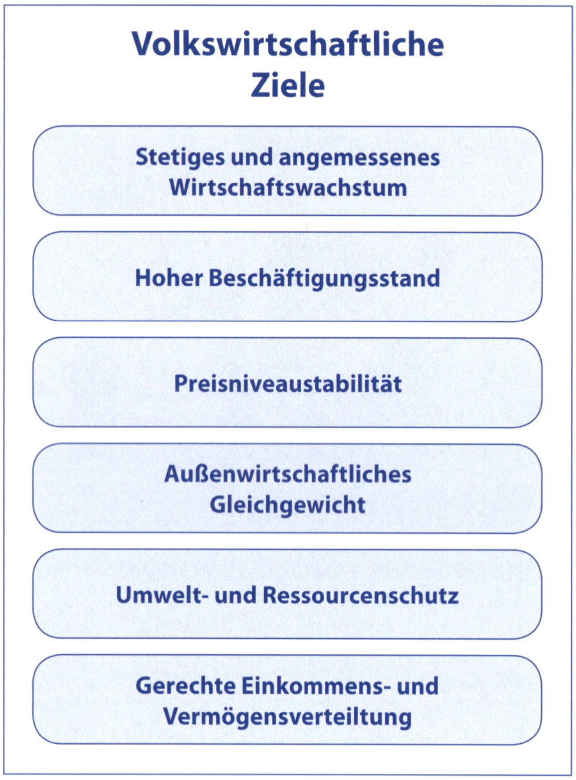


*Abb. I.1: Volkswirtschaftliche Ziele (vgl. Wirtschaft und Recht 11, Kap. 2)*

Wirtschaftspolitische Entscheidungen beeinflussen Unternehmen, Haushalte und Staat in erheblicher Weise. Entsprechend groß ist die Anzahl der Experten, die sich mit dem Thema Volkswirtschaft und den Möglichkeiten der Wirtschaftspolitik beschäftigen. Auf der Grundlage von Modellen, wie dem Modell des Wirtschaftskreislaufs und dem Konjunkturmodell, geben Experten der Politik Ratschläge, wie das Wirtschaftsgeschehen – besonders in schwierigen Situationen – beeinflusst werden könnte. Allerdings gibt es bekanntermaßen ganz unterschiedliche wirtschaftspolitische Konzepte (vgl. Wirtschaft und Recht 11, Kap. 4). Übereinstimmung besteht jedoch im Wesentlichen darin, dass sich wirtschaftspolitisches Handeln an Zielen orientieren muss, an welchen man auch die Wirkung bzw. den Erfolg getroffener wirtschaftspolitischer Maßnahmen erkennen kann.

Wichtige **volkswirtschaftliche Ziele** im Rahmen der Sozialen Marktwirtschaft findet man in Deutschland im sogenannten **Stabilitätsgesetz** (vgl. Wirtschaft und Recht 11, Kap. 2). Dieses Gesetz, das 1967 verabschiedet worden ist, gilt nach wie vor. Es verpflichtet Bund und Länder, sich bei ihren wirtschafts- und finanzpolitischen Maßnahmen an den im Gesetz genannten Zielen zu orientieren. Im Lauf der Zeit fanden weitere wirtschaftlich relevante Ziele Eingang in verschiedene deutsche Gesetzeswerke. So spricht man inzwischen nicht mehr nur vom sogenannten **Magischen Viereck** volkswirtschaftlicher Ziele, sondern von einem „Magischen Sechseck“ oder gar von einem „Magischen Achteck“.

### Wirtschaftspolitischer Entscheidungsprozess (Wiederholung)

Der wirtschaftspolitische Entscheidungsprozess beginnt mit der **Diagnose der Ausgangslage**, ähnlich wie beim Arzt, der zunächst die Krankheit diagnostiziert, bevor er Medizin verschreibt. Für die Wirtschaftsexperten bedeutet das, alle möglichen Wirtschaftsdaten zu erheben, um die aktuelle Wirtschaftslage zu erfassen. Ein Ergebnis ist beispielsweise das traditionelle Herbstgutachten der führenden Wirtschaftsforschungsinstitute (vgl. Abb. I.2).

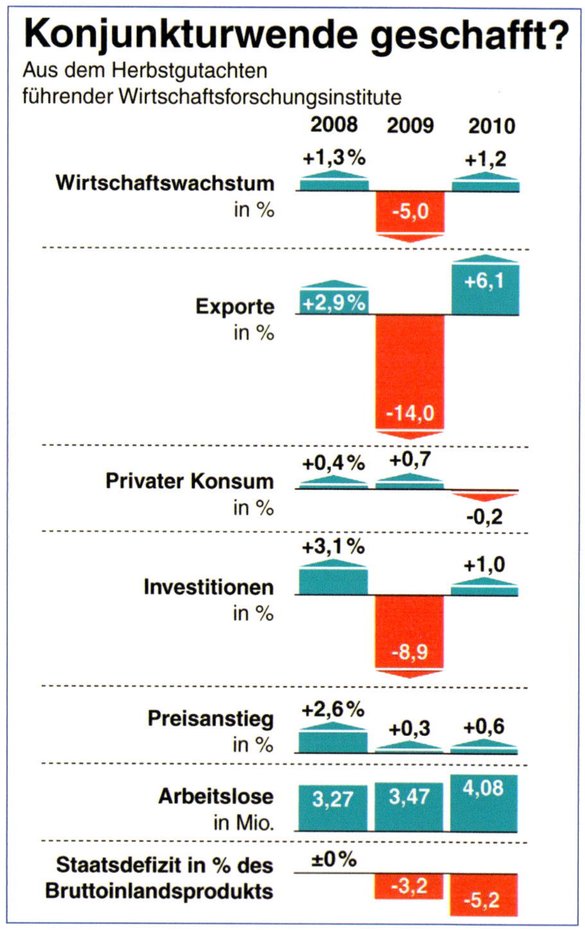


*Abb. I.2: Herbstgutachten 2009 (Quelle: picture-alliance/dpa-Grafik 3144, © dpa-Infografik)*

Unter Einbeziehung der oben genannten Modelle, zu denen auch das Modell des Wirtschaftskreislaufs gehört, lassen sich auch **Prognosen** formulieren. Zum Zeitpunkt der Veröffentlichung des Gutachtens der Forschungsinstitute im Herbst 2009 haben die Konjunkturforscher für das noch nicht abgeschlossene Jahr 2009 etliche kritische Werte prognostiziert: Die aufgenommenen Konjunkturindikatoren weisen im Wesentlichen negative Werte auf. Der Blick auf die prognostizierten Daten von 2010 lässt dagegen eine insgesamt positivere Entwicklung erkennen. Die Diagnose der Wirtschaftssituation im Jahr 2009/2010 zeigt z. B., dass unter anderem ein Ziel des Stabilitätsgesetzes nicht erreicht werden konnte, nämlich das Ziel „Hoher Beschäftigungsstand".

Der nächste Schritt des wirtschaftspolitischen Entscheidungsprozesses nach der Diagnose der Ausgangslage ist, **passende Maßnahmen** zu ermitteln, auszuwählen und durchzusetzen. So hat sich die Bundesregierung im Herbst 2009 mit Bezug auf die Gefahr weiter steigender Arbeitslosigkeit beispielsweise für ein Steuersenkungsprogramm sowie für die Verlängerung der Förderung von Kurzarbeit (Verkürzung der Arbeitszeit bei einem bestimmten Lohnausgleich durch die Bundesagentur für Arbeit) entschieden.

Unternehmen können die geförderte Kurzarbeit auch im kommenden Jahr noch in Anspruch nehmen und damit Entlassungen wegen der Wirtschaftskrise vermeiden. Das Kurzarbeitergeld wird dann aber nur noch maximal 18 Monate lang bezahlt – jetzt sind es zwei Jahre. Das beschloss das Bundeskabinett am Mittwoch in Berlin. Der Schritt wurde von Gewerkschaften und Arbeitgebern begrüßt. Die von der Bundesagentur für Arbeit geförderte Kurzarbeit kostet die BA in diesem Jahr etwa fünf Milliarden Euro. […] Mit Hilfe des Kurzarbeitergeldes können Arbeitgeber auch weiterhin Phasen mit schlechter Auftragslage überstehen, ohne Arbeitnehmer entlassen zu müssen. […] Nach Einschätzung von Experten hätte es ohne die großzügigere Regelung bei der Kurzarbeit, bei der Arbeitgeber einen Teil der Sozialbeiträge erstattet bekommen, in Deutschland durch die Wirtschaftskrise bis zu einer halben Million mehr Arbeitslose gegeben.

Quelle: Fuldaer Zeitung, 2.12.2009, http://www.fuldaerzeitung.de/newsroom/politik/Politik-Arbeitsmarkt-Konjunktur-Kurzarbeit;art266,199356

Entscheidend bei der Frage nach passenden Maßnahmen ist allerdings auch, ob eine Maßnahme zum **richtigen Zeitpunkt** und in der **richtigen Dosierung** in Kraft gesetzt werden kann. In einer parlamentarischen Demokratie nimmt der Entscheidungsprozess einige Zeit in Anspruch, da entsprechende Gremien einzubinden sind.

Im Übrigen muss die **Wirkung** der einzelnen Maßnahmen – auch im Blick auf die vorgegebenen Ziele – beobachtet werden, und notfalls müssen Korrekturen vorgenommen werden. Zusammenfassend lässt sich der **wirtschaftspolitische Entscheidungsprozess** so darstellen:

**Diagnose der Ausgangslage**
(Konjunkturindikatoren)

↓

**Vergleich mit wirtschaftspolitischen Zielen**

↓

**Ermittlung der passenden Maßnahmen**
Fragen: Was? Wann? Wo? Wie? Wer?
Mögliche Wirkungen bedenken!

↓

**Einsatz der Maßnahmen**

↓

**Beachtung der Wirkung, evtl. Korrektur**

*Abb. I.3 Der wirtschaftspolitische Entscheidungsprozess*

**Wirtschaftspolitische Entscheidungsfelder**

Welche Maßnahmen zum Einsatz kommen sollen, ist zunächst auch eine Frage danach, welcher volkswirtschaftliche Sachzusammenhang Anlass zu Entscheidungen gibt. Je nachdem, ob es sich dabei um Fragen der Geldmenge, der Steuerbelastung, der Beschäftigung, der Einkommensverteilung, der Wirtschaftsstruktur oder Ähnlichem handelt, lassen sich entsprechend wirtschaftspolitische Bereiche bzw. **Entscheidungsfelder** nennen, in deren Rahmen die passenden Maßnahmen getroffen werden können. Fragt man dabei zugleich nach den politischen Zuständigkeiten, ergeben sich die sogenannten **Träger** der Maßnahmen. Für Deutschland und die EU gilt zum Beispiel:

| Entscheidungsfeld | Träger | Maßnahmen (Beispiele) |
|---|---|---|
| Arbeitsmarkt | z. B. Tarifpartner<br>Regierung/ Parlament | Veränderung der Löhne<br>Änderungen beim Kündigungsschutz |
| Geldwesen | Europäische Zentralbank | Änderung der Zinssätze |
| Finanzwesen | Regierung/ Parlament | Erhöhung/Senkung der Steuern |
| Außenwirtschaft | Europäische Kommission<br>Europäische Zentralbank | Förderung des Exports<br>Beeinflussung der Wechselkurse |

# 1 Beschäftigung und Einkommen

## 1.1 Strukturelle Ungleichgewichte auf dem Arbeitsmarkt

> „A man willing to work, and unable to find work, is perhaps the saddest sight that fortune's inequality exhibits under this sun."
>
> (Thomas Carlyle, Philosoph, in „Chartism", Boston, 1840)

Arbeit ist für die meisten Menschen von existenzieller Bedeutung. Sie dient überwiegend dem Erwerb von Einkommen zum Lebensunterhalt und sie vermittelt in besonderem Maße Teilhabe am gesellschaftlichen Leben. Jede Regierung ist folglich darauf bedacht, **Arbeitslosigkeit** zu bekämpfen. Das Wohlergehen des Einzelnen hängt ebenso wie die Stabilität bzw. Prosperität eines Staates davon ab, dass möglichst viele Menschen Arbeit haben. **Arbeitsmarkt- und Beschäftigungspolitik** genießen deshalb einen hohen Stellenwert.

Gleichwohl ist die Anzahl der von Arbeitslosigkeit Betroffenen in Deutschland sowie in anderen europäischen Staaten seit Mitte der 70er-Jahre des letzten Jahrhunderts stark angestiegen. Temporäre Erfolge beim Abbau der Arbeitslosigkeit, vor allem in Zeiten wirtschaftlichen Aufschwungs, haben sich stets mit wiederkehrenden Rückschlägen abgewechselt. Seit dem Jahr 2005 mit annähernd 5 Mio. Arbeitslosen hat sich die Situation auf dem Arbeitsmarkt in Deutschland jedoch deutlich verbessert, wie auch die folgende Abbildung zeigt:

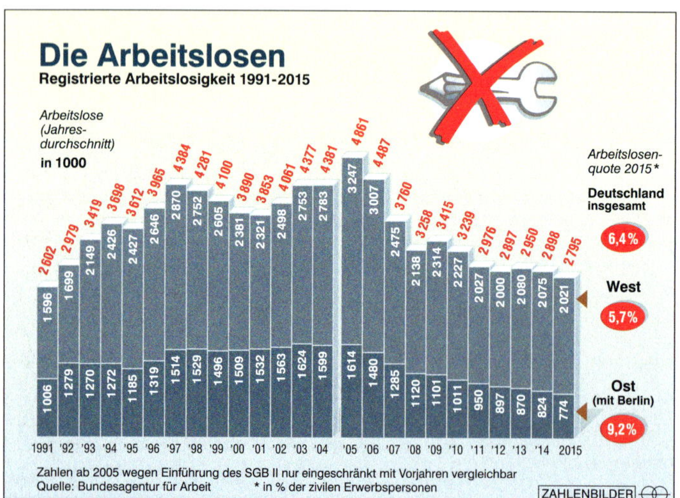

© Bergmoser + Höller Verlag AG

*Abb. 1.1: Arbeitslosigkeit in Deutschland*

Immer noch sind jedoch annähernd 3 Mio. Bürger unseres Staates von Arbeitslosigkeit betroffen. Der Arbeitsmarkt in Deutschland weist nach wie vor **strukturelle Ungleichgewichte** auf.

### Arbeitsmarktungleichgewicht: Grundlagen

Von einem Ungleichgewicht auf einem Markt spricht man generell, wenn sich Angebot und Nachfrage nicht im **Gleichgewicht** befinden. Das gilt auch für den Arbeitsmarkt.

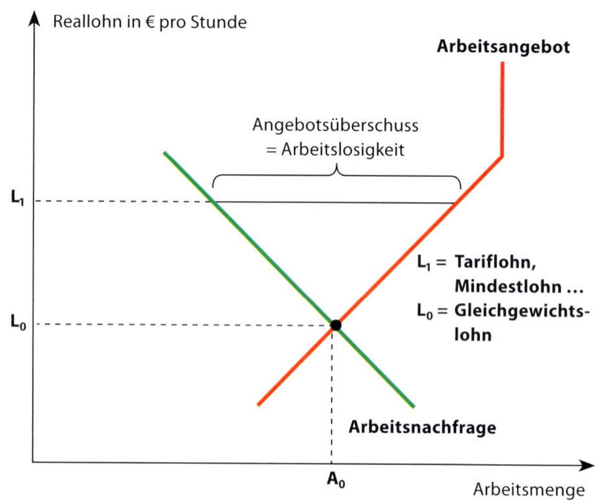


*Abb. 1.2: Klassisches Arbeitsmarktmodell*

Auch in Deutschland übersteigt die Gesamtzahl derjenigen, die ihre Arbeitskraft anbieten, die entsprechende Nachfrage nach Arbeitskräften seit Langem. Im klassischen Modell (vgl. Abb. 1.2) verhindert ein zu hoher Tariflohn das Arbeitsmarktgleichgewicht. In der Realität lassen sich jedoch auch andere Ursachen für das deutliche Auseinanderklaffen von **Arbeitsangebot** und **Arbeitsnachfrage**, also für die hohe Zahl von Arbeitslosen, finden.

**Strukturell** bedingte Ungleichgewichte zwischen Arbeitsangebot und Arbeitsnachfrage sind in der Regel langfristiger Art. Davon abzugrenzen sind **konjunkturell** bedingte Ungleichgewichte auf dem Arbeitsmarkt, hervorgerufen durch Schwankungen der gesamtwirtschaftlichen Entwicklung. Sie sind eher mittelfristiger Art, aber nicht immer eindeutig von strukturellen Ungleichgewichten auf dem Arbeitsmarkt abzugrenzen.

## Ursachen struktureller Ungleichgewichte auf dem Arbeitsmarkt

Störungen des Gleichgewichts zwischen Arbeitsangebot und Arbeitsnachfrage bedeuten Arbeitslosigkeit. Dabei ist die strukturell bedingte Arbeitslosigkeit meist gleichzusetzen mit langfristiger Arbeitslosigkeit. Um dennoch wirksame Maßnahmen gegen strukturell bedingte Arbeitslosigkeit ergreifen zu können, muss man deren mögliche Ursachen kennen.
So lautet eine eng formulierte Definition zum Begriff **Strukturelle Arbeitslosigkeit**:

> Form der Arbeitslosigkeit, die dadurch entsteht, dass durch nachhaltige Veränderungen der Nachfrage in einzelnen Wirtschaftszweigen (z. B. im Kohlebergbau), durch den Einsatz neuer Techniken und Technologien oder durch Veränderungen auf dem Weltmarkt Arbeitsplätze entweder abgebaut oder betroffene Unternehmen ganz stillgelegt werden.
>
> Quelle: Bundeszentrale für politische Bildung (Hrsg.): Das Lexikon der Wirtschaft, Bonn 2004, S. 119

In der folgenden Übersicht (Abb. 1.3) sind die oben angeführten und weitere Ursachen struktureller Arbeitsmarktungleichgewichte zusammengefasst:

### Ursachen struktureller Arbeitsmarktungleichgewichte

**Branchenspezifische (sektorale) Ursachen**
→ technologischer Wandel

**Unzureichende Qualifikation**

**Regionale Besonderheiten**

**Demografische Ursachen**
→ altersspezifische Gegebenheiten
→ geschlechtsspezifische Beschränkungen

**Schwierige arbeitsrechtliche Rahmenbedingungen**
(→ unflexible Löhne)

**Folgen der Globalisierung**

*Abb. 1.3: Ursachen struktureller Arbeitsmarktprobleme*

### Ungleichgewicht durch technologischen Wandel

Eine **sich ändernde Güternachfrage** führt in der Regel auch zu einer Änderung bei der Nachfrage nach der Arbeit, mit der man diese Güter herstellt. So hat z. B. die Entwicklung von Personalcomputern die Produktion von mechanischen Schreibmaschinen nahezu zum Erliegen gebracht. Für die Hersteller traditioneller Büromaschinen bedeutete dies einen langwierigen und schmerzhaften **Umstellungsprozess**, bei dem auch Hersteller mit großen Namen mehr oder weniger von der Bildfläche verschwanden. Während dabei viele Beschäftigte der Büromaschinenbranche ihren Arbeitsplatz verloren, nahm die Beschäftigung in der Computerbranche weiter zu. Da aber die Arbeitsanforderungen in beiden Branchen sehr unterschiedlich waren, fanden die Entlassenen nicht sofort und direkt in der nun boomenden Branche einen neuen Arbeitsplatz. Die Struktur der Arbeitskräftenachfrage passte einfach nicht zu der des Angebots. So bedurfte es einiger Zeit sowie größerer Anstrengungen, einen neuen Arbeitsplatz zu finden (Sucharbeitslosigkeit/Friktionelle Arbeitslosigkeit).

Weitere Beispiele für eine **sektorale Unterbeschäftigung** durch den dauerhaften Rückgang der Nachfrage infolge technologischen Wandels sind unter anderem im Bereich von Kohle (→ Öl, erneuerbare Energien) und Stahl (→ Kunststoff) zu finden.

Besondere Auswirkung auf die Beschäftigung hat jedoch der **technische Fortschritt** in Verbindung mit einer **Erhöhung der Arbeitsproduktivität**. Durch zunehmende Automatisierung, vor allem in der industriellen Fertigung, sinkt der erforderliche Arbeitseinsatz und somit auch die Zahl der Erwerbstätigen.
Von Bedeutung ist in diesem Zusammenhang auch die Tatsache, dass die immer komplexer werdenden Prozessabläufe in den hoch technisierten Volkswirtschaften an die Erwerbstätigen hohe Anforderungen hinsichtlich ihrer **Qualifikation** stellen. Diesen beruflichen Anforderungen sind nicht alle Arbeitnehmer gewachsen. So ist die Arbeitslosenquote bei Erwerbspersonen **ohne einen Berufsabschluss**, wie man in Abb. 1.5 erkennen kann, besonders hoch, während Erwerbspersonen **mit Hochschulabschluss** nur in geringem Maße von Arbeitslosigkeit bedroht sind.

*Abb. 1.4: Folgerichtig!*

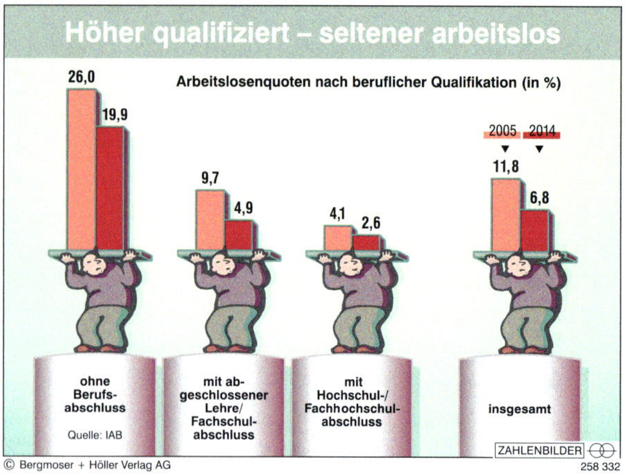


*Abb.1.5: Qualifikation und Arbeitslosigkeit*

Wenn aber die Anforderungsprofile der angebotenen Arbeitsplätze nicht mit den vorhandenen Qualifizierungen gemeldeter Arbeitsloser übereinstimmen, spricht man auch von **Mismatch-Arbeitslosigkeit**. Das heißt, dass zahlreiche offene Stellen nicht besetzt werden können, obwohl auf der anderen Seite genügend Arbeitssuchende vorhanden sind. In Deutschland spielt Mismatch-Arbeitslosigkeit jedoch keine große Rolle. Sorgen bereitet eine andere Entwicklung:

> Wenn auch in Deutschland nach wie vor kein allgemeiner, flächendeckender Fachkräftemangel vorliegt, sind dennoch zunehmend Engpässe in einzelnen Segmenten des Arbeitsmarktes erkennbar. Neben Schwierigkeiten bei der Rekrutierung von bestimmten Berufsgruppen, in bestimmten Regionen oder in bestimmten Branchen wird immer wieder auf die besonderen Stellenbesetzungsprobleme von kleinen und mittleren Betrieben hingewiesen. Dies ist insofern von großer Relevanz, als die deutsche Volkswirtschaft stark kleinbetrieblich strukturiert ist.
>
> Quelle: IAB-Kurzbericht 10/2013

### Ungleichgewicht durch Demografie

Eine Herausforderung für den deutschen Arbeitsmarkt ist unter anderem der Rückgang der Geburtenrate seit Mitte der 1960er-Jahre, da immer weniger Menschen ins Berufsleben übertreten, wodurch die Gefahr besteht, dass der Fachkräftemangel zunimmt. Zur demografischen Arbeitslosigkeit lässt sich andererseits rechnen, wenn Menschen wegen ihres Alters, Geschlechts oder ihrer Herkunft auf dem Arbeitsmarkt schlechter gestellt sind als die übrigen Bürger eines Landes. Nicht zu vergessen ist im Übrigen die Zunahme der Bevölkerung durch Gastarbeiter und durch die Eingliederung von Spätaussiedlern aus Osteuropa. Hinzu kommt eine größere Anzahl von Asylbewerbern. Die gravierende Jugendarbeitslosigkeit in der Europäischen Union (vgl. Abb. 1.6) wird häufig auf zwei Ursachen zurückgeführt: ein zu strenges Arbeitsrecht und Defizite in der Bildung. Die fortschreitende Globalisierung bei zu geringer Wettbewerbsfähigkeit der Unternehmen im eigenen Land dürfte ebenfalls ein Grund dafür sein.

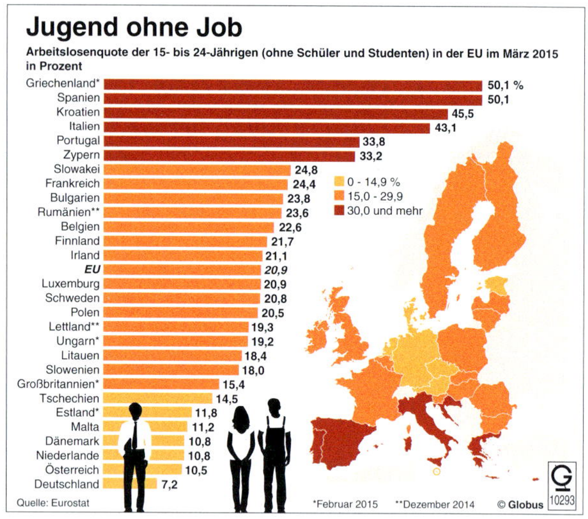


*Abb. 1.6 Jugendarbeitslosigkeit in der EU*

### Ungleichgewicht durch die Globalisierung

Ohne Zweifel gingen und gehen in Deutschland auch durch Entwicklungen im Rahmen der Globalisierung Arbeitsplätze verloren. Die Verstärkung des **Wettbewerbs** aufgrund der zunehmenden **weltweiten Arbeitsteilung** führt manches deutsche Unternehmen dazu, einen Teil seiner **Arbeitsplätze** in kostengünstigere Transformations- oder Entwicklungsländer zu **verlagern**. Dies gilt vor allem für Arbeitsplätze mit einfachen Tätigkeiten (z. B. im Textilbereich, aber auch in der sonstigen verarbeitenden Industrie), wobei die in Deutschland geltenden **arbeitsrechtlichen Rahmenbedingungen** zugleich manchen ausländischen Investor davon abhalten, seinerseits sein Geld bei uns im Land anzulegen. Zu den häufig kritisierten Rahmenbedingungen gehören unter anderem das hohe Lohnniveau (siehe dazu vor allem Kapitel 1.2), die strengen Kündigungsschutzbestimmungen und das recht umfassende Mitbestimmungsrecht der Arbeitnehmer. Dass Deutschland bis zum Jahr 2008 Exportweltmeister war und bei den Exporten nach China und den USA immer noch an dritter Stelle steht, spricht andererseits für die Wettbewerbsstärke der deutschen Wirtschaft.

### Ungleichgewicht durch regionale Besonderheiten

Wie in vielen anderen Ländern gibt es auch in Deutschland strukturschwächere Regionen mit vermehrter Arbeitslosigkeit. Nach wie vor erkennbar sind hier ein **Süd-Nord-Gefälle** sowie ein **West-Ost-Gefälle.** So lag im März 2016 die Arbeitslosigkeit im Westen bei 5,8 %, im Osten bei 9,3 %. Es gilt jedoch zu differenzieren. Die Arbeitslosenquoten in Mecklenburg-Vorpommern und Bremen lagen hier bei 11 %, während Thüringen mit 7,5 % sowie Sachsen und Brandenburg mit 8,3 % bzw. 8,7 % mit den alten Bundesländern recht gut mithalten konnten.

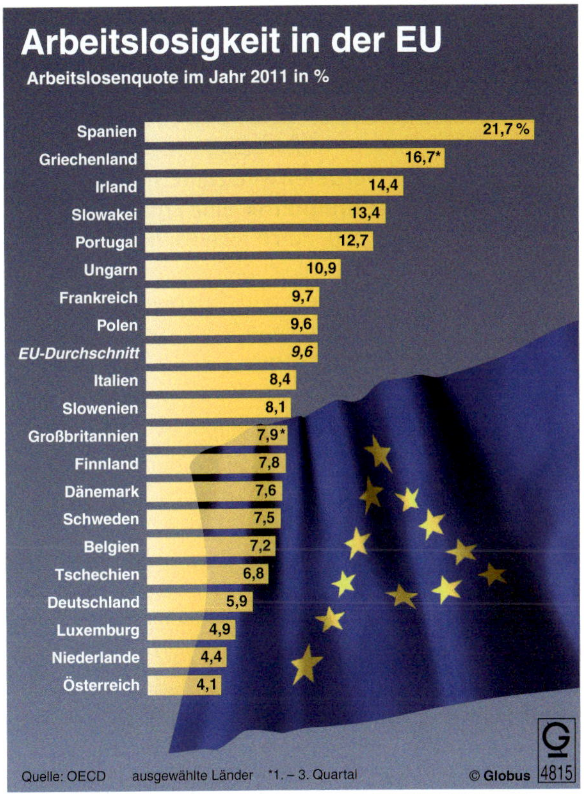


*Abb. 1.7: Arbeitslosigkeit in der EU*

**Die Erwerbstätigen nach Wirtschaftsbereichen**
(Anteile in %; *ab 2000 einschl. Gastgewerbe)

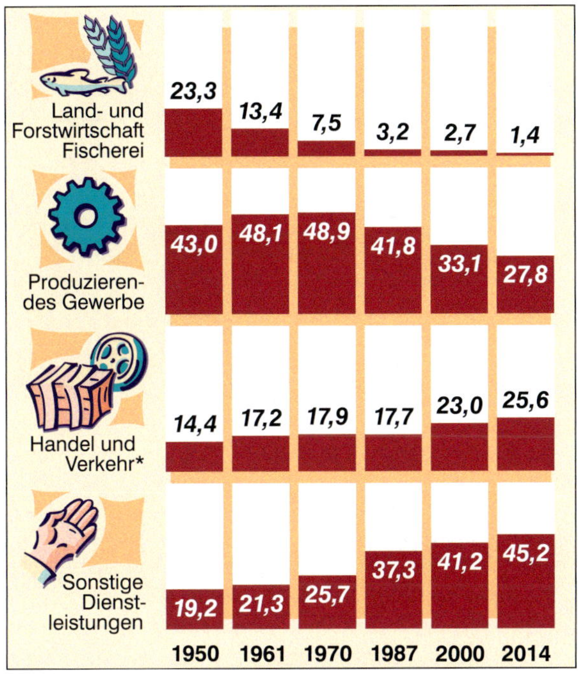


*Abb. 1.8: Erwerbstätige – Quelle: Bergmoser + Höller, ZB: 247130*

Zusammenfassend lässt sich zu den strukturellen Ungleichgewichten auf dem Arbeitsmarkt sagen:

> Mit **dauerhaft verhärteter Arbeitslosigkeit** ist zu rechnen, wenn im Aufbau der Volkswirtschaft tiefgreifende Veränderungen und starke Ungleichgewichte auftreten, etwa wenn ganze Branchen ihre Wettbewerbsfähigkeit auf dem Weltmarkt verlieren oder der technischen Entwicklung nicht mehr folgen können, wenn traditionelle Standortvorteile verloren gehen oder bestehende Nachteile nicht überwunden werden können. Strukturelle Arbeitslosigkeit kann aber auch die Folge von Mängeln im Ausbildungssystem, fehlender Flexibilität auf dem Arbeitsmarkt und beschäftigungshemmenden rechtlichen Rahmenbedingungen sein.
>
> Quelle: Zahlenbild Nr. 258200, Erich Schmidt Verlag, 9/02

### Fragen und Aufgaben

1. Rekapitulieren Sie, wie Arbeitslosigkeit gemessen wird (Begriff „Arbeitslosenquote"), und formulieren Sie mögliche Auswirkungen von Arbeitslosigkeit auf den Einzelnen, auf die Volkswirtschaft und auf den Staat!
2. Analysieren Sie die Grafik der Abb. 1.8 systematisch. Zeigen Sie mögliche Ursachen auf, die zu der Veränderung der Zahl der Erwerbstätigen in den verschiedenen Wirtschaftsbereichen geführt haben könnten.
3. Recherchieren Sie Ursachen für die hohe Arbeitslosigkeit in Spanien, Griechenland und/oder Portugal (vgl. Abb. 1.7) im Internet! Beschreiben Sie, welche arbeitsmarktpolitischen Maßnahmen die einzelnen Regierungen getroffen haben.
4. Erörtern Sie die Problematik, die sich in folgenden Daten zum deutschen Arbeitsmarkt ausdrückt:
   - Anforderungsniveau „Helfer": 12 % aller Arbeitsplätze ← dafür qualifiziert: 45 % der Arbeitslosen
   - Anforderungsniveau „Fachkräfte": 58 % aller Arbeitsplätze ← dafür qualifiziert: 43 % der Arbeitslosen
   - Anforderugsniveau „Spezialisten/Experten": 28 % aller Arbeitsplätze ← qualifiziert: 11 % der Arbeitslosen

   **Helfer:** einfache, wenig komplexe (Routine-)Tätigkeiten; kein formaler beruflicher Bildungsabschluss
   **Fachkraft:** fundierte Fachkenntnisse, Abschluss einer mindestens zweijährigen Berufsausbildung
   **Spezialist:** Spezialkenntnisse, gehobene Fach- und Führungsaufgaben; Meister- oder Technikerausbildung
   **Experte:** sehr hohes Kenntnisniveau, Führungsaufgaben; mindestens vierjährige Hochschulausbildung

   (Datenquelle: www.picture-alliance.de/dpa-Globus/Globus 6529; bearbeitet)

## 1.2 Lohnpolitik – Grundsätzliche Positionen der Tarifpartner

*„Grausam, wie der Hase den armen Fuchs hetzt!"*

*Abb. 1.9: Lohn-Preis-Spirale*

Auch wenn man von Tarifpartnerschaft spricht – bei **Tarifverhandlungen** zwischen Vertretern der Arbeitgeberverbände und Vertretern der Gewerkschaften wird oft hart miteinander gerungen. Im Zentrum der Verhandlungen steht dabei der Lohntarif. **Lohn** ist – volkswirtschaftlich gesehen – der **Preis**, der auf dem Arbeitsmarkt für die Leistung des Produktionsfaktors Arbeit gezahlt wird. Naturgemäß haben die Tarifpartner unterschiedliche Vorstellungen über die Höhe dieses Preises:

- Für die Gewerkschaftsseite geht es beim auszuhandelnden Tariflohn um die Höhe des **Einkommens**, mit dem Arbeiter und Angestellte in der jeweiligen Branche auskommen müssen und das durch Inflation geschmälert wird.
- Für die Arbeitgeberseite geht es um **Kosten**, die wiederum den Gewinn der Unternehmen beeinflussen und eventuell zu Preiserhöhungen zwingen.

Geschichtliche Beispiele zeigen, dass ein völlig unregulierter Arbeitsmarkt zu einer Ausbeutung auf der Seite der Arbeitnehmer führen kann. Deshalb hat sich im Laufe der Zeit in vielen Industrieländern ein Lohnfindungsprozess herausgebildet, bei dem die Verhandlungspositionen beider Seiten weitgehend ausgeglichen sind. Der Lohn wird nicht durch die einzelnen Unternehmen und Arbeitnehmer, sondern in der Regel durch Verbände – **Arbeitgeberverbände** und **Gewerkschaften** – ausgehandelt. Dies ist auch in Deutschland der Fall. Das Grundgesetz garantiert dabei in Art. 9, Abs. 3 die **Tarifautonomie**. Das bedeutet, dass Arbeitsentgelte und alle sonstigen Arbeitsbedingungen nicht vom Staat, sondern von den Tarifparteien festgelegt werden.

**Defensive Lohnpolitik (Arbeitgeberposition)**

Um Kostensteigerungen bzw. Gewinnminderungen zu vermeiden, fordern Arbeitgeber möglichst geringe Lohnsteigerungen. Vertreten wird zumeist eine **produktivitätsorientierte Lohnpolitik**. Eine Erhöhung der **Arbeitsproduktivität**, z. B. durch technischen Fortschritt, bedeutet, dass mit einer gleichbleibenden Zahl von Erwerbstätigen eine größere Produktmenge erzeugt wird. Damit sinken die Lohnkosten je Stück (**Lohnstückkosten**). Die Forderung lautet somit:

> Die durchschnittlichen Nominallöhne sollen nicht stärker steigen als die Zuwachsrate der Arbeitsproduktivität!

Steigen die Löhne stärker, als die Arbeitsproduktivität zunimmt, erhöhen sich die Lohnstückkosten. Können die Unternehmen diese Kostenerhöhung an die Kunden in Form von **Preiserhöhungen** weitergeben, kommt es unter Umständen zu einer (Kosten-)Inflation, worauf die Arbeitnehmerseite wiederum mit der Forderung nach höheren Löhnen auftreten könnte (Lohn-Preis-Spirale bzw. Preis-Lohn-Spirale, vgl. Abb. 1.9). Zudem vermindern Preiserhöhungen die Wettbewerbsfähigkeit der Unternehmen gegenüber ausländischen Konkurrenten.
Können Unternehmen die Erhöhung der Lohnstückkosten nicht an die Kunden weitergeben, bedeutet dies eine **Gewinnminderung,** was ebenfalls die Wettbewerbsfähigkeit verringert und zu einem Rückgang der Investitionen führen kann. Möglicherweise sehen sich verschiedene Unternehmen auch zu Entlassungen gezwungen, wodurch die Arbeitslosigkeit erhöht würde.

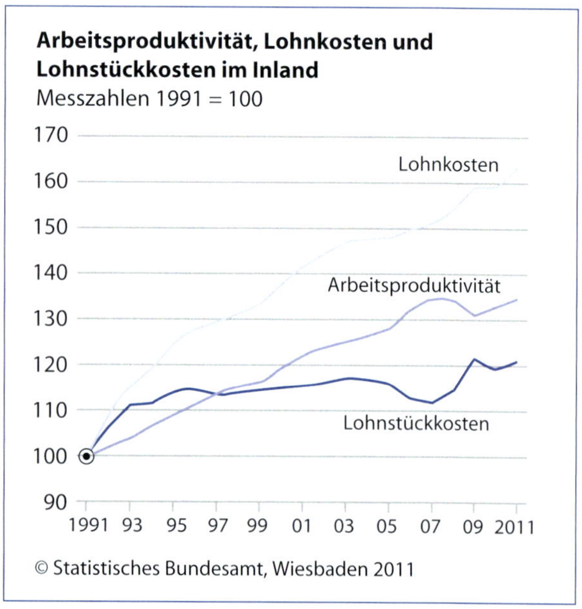


*Abb. 1.10: Lohnkosten und Arbeitsproduktivität (© Stat. Bundesamt)*

Ein Blick auf die Entwicklung in Deutschland (vgl. Abb. 1.10) zeigt, dass die Lohnstückkosten von 1991 bis 1993 noch deutlich gestiegen sind, dass sie seitdem aber relativ konstant geblieben sind. So konnten deutsche Unternehmen in den vergangenen Jahren ihre Wettbewerbsfähigkeit innerhalb der EU insgesamt verbessern. Absolut gesehen sind die Lohnkosten in Deutschland jedoch noch immer relativ hoch (vgl. Abb. 1.12).

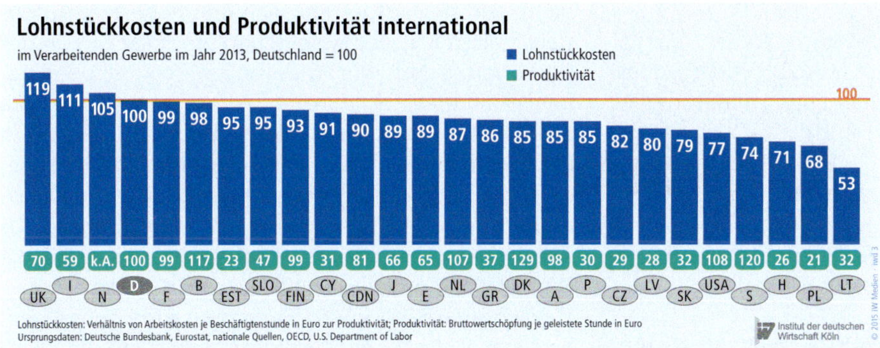


*Abb. 1.11: Lohnstückkosten und Produktivität international*

Grundsätzlich sind die Arbeitgeberverbände der Meinung, dass Lohnsteigerungen, die nicht höher ausfallen als der Produktivitätsfortschritt, Lohnkosteninflation und lohnkostenbedingte Arbeitslosigkeit verhindern. Im Blick ist letztlich auch die **Gewinnquote** (Unternehmens- und Vermögenseinkommen im Verhältnis zum gesamten Volkseinkommen). Diese soll gleich bleiben, eventuell sogar gesteigert werden, um die Investitionskraft zu stärken und um Arbeitsplätze erhalten zu können. Das heißt, die Lohnsteigerung sollte angesichts der immer noch hohen Arbeitslosigkeit eher geringer ausfallen als der Produktivitätsfortschritt. Durch die Kostenentlastung in Verbindung mit einer Erhöhung der Wettbewerbsfähigkeit wären die Unternehmen in der Lage, nicht nur Arbeitsplätze zu erhalten, sondern sie auch noch auszubauen und so einen Beitrag zur Beschäftigungsförderung zu leisten.

### Kritik an der produktivitätsorientierten Lohnpolitik

Die produktivitätsorientierte Lohnpolitik geht bei der Berechnung der Arbeitsproduktivität von der pauschalen Formel **Bruttoinlandsprodukt je Arbeitsstunde** aus. Im Vorteil sind hier Unternehmen bzw. Branchen, die bei ihrer Tätigkeit eine höhere Produktivitätssteigerung erzielen konnten, als für die gesamte Volkswirtschaft ermittelt wurde. Bei einheitlicher produktivitätsorientierter Lohnfestlegung sinken folglich die Stückkosten dieser Unternehmen und Branchen, ihre Gewinne steigen. Unternehmen bzw. Branchen mit geringerem Produktivitätsfortschritt als im Durchschnitt müssen dagegen höhere Lohnstückkosten verkraften.

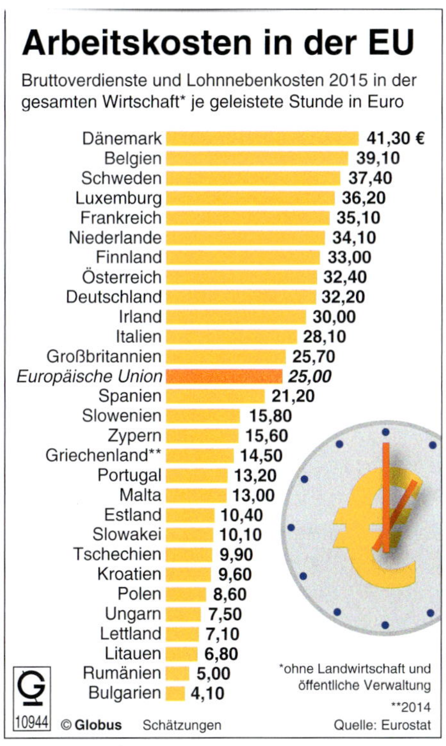


*Abb, 1.12: Arbeitskosten*

Die produktivitätsorientierte Lohnpolitik funktioniert nicht oder wird gegebenenfalls außer Kraft gesetzt, wenn neben den Löhnen **weitere Kostenfaktoren** die Personalkosten eines Unternehmens ansteigen lassen. Erhöht der Staat z. B. die Beitragssätze zur Kranken- oder Rentenversicherung, muss der Lohnzuwachs entsprechend geringer ausfallen, damit die Stückkosten konstant bleiben können. Nicht wenige Arbeitgeber fordern dieses Vorgehen auch. Hier stellt sich jedoch die Frage nach der Gerechtigkeit. In diesem Fall würden nämlich die Arbeitnehmer nicht nur ihren eigenen Anteil an der Beitragserhöhung schultern müssen, sondern auch noch den Arbeitgeberanteil. Zu diskutieren wäre die Abweichung von einer produktivitätsorientierten Lohnfestsetzung aber auch beim Anstieg anderer Lohnnebenkosten, z. B. beim Urlaubsgeld oder bei der betrieblichen Altersversorgung.

Letztlich bleibt die alte Frage: **Welcher Lohn ist gerecht?** Tatsache ist, dass sich die Gewinnquote seit dem Jahr 2000 deutlich erhöht hat. Lag der Anteil der Unternehmer- und Kapitaleinkommen am Volkseinkommen im Jahr 2000 noch bei ca. 28 %, so befand er sich im Jahr 2013 bereits bei fast 35 %. Dies ist ein relativ großer Sprung zugunsten von Arbeitgebern und Kapitaleignern. Fairerweise muss man allerdings ergänzen, dass auch Arbeitnehmerhaushalte vermehrt über Kapitaleinkünfte verfügen.

Grundsätzlich gilt jedoch – trotz einiger Fragezeichen:

> Langfristig kann man nicht mehr verbrauchen bzw.mehr verteilen, als man erwirtschaftet hat. **Auf längere Sicht entspricht somit die Lohnentwicklung der Produktivitätsentwicklung.**

Dass Lohnpolitik aus Arbeitgebersicht jedoch nicht immer Lohnzurückhaltung bedeuten muss, zeigt das Beispiel von Henry Ford:

**Henry Fords 5-Dollar-Arbeitstag**

Im Jahr 1914 führte die Ford Motor Company den 5-Dollar-Arbeitstag ein. Da der Lohn zu dieser Zeit üblicherweise zwischen zwei und drei Dollar pro Tag betrug, lag der von Ford gezahlte Lohn deutlich oberhalb des Gleichgewichtsniveaus. Es ist daher kaum überraschend, dass sich vor den Toren der Fabrik lange Schlangen von wartenden Arbeitssuchenden bildeten, die hofften, einen der gut bezahlten Arbeitsplätze zu erhalten.

Welches Motiv hatte Ford? Henry Ford schrieb später dazu: „Wir wollten diese Löhne bezahlen, um eine tragfähige Grundlage für unser Unternehmen zu schaffen. Wir bauten etwas für die Zukunft. Ein Geschäft, das nur bei niedrigen Löhnen profitabel ist, ist immer unsicher ... Die Entlohnung eines Acht-Stunden-Tags mit fünf Dollar war eine der wirksamsten Kostensenkungsmaßnahmen, die wir je durchgeführt haben."

Aus der Sicht der traditionellen ökonomischen Theorie mutet Fords Erklärung seltsam an. Er behauptete, dass hohe Löhne niedrige Kosten implizieren. [...] Möglicherweise nutzte er den hohen Lohn, um die Arbeitsproduktivität zu steigern. Es gibt etliche Indizien dafür, dass dieser hohe Lohnsatz dem Unternehmen tatsächlich zum Vorteil gereichte. Ein seinerzeit erstellter Bericht sagt: „Der hohe Lohnsatz bei Ford beseitigt sämtliche Faulheiten und Widerstände der Belegschaft ... Die Arbeiter sind absolut gefügig, und man kann mit Sicherheit sagen, dass seit Ende 1913 jeder einzelne Tag eine deutliche Verminderung der Lohnkosten bei Ford mit sich brachte." Fehlzeiten gingen beispielsweise um 75 Prozent zurück, was auf eine deutliche Verstärkung der Arbeitsanstrengungen hinweist.

Quelle: N. Gregory Mankiv, Makroökonomik, Stuttgart 2003, S. 196

**Offensive Lohnpolitik (Arbeitnehmerposition)**

Die Seite der Arbeitnehmer hat naturgemäß andere Vorstellungen von der Lohnentwicklung als die Arbeitgeberseite. Die Forderung lautet zunächst:

> Der Anstieg der durchschnittlichen Nominallöhne soll zumindest die Zuwachsrate der Arbeitsproduktivität und die aktuelle Inflationsrate ausgleichen!

Da die Gewerkschaften die Interessen ihrer Mitglieder nicht nur als Tarifpartner wahrnehmen wollen, sondern generell in der Gesellschaft, im Staat und in der Wirtschaft, gehen ihre Forderungen über die oben genannte Formel meist hinaus. Ziel ist nicht nur, dass die **Lohnquote** (Anteil der Arbeitnehmereinkommen am gesamten Volkseinkommen) gleich bleibt, sondern dass sie zunimmt. Erwartet wird eine Einkommens- und Vermögensumverteilung zugunsten der Arbeitnehmer. Als weiteres Argument für starke Lohnsteigerungen gilt die **Kaufkrafttheorie**, die davon ausgeht, dass durch Lohnzuwächse auch mehr Geld für Konsum ausgegeben wird, was wieder Investitionen, Produktion und Beschäftigung anregen würde.

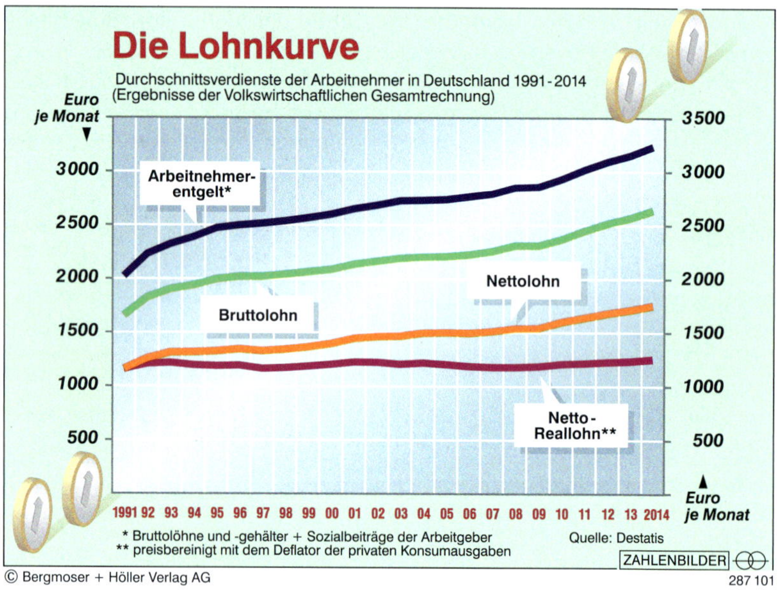



*Abb. 1.13: Lohnzurückhaltung*

Abb. 1.13 zeigt: Der **Netto-Reallohn** der Arbeitnehmer, also der Geldbetrag, der nach Abzug von Lohnsteuer, Sozialbeiträgen und Inflation zum Leben übrig bleibt, ist seit 1993 praktisch nicht mehr gestiegen. Das heißt: Die Zurückhaltung der Arbeitnehmerseite bei den Lohnverhandlungen hat dazu geführt, dass die relativ geringen Lohnsteigerungen durch Abgaben und Inflation teilweise mehr als aufgezehrt wurden. So ist die **Lohnquote** bis zum Jahr 2007 von über 70 % auf etwa 63 % abgerutscht (vgl. Abb. 1.14), hat sich aber inzwischen wieder deutlich erhöht (68 %).

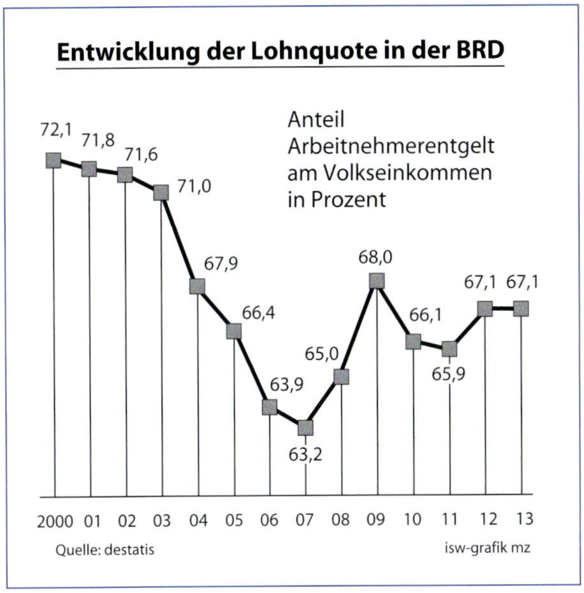


*Abb. 1.14: Entwicklung der Lohnquote (isw-wirtschaftsinfo 48, 04/14)*

**Kritik an der gewerkschaftlichen Lohnpolitik**

Wie bereits ausgeführt, kann eine deutlich über dem Produktivitätsfortschritt liegende Lohnerhöhung zu einer **Inflation** führen. Vor allem in Zeiten mit stärkerem Wachstum der Wirtschaft gelingt es den Unternehmen, die gestiegenen Lohnkosten durch Preiserhöhungen an die Kunden weiterzugeben. Wenn das gestiegene Preisniveau dann bei den folgenden Tarifverhandlungen erneut berücksichtigt werden soll, dann ist die **Lohn-Preis-Spirale** in vollem Gang, mit der Folge, dass niemand einen Nutzen davon hat, da die Inflation die Lohnzuwächse mehr oder weniger neutralisiert. Eine Nominallohnsteigerung führt dann allenfalls zu einer geringfügigen Reallohnsteigerung.

Eine Steigerung der Lohnquote sagt über **Wohlstand und Güterversorgung** in einer Volkswirtschaft nicht viel aus.

Auch die **Einkommensunterschiede** in einer Volkswirtschaft bildet diese Größe nicht ab. So besteht das Einkommen auch der Arbeitnehmerhaushalte in Deutschland weniger als früher aus Lohn bzw. Gehalt, wie auch das Statistische Bundesamt bestätigt: „Mit einem Anteil von 35 % am verfügbaren Einkommen privater Haushalte im Jahr 2007 haben die aus unternehmerischen Tätigkeiten und Vermögen stammenden Einkommensbestandteile deutlich an Bedeutung gewonnen (1991: 30,8 %)." (Statistisches Bundesamt: Wirtschaft und Statistik 3/2008, S. 205). Was brächte zudem eine Steigerung der Lohnquote, wenn nur eine kleinere Gruppe von Arbeitnehmern zufällig in den Genuss der Lohnsteigerung käme, die Masse der Bürger aber unberücksichtigt bliebe?

Die sogenannte **Kaufkrafttheorie** wiederum, die davon ausgeht, dass gestiegene Löhne über höhere Konsumausgaben zu zunehmender Produktion und Beschäftigung führen, wird eher überschätzt. Dies kann u. a. folgendes Beispiel (**Nominallohn**: + 100 €) zeigen:

| | | |
|---|---|---|
| | zusätzl. **Lohnkostenaufwand** (Arbeitgeber) | **120,– €** |
| | abzügl. Arbeitgeberanteil Sozialversicherung | 20,– € |
| = | Nominallohnerhöhung | 100,– € |
| | abzügl. Arbeitnehmeranteil Sozialversicherung | 20,– € |
| | abzügl. Lohnsteuer | 24,– € |
| = | Nettolohnerhöhung | 56,– € |
| | abzügl. Sparen | 11,– € |
| | abzügl. Kauf von Importgütern | 10,– € |
| = | **direkte Nachfrage** (im Inland) | **35,– €** |

Zugunsten der Kaufkrafttheorie muss man allerdings einräumen, dass Steuern und Sozialabgaben indirekt auch nachfragewirksam sind. Selbst der Kauf von Importgütern kann zu Gegengeschäften führen.

**Fragen und Aufgaben**

**5.** Sie sollen als Vertreter/in des Metallarbeitgeberverbandes (oder als Gewerkschaftsvertreter/in) an Lohntarifverhandlungen für die Automobilindustrie teilnehmen. Sie wollen eine möglichst niedrige (hohe) Lohnsteigerung durchsetzen. Bereiten Sie sich auf Ihre Rolle vor:
  - **a)** Fassen Sie die wichtigen Eckpunkte der produktivitätsorientierten (gewerkschaftlichen) Lohnpolitik zusammen!
  - **b)** Klären Sie die Begriffe Nominallohn, Reallohn, Nettolohn, Bruttolohn!
  - **c)** Skizzieren Sie eine Wirkungskette, die ihre Argumentation unterstützt bzw. die Forderung der Gegenseite entkräftet! Folgende Begriffe könnten darin u. a. vorkommen: Tariflohn, Gewinne, Erweiterungsinvestitionen, Rationalisierungsinvestitionen, Wettbewerbsfähigkeit, Nachfrage, Beschäftigung, Produktion, Personalkosten …
  - **d)** Formulieren Sie zwei bis drei Argumente, mit denen Sie deutlich machen, dass Sie gegen (für) höhere Lohnsteigerungen sind. Beziehen Sie bei Ihren Überlegungen soweit möglich auch die Grafiken 1.10 bis 1.14 ein!

**6.** Führen Sie vor der Klasse ein Streitgespräch mit einem/einer Vertreter/in der Gegenseite!

**7.** „Wer in der Arbeit bloß einen reinen Kostenfaktor sieht, dessen Preis so weit wie möglich gedrückt werden muss, der hantiert mit sozialem Sprengstoff, der rüttelt an den Grundfesten unserer Zivilisation." Diskutieren Sie diesen Satz von Johannes Rau (ehemaliger Bundespräsident) eingehend!

## 1.3 Wirtschaftspolitische Maßnahmen und Beschäftigung

*Abb. 1.15: „Es geht aufwärts, Jungs!", Esslinger Zeitung, 1994, S. 2*

Seit der Ölkrise 1973/74 ist die Arbeitslosigkeit in Deutschland treppenförmig angestiegen. Der Höhepunkt lag mit fast 5 Mio. Arbeitslosen im Jahr 2005. In jedem Wirtschaftsboom glaubten Politiker an eine Wende, weil sich die Arbeitsmarktzahlen etwas verbessert hatten, aber in der folgenden Wirtschaftsflaute ergaben sich noch höhere Arbeitslosenzahlen als zuvor. Haben die **wirtschaftspolitischen Maßnahmen** versagt?
Ein Grund für die scheinbare Wirkungslosigkeit der Wirtschaftspolitik ist in der Tatsache begründet, dass die Arbeitslosigkeit in Deutschland nach Schätzungen nur etwa zu 20 % **konjunkturell bedingt** ist. Der weitaus größere Teil der Arbeitslosigkeit hat **strukturelle Ursachen**. Folglich können nur die konjunkturell bedingten Ursachen der Unterbeschäftigung durch entsprechende konjunkturpolitische Maßnahmen beeinflusst werden. Strukturelle Probleme der Beschäftigung sind eher eine Aufgabe der sogenannten Arbeitsmarktpolitik (vgl. Kapitel 1.4). Dennoch gehen die Meinungen über die richtige Wahl der Mittel weit auseinander. Ein zusätzliches Problem ist, dass sich konjunkturelle und strukturelle Probleme oft überlagern.

Anhänger der **klassischen** bzw. der **neoklassischen** Theorie sind überzeugt, dass sich der Staat aus dem Wirtschaftsgeschehen weitgehend heraushalten soll, weil der Markt durch Angebot und Nachfrage von selbst alles regeln würde. Staatliche Konjunkturpolitik wird deshalb als schädlich bzw. störend angesehen. Allerdings erwarten die Anhänger von *Adam Smith* und *Jean-Baptiste Say*, dass die Löhne nach unten flexibel sind, sodass auch auf dem Arbeitsmarkt ein Gleichgewicht entstehen kann. Ähnlich denken Anhänger des **Monetarismus**, nach deren Auffassung allein die am Wachstumspotenzial zu messende stetige Geldmengenerweiterung konjunkturelle Ausschläge verhindern kann. Auf dieser Basis wollen Vertreter der **angebotsorientierten Wirtschaftspolitik** (vgl. Wirtschaft und Recht 11, Kapitel 4) vor allem die Unternehmensseite beeinflussen.

Ein anhaltender Rückgang der volkswirtschaftlichen Endnachfrage – sei es im Konsum-, Investitions- oder Exportbereich – geht in der Regel einher mit Beschäftigungseinbußen. Statistisch ist ein enger Zusammenhang zwischen Investitionstätigkeit (Sachkapital) und Beschäftigungszahl nachzuweisen. Die sogenannte angebotsorientierte Wirtschaftstheorie argumentiert daher, dass eine Zunahme der Beschäftigung nur durch eine Zunahme der Investitionen zu erreichen sei.
Quelle: Jörn Altmann: Wirtschaftspolitik, 8. Aufl., Stuttgart 2007, S. 90

In jüngerer Zeit – als eine Auswirkung der Finanz- und Wirtschaftskrise 2008/2009 – ist *John Maynard Keynes* wieder populärer geworden. Eine **antizyklische, nachfrageorientierte Wirtschaftspolitik** (vgl. Wirtschaft und Recht 11, Kapitel 4) lässt sich in vielen Konjunkturprogrammen des Jahres 2008 erkennen. Bei diesem Konzept spielt das Eingreifen des Staates eine entscheidende Rolle.

Ein Angebotsüberhang auf dem Arbeitsmarkt führt [...] nicht – wie auf dem Gemüsemarkt – zu sinkenden Preisen, d. h. Löhnen, sodass sich ein sogenanntes Unterbeschäftigungsgleichgewicht einstellte. Im Gegensatz zu den Theorien der vollständigen Konkurrenz ergab sich aus den Marktkräften kein Ausgleich zwischen Angebot und Nachfrage. Hierauf fußt u. a. die These von John Maynard Keynes, die auch die Wirtschaftspolitik in der Bundesrepublik lange Zeit nachhaltig beeinflusst hat: Da die private Wirtschaft angesichts einer Rezession keine Veranlassung zu erhöhter Nachfrage nach Arbeitskräften sieht, andererseits aber auch nicht sinkende Löhne zu einem Beschäftigungseffekt führen können, sei es Aufgabe des Staates, durch gezielte Maßnahmen im Rahmen von Beschäftigungsprogrammen die Nachfrage nach Arbeitskräften anzuregen.
Quelle: Jörn Altmann: Wirtschaftspolitik, 8. Aufl., Stuttgart 2007, S. 100

Beschäftigungswirksame wirtschaftspolitische Maßnahmen lassen sich grob folgendermaßen zuordnen:

| | |
|---|---|
| **Finanzpolitik** | • Steuerung von Einnahmen und Ausgaben des Staats |
| **Geldpolitik** | • Beeinflussung von Geldmenge und Zinssätzen |
| **Außenwirtschaftspolitik** | • Einwirkung auf Import und Export |

*Abb. 1.16: Die traditionellen Bereiche der Wirtschaftspolitik*

Maßnahmen der Geldpolitik und der Außenwirtschaftspolitik werden in den folgenden Kapiteln ausführlich dargestellt, deshalb erfolgt zunächst eine Konzentration auf die *Beschäftigungswirkungen* **finanzpolitischer Maßnahmen**. Dazu ist eine Begriffsklärung nötig:

> Unter **Fiskalpolitik** im *weiteren* Sinn, englisch fiscal policy, versteht man die finanzpolitischen Maßnahmen des Staates im Dienste der Konjunktur- und Wachstumspolitik. Fiskalpolitik im engeren Sinn meint die auf die Wirtschaftstheorie von J.M. Keynes zurückgehende Wirtschaftspolitik im Sinne einer bewussten **Steuerung der gesamtwirtschaftlichen Nachfrage** (antizyklische Finanzpolitik). In Deutschland wurde die Fiskalpolitik im **Stabilitätsgesetz** verankert. Zunehmende Kritik an der Fiskalpolitik führte zum Konzept einer **angebotsorientierten Wirtschaftspolitik.**
>
> Bearbeitet nach: Der Brockhaus multimedial 2009, Bibliographisches Institut & F. A. Brockhaus, Mannheim 2009

Verwendet man den Begriff Fiskalpolitik im weiteren Sinn (lat. „fiscus" = Geldkorb, Staatshaushalt), lässt sich folgender Überblick über zentrale beschäftigungswirksame wirtschaftspolitische Maßnahmen geben:

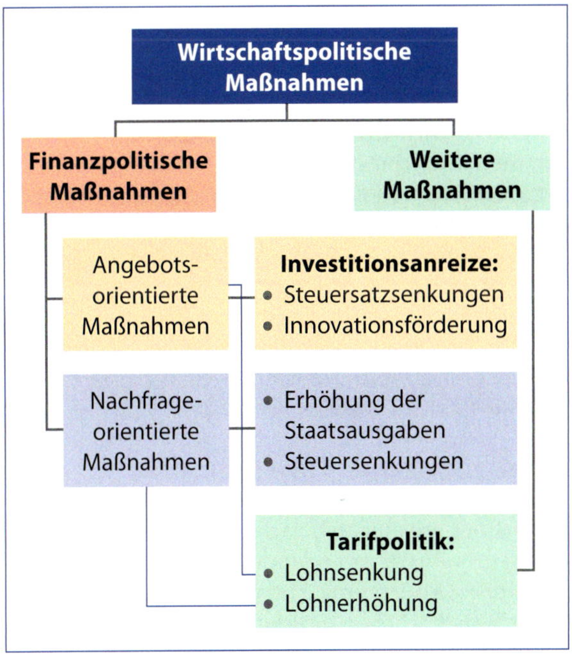


*Abb. 1.17: Beschäftigungswirksame wirtschaftspolitische Maßnahmen*

## Tarifpolitische Maßnahmen

Wie bereits erwähnt, garantiert die Tarifautonomie in Deutschland, dass Lohnvereinbarungen nicht von staatlicher Seite beeinflusst werden. Dennoch sind Löhne aus konjunktureller und beschäftigungspolitischer Sicht von hoher Bedeutung.

### Lohnzurückhaltung bzw. Lohnsenkung

Unbestritten kann eine Lohnzurückhaltung Arbeitsplätze sichern bzw. zusätzliche Arbeitsplätze ermöglichen. Voraussetzung für diese „angebotsorientierte" Maßnahme ist, dass die Löhne geringer ansteigen als der Produktivitätszuwachs. In der Folge sinken bei den betroffenen Unternehmen die Lohnstückkosten. Die Wirkungskette könnte in etwa so aussehen:

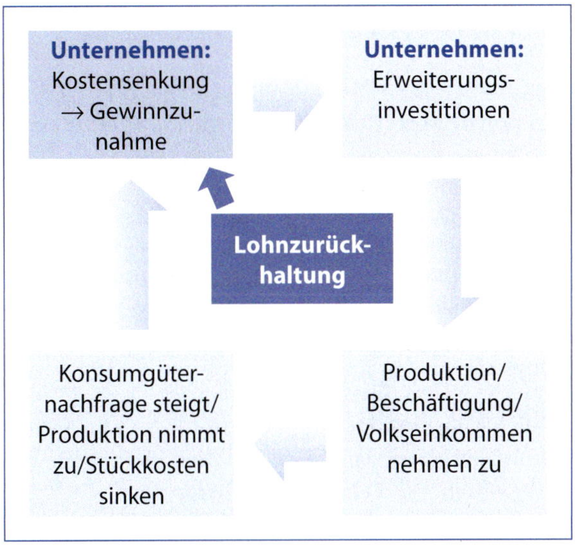


*Abb. 1.18: Lohnzurückhaltung*

### Bewertung der Maßnahme

In den vergangenen 15 Jahren haben Arbeitnehmer in Deutschland wirtschaftspolitische Verantwortung gezeigt, indem sie sich mit eher niedrigen **Lohnzuwächsen** begnügt haben. Vertreter einer **offensiven Lohnpolitik** hätten sich hier mehr gewünscht, wie das folgende Beispiel zeigt:

> Der Bruttolohn je Beschäftigten ist im Jahr 2013 um 2,2 Prozent gestiegen, netto, also nach Lohnsteuer und Sozialabgaben, um 2,1 Prozent. Die Teuerung (1,5 %) hat diesen Zuwachs zu zwei Drittel aufgefressen, sodass ein reales Lohnplus (mehr Kaufkraft) von gerade mal 0,6 Prozent blieb. [...] Zu den Zielsetzungen der Gewerkschaften [zählen Lohnsteigerungen, die über den Zuwachs bei der Arbeitsproduktivität hinausgehen]. Das bedeutet, die Lohnerhöhungen sollten den Anstieg der Lebenshaltungskosten ausgleichen (Inflationsrate) und die Reallöhne mindestens in Höhe des Produktivitätszuwachses steigen. [...] Die Erhöhung der Löhne hat aber in den vergangenen 13 Jahren lediglich knapp den Anstieg des Verbraucherpreisindex ausgeglichen.
>
> Fred Schmid, isw-wirtschaftsinfo 48, April 2014, S. 15, bearbeitet

Angesichts der Tatsache, dass der **private Konsum** nach wie vor die wichtigste Nachfragekomponente beim Bruttoinlandsprodukt ist (knapp 60 %), liegt es nahe, dass sich Politiker und Wirtschaftswissenschaftler auch Sorgen über eine zu geringe **Binnennachfrage** gemacht haben. Schließlich mussten viele Arbeitnehmer in den vergangenen Jahren den Gürtel enger schnallen. Eher offen bleibt, wie erfolgreich die gezeigte Lohnzurückhaltung aus volkswirtschaftlicher Sicht gewesen ist. Sicher ist, dass Wachstumsschübe im letzten Jahrzehnt großenteils auch von **Außenhandelsüberschüssen** getragen wurden. Die Stärkung der **Wettbewerbsfähigkeit** deutscher Unternehmen durch Lohnzurückhaltung hat entsprechend zum außenwirtschaftlichen Erfolg mit beigetragen.

Ob das eigentliche Ziel der Lohnzurückhaltung, nämlich die **Investitionstätigkeit** der Unternehmen anzuregen, erreicht wurde, ist nicht eindeutig zu beurteilen. Trotz relativer Lohnzurückhaltung in den Jahren 2007–2009 **(Weltwirtschaftskrise!)** und 2012–2013 haben die Investitionen (parallel zur Entwicklung des BIP) jeweils deutlich abgenommen. Im Jahr 2011 haben die Investitionen der Unternehmen trotz relativ hoher Lohnsteigerungen andererseits kräftig zum **Wachstum des BIP** in Deutschland beigetragen.

Auch die **Beschäftigungswirkung** der Lohnzurückhaltung in den vergangenen Jahren ist nicht eindeutig zu bewerten. Die **Zahl der Arbeitslosen** ist seit ihrem Höhepunkt im Jahr 2005 mit 4,86 Mio. Arbeitslosen in weniger als zehn Jahren überraschend stark auf knapp unter 3 Mio. gesunken. Geht man davon aus, dass die Beschäftigungsentwicklung hinter der allgemeinen Wirtschaftsentwicklung herhinkt, dann sprechen die Zahlen zum Teil für einen Erfolg. Angesichts unterschiedlicher wirtschaftspolitischer und arbeitsmarktpolitischer Maßnahmen im selben Zeitraum ist eine monokausale Erklärung der Entlastung des Arbeitsmarktes durch die Lohnzurückhaltung nicht möglich.

| **Wirtschaftsdaten** | **2007** | **2008** | **2009** | **2010** | **2011** | **2012** | **2013** | **2014** |
|---|---|---|---|---|---|---|---|---|
| **Bruttolohn** (Zuwachs in %) | 1,5 | 2,3 | 0 | 2,5 | 3,5 | 2,8 | 2,1 | 2,7 |
| **Nettolohn** (Zuwachs in %) | 1,0 | 1,8 | 0,1 | 3,9 | 2,6 | 2,5 | 1,9 | 2,5 |
| **Reallohn** (Zuwachs in %) | -1,3 | -0,8 | -0,3 | 2,8 | 0,5 | 0,5 | 0,4 | 1,6 |
| **Preisindex** (Anstieg in %) | 2,3 | 2,6 | 0,4 | 1,1 | 2,1 | 2,0 | 1,5 | 0,9 |
| **BIP** (Zuwachs in %) | 3,3 | 1,1 | -5,6 | 4,1 | 3,6 | 0,4 | 0,3 | 1,6 |
| **Unternehmer- und Vermögenseinkommen** (Zuwachs in %) | 6,1 | -4,1 | -12,6 | 11,2 | 7,7 | -3,3 | 0,9 | 2,7 |
| **Investitionen** (Zuwachs in %) | 4,1 | 1,5 | -10,1 | 5,4 | 7,2 | -0,4 | -1,3 | 3,5 |
| **Arbeitslosenquote** | 9,0 | 7,8 | 8,1 | 7,7 | 7,1 | 6,8 | 6,9 | 6,7 |

*Abb. 1.19: Wirtschaftsdaten (Quellen: destatis, Dt.Bundesbank, isw-wirtschaftsinfo 49)*

Theoretisch hätte eine Lohnzurückhaltung auch negative Auswirkungen auf den Arbeitsmarkt haben können. Die Wirkungskette sähe dann wie folgt aus:

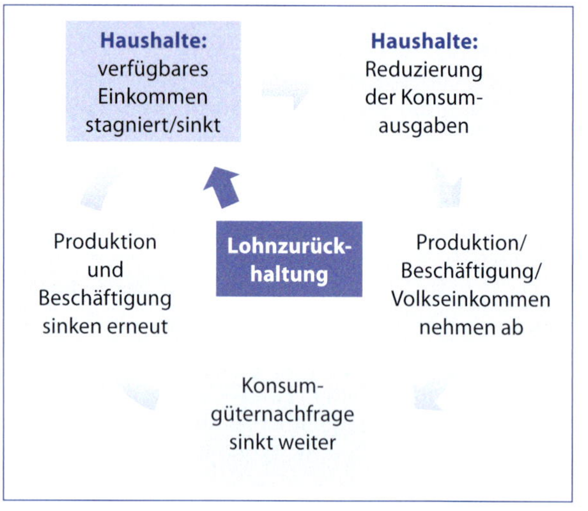


*Abb. 1.20: Lohnzurückhaltung*

### Lohnerhöhung

Vor allem Vertreter der Gewerkschaften fordern in Zeiten schwacher Gesamtnachfrage deutliche Lohnerhöhungen. Der Grund liegt in der Überzeugung, dass ein höheres Einkommen zu entsprechend höherer **Konsumgüternachfrage** der Haushalte führt, wodurch wiederum Produktion und Beschäftigung angeregt würden (**Kaufkrafttheorie**; nachfrageorientierte Wirtschaftspolitik). Dieser **expansive** Effekt ist durchaus möglich, vor allem wenn die Lohnerhöhungen im Rahmen des Produktivitätsfortschritts liegen, aber das Risiko der kostenbedingten Inflation bzw. das Risiko einer sinkenden Wettbewerbsfähigkeit der Unternehmen bleibt bestehen (vgl. Kapitel 1.2).

## Angebotsorientierte Maßnahmen

Die Auffassung, dass der Markt, wenn man nicht eingreift, von sich aus Angebot und Nachfrage zu einem optimalen Ausgleich führt, lässt angebotsorientierte Wirtschaftspolitiker auf Maßnahmen blicken, die den Staat aus dem Wirtschaftsgeschehen zurückdrängen. Neben der so genannten **Deregulierung** geht es um die **Senkung der Staatsquote** in Verbindung mit der Senkung der Steuer- und Sozialabgabenlast sowie um die Stimulierung der Angebotsseite in der Volkswirtschaft. Angebotspolitik zielt dabei weniger auf die Beeinflussung konjunktureller Schwankungen als auf die Behebung längerfristiger struktureller Schwächen der sozialen Marktwirtschaft. Hierzu gehören als mögliche Maßnahmen Steuererleichterungen und Investitionsanregungen.

### Senkung leistungsabhängiger Steuern

Die Gründe für die angebotsseitigen Hemmnisse sind vielschichtig. Sie werden vor allem in leistungs- und motivationshemmenden Steuern und sozialpolitischen Regelungen sowie in einem Netz staatlicher Regulierungen und Bevormundungen erkannt. Derartige Faktoren erweisen sich als Innovations- und Investitionshemmnisse. Dadurch gerät die für den volkswirtschaftlichen Entwicklungsprozess so wichtige Bildung von Sachkapital ins Stocken. Bezüglich der negativen Rückwirkungen auf den Arbeitsmarkt könnte man dann von einer Kapitalmangel-Arbeitslosigkeit sprechen.

Quelle: Mussel/Pätzold: Grundfragen der Wirtschaftspolitik, München 2008, S. 79

Angebotstheoretiker gehen davon aus, dass zu hohe Steuern auf Einkommen und Gewinne Menschen dazu führen, auf Leistung zu verzichten, in die Schattenwirtschaft auszuweichen oder ins steuergünstigere Ausland abzuwandern. So sollen Steuersatzsenkungen die Leistungsbereitschaft anregen und wirtschaftliche Dynamik beschleunigen. Dabei ist in etwa an folgenden Wirkungszusammenhang gedacht:

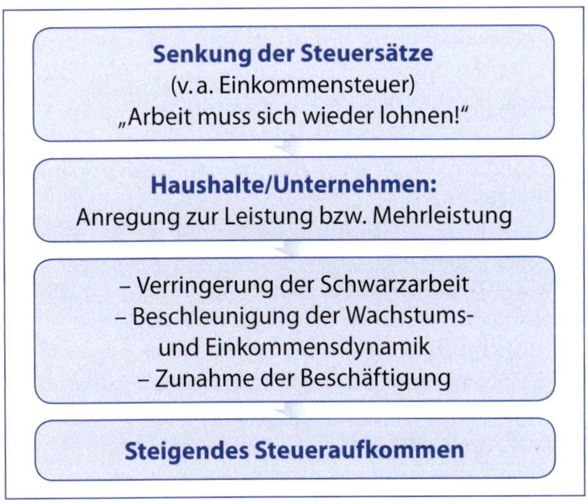


*Abb. 1.21: Wirkungszusammenhang einer Steuersatzsenkung*

Ein Element der Angebotstheorie ist in diesem Zusammenhang das **Laffer-Theorem**. Die sogenannte Lafferkurve beschreibt die Tatsache, dass bei steigenden Steuersätzen das Steueraufkommen zunächst (degressiv) steigt, dann aber wieder abnimmt, weil immer höhere Steuersätze zunehmend Widerstand bzw. Verweigerung hervorrufen. So soll beispielsweise die Senkung der als überhöht empfundenen Einkommensteuersätze nach Auffassung der Angebotstheoretiker aufgrund der Wachstumsdynamik zu einem Mehr an Steuereinnahmen führen. Entsprechend wurde im Jahr 2000 in Deutschland eine Steuerreform beschlossen, die sich angebotstheoretischen Vorstellungen annähert. Der Körperschaftssteuersatz wurde schrittweise auf inzwischen 15 % abgesenkt. Der Eingangssteuersatz der Einkommensteuer wurde auf 14 % und der Spitzensteuersatz schrittweise auf 42 % („Reichensteuer" 45 %) gesenkt.

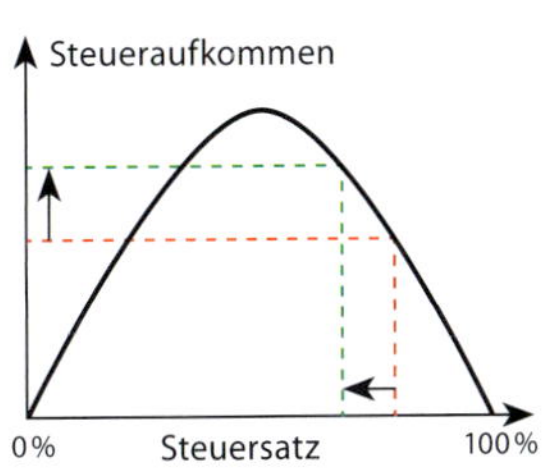


*Abb. 1.22: Lafferkurve*

Hinsichtlich der Auswirkungen von Steuersenkungen gibt es unterschiedliche Meinungen. Die Lafferkurve konnte empirisch bisher nicht nachgewiesen werden.
Auch wenn eine positive Wirkung auf den Arbeitsmarkt eintreten sollte, bleibt abzuwägen, ob andere negative Auswirkungen schwerer wirken.

Sofern die U-förmige Lafferkurve präzise zu ermitteln wäre, ließe sich ein optimaler Steuersatz bestimmen. Laffer hat [...] durch seine Theorie dazu beigetragen, dass US-Präsident Reagan im Wahlkampf 1981 versprach, die Steuern zu senken, um insbesondere Unternehmern Anreize zu beschäftigungsanregenden Investitionen zu geben. In der Praxis führten die Steuersenkungen jedoch zu so drastischen Rückgängen der Staatseinnahmen, dass zum einen korrigierende Steuererhöhungen erforderlich wurden, zum anderen die Staatsverschuldung kräftig erhöht werden musste.

J. Altmann: Wirtschaftspolitik, 8. Aufl., Stuttgart 2007, S. 314 f.

### Innovationsförderung

Subventionen, soweit es sich um „Erhaltungssubventionen" handelt, die marode, nicht überlebensfähige Unternehmen erhalten sollen, werden von Angebotstheoretikern aus bekannten Gründen abgelehnt. Stattdessen ist eine gezielte Förderung neuer und innovativer Firmen oder Technologien gewünscht – etwa durch Steuererleichterungen (Abschreibungserleichterungen) oder direkte Subventionen.

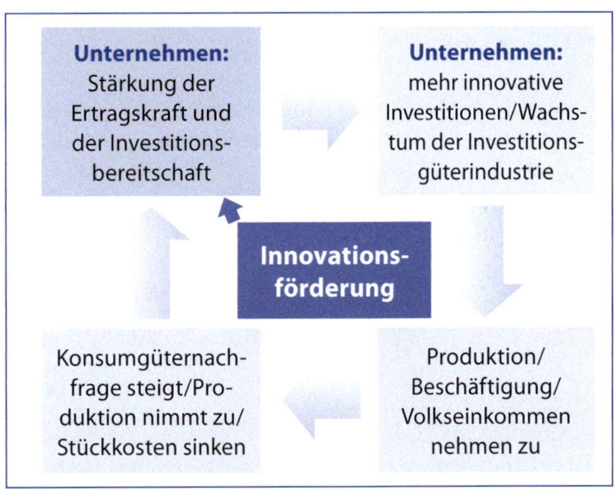


*Abb. 1.23: Innovationsförderung*

## Nachfrageorientierte Maßnahmen

Die Finanz- und Wirtschaftskrise 2008/2009 hat zu einer Renaissance der an *John Maynard Keynes* orientierten **Nachfragepolitik** geführt. Selbst der „Sachverständigenrat zur Begutachtung der gesamtwirtschaftlichen Entwicklung" befürwortete angesichts des drohenden Ausmaßes der Krise erstmals nach vielen Jahren ein entsprechendes Eingreifen des Staates.

Als Ursache von Konjunkturschwankungen und konjunktureller Arbeitslosigkeit bzw. **Unterbeschäftigung** sehen *Keynesianer* Schwankungen der gesamtwirtschaftlichen Nachfrage (vgl. Wirtschaft und Recht 11, Kap. 4), also

- der **Bruttoinvestitionen** ($I^{br}$),
- des privaten **Konsums** ($C_H$),
- staatlichen **Konsums** ($C_{St}$),
- des **Exports** (X).

Um die Nachfrage in der Volkswirtschaft anzukurbeln und die Krise zu überwinden, soll der Staat auf einzelne Elemente der **Gesamtnachfrage** (N) Einfluss nehmen.

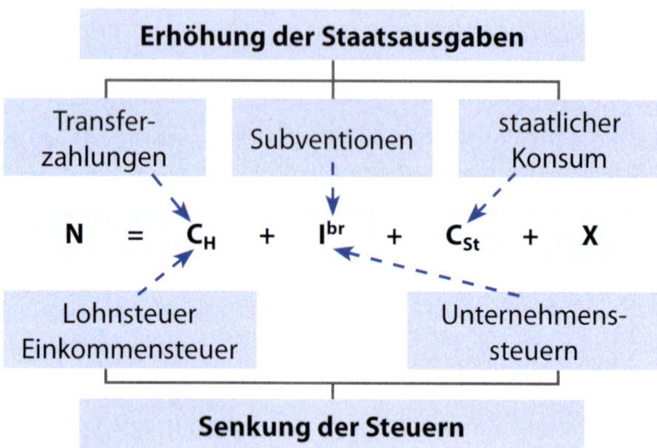


*Abb. 1.24: Elemente der Gesamtnachfrage*

In Deutschland gilt in diesem Zusammenhang nach wie vor das **Stabilitätsgesetz** von 1967, das zur Konjunkturförderung u. a. folgende Maßnahmen vorsieht:

**Ausgabenpolitik**

- Beschleunigung von Investitionsvorhaben (§§ 10, 11)
- Auflösung der Konjunkturausgleichsrücklage (§§ 5–7, 15)
- zusätzliche öffentliche Ausgaben (§ 6)
- Erhöhung der Finanzhilfen (Bund – Länder, Länder – Kommunen) (§ 6)
- Subventionen an die private Wirtschaft (strukturelle Hilfsmaßnahmen) (§ 12)

**Einnahmenpolitik**

- Abschreibungsvergünstigungen (§ 26)
- Investitionszulage von bis zu 7,5 % der Anschaffungs- oder Herstellungskosten, die von der Steuerschuld abgesetzt werden kann (§ 26)
- Abschlag von bis zu 10 % auf die Einkommen- und Körperschaftsteuerschuld für längstens ein Jahr (§ 26)
- zusätzliche Kreditaufnahme (Bund) bis zu 5 Mrd. DM

### *Erhöhung der Staatsausgaben*

Steigert der Staat seine **öffentlichen Ausgaben**, indem er unmittelbar Waren und Dienstleistungen kauft, also direkt investiert, ergeben sich nach Meinung der Nachfragetheoretiker besonders wirksame Verstärkungseffekte auf die Konsum- und Investitionstätigkeit in der Volkswirtschaft. Der **expansive Effekt (Multiplikatorwirkung)** lässt sich wie folgt darstellen:

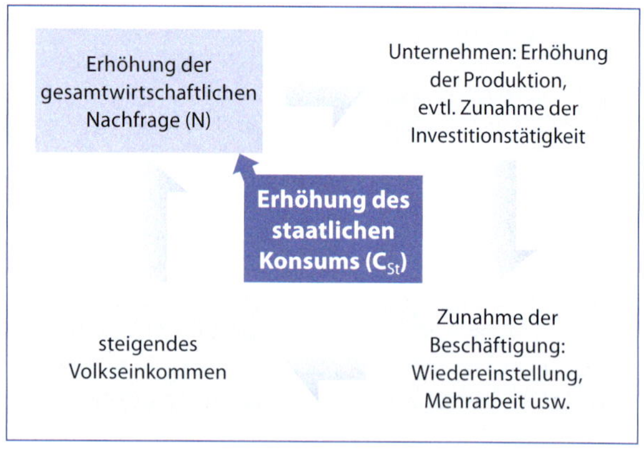


*Abb. 1.25: Erhöhung der Staatsausgaben*

Zur Konjunkturbelebung sind auch **Subventionen**, z. B. in Form von Investitionszulagen, denkbar. Bei der Erhöhung von staatlichen Unterstützungszahlungen (Transferzahlungen) wie Wohngeld oder Bafög ist jedoch zu bedenken, dass Erhöhungen in diesem Bereich aus politischen Gründen kaum rückgängig zu machen sind. Die Verstärkungswirkung ist zudem viel geringer als bei Direktinvestitionen des Staates.

### *Senkung der Steuerbelastung*

Durch die Senkung der Steuerbelastung, z. B. durch **Konjunkturabschläge** auf die Steuerschuld oder durch **Abschreibungserleichterungen** ebenso wie durch die **Senkung der Steuersätze** bei der Lohnsteuer bzw. Körperschaftssteuer, steigen die verfügbaren Einkommen der Haushalte bzw. die Gewinne der Unternehmen. Eine erhöhte Konsumgüternachfrage bzw. eine höhere Nachfrage nach Investitionsgütern wäre nach Ansicht der Nachfragetheoretiker die Folge. Auch hierbei wird ein sich verstärkender **expansiver Effekt** erwartet. Da die gesamtwirtschaftliche Nachfrage aber nur indirekt beeinflusst werden kann, ist die Wirkungsweise unsicher, womit die Grenzen und Probleme antizyklischer Finanzpolitik angesprochen sind.

## Die Grenzen antizyklischer Finanzpolitik

Bei der genannten Maßnahme besteht die Gefahr, dass Steuerersparnisse mit Blick auf die schlechte Wirtschaftslage und wegen der Angst um den Arbeitsplatz gar nicht ausgegeben werden („**Angstsparen**") und so auch die gesamtwirtschaftliche Nachfrage nicht stützen können. Gleiches gilt für einen erhofften Anstieg bei den Inves-

titionen. Unternehmer investieren, wenn die **Absatzerwartungen** positiv sind. Diese sind aber in der Krise unter Umständen nicht positiv genug.
Generell werden mit Bezug auf die antizyklische Finanzpolitik auch folgende Grenzen bzw. Probleme genannt (vgl. auch Wirtschaft und Recht 11, S. 75):

- **Keine Wirkung bei struktureller Arbeitslosigkeit:** Keynes'sche Fiskalpolitik ist auf den Ausgleich kurz- bis mittelfristiger Nachfrageschwankungen ausgelegt. Sie kann aber die Probleme meist langfristiger struktureller Arbeitslosigkeit nicht lösen.
- **Staatsverschuldung:** Es besteht, wie die Erfahrung zeigt, die Gefahr einer ständigen, zum Teil gravierenden Zunahme der Staatsverschuldung. „Deficit Spending" (Geld ausgeben auf Kredit) fällt Politikern leichter als „Surplus Saving" (überschüssiges Geld sparen).
- **Vernachlässigung der Preisniveaustabilität:** Das Beschäftigungsziel genießt Vorrang („Phillipskurve", vgl. Wirtschaft und Recht 11, S. 39).
- **Verdrängungseffekt („Crowding out"):** Es besteht die Gefahr, dass kreditfinanzierte Staatsnachfrage private Nachfrage teilweise verdrängt und dass es durch staatliche Kreditaufnahme bei zunehmender Staatsverschuldung zu einem Anstieg des Zinsniveaus kommt. Mögliche Folgen wären z.B. Rückgang der privaten Investitionen bzw. Rückgang der Exporte durch Aufwertung der Inlandswährung.
- **Entscheidungs- und Wirkungsverzögerungen:** Die Wirkung antizyklischer Finanzpolitik tritt häufig mit erheblicher zeitlicher Verzögerung ein. Bei folgenden Stationen im Prozess der Umsetzung antizyklischer Wirtschaftspolitik sind Verzögerungen (**time-lags**) zu erwarten: Diagnose der Krise → Planung der Ziel-Mittel-Kombination → Entscheidung → Durchführung bestimmter Maßnahmen → Reaktion der Adressaten → Umsetzung durch Adressaten. Zwischen dem Eintritt einer konjunkturellen Störung und dem Wirksamwerden entsprechender Instrumente können Jahre vergehen, sodass nunmehr sogar eine Verstärkung der konjunkturellen Entwicklung möglich ist.
- **Problem der richtigen Dosierung:** Es gibt kein objektives Maß, den Umfang einzelner Maßnahmen richtig zu bemessen. Unterdosierung hat weitgehende Wirkungslosigkeit zur Folge, Überdosierung führt zu unerwünschten Nebenwirkungen (Beispiele: Zinsanstieg durch hohe Verschuldung; Inflation durch hohe staatliche Nachfrage).
- **Stop-and-go-Politik:** Antizyklische Wirtschaftspolitik ist relativ kurzfristig angelegt. Ein abrupter Wechsel bei den Maßnahmen führt zu Verunsicherung der Wirtschaft. Folge ist u.a. eine Zurückhaltung bei Investitionen.
- **Theorie der rationalen Erwartungen:** Wirtschaftssubjekte reagieren u. U. nicht wie gewünscht auf bestimmte Maßnahmen, weil sie ahnen, dass der Staat diese in absehbarer Zeit wieder zurücknimmt (Beispiel: keine Erhöhung der Investitionen trotz Abschreibungserleichterungen).

Auch wenn wegen der Heftigkeit und der Reichweite der Krise 2009/2010 renommierte Wirtschaftswissenschaftler Konjunkturpakete, also staatliche Nachfragepolitik, befürwortet haben, ändert dies nichts an der Tatsache, dass die Keynes'sche **antizyklische Finanzpolitik** in ihrer Reinform nur noch wenige Anhänger hat. Nicht zuletzt die offensichtliche Wirkungslosigkeit Mitte der 1970er-Jahre (Ölkrise; Stagflation = Stagnation + Inflation; Zunahme der Arbeitslosigkeit) führte zu einer Rückbesinnung auf die klassische Wirtschaftstheorie. Auch wenn jüngst erschienene Studien zu dem Ergebnis kommen, dass Keynes'sche Wirtschaftspolitik unter bestimmten Umständen funktionieren kann …

> […] reibt sich [mancher], angesichts des plötzlichen Keynes-Revivals verwundert die Augen. Denn bis vor Kurzem galt Keynes als derjenige, dessen Staatsgläubigkeit ausufernde öffentliche Verschuldung, die hohen Inflationsraten sowie die steigende Arbeitslosigkeit der späten 1970er-Jahre herbeigeführt habe und dessen Irrlehren in der modernen Wirtschaftswissenschaft zum Glück überwunden worden seien. Doch nun meinen viele, die heutige Krise habe die Neoliberalen vom Schlage eines Milton Friedman genau so gründlich widerlegt wie seinerzeit das Phänomen der Stagflation die Keynesianer widerlegt zu haben schien.
>
> Straubhaar, Wohlgemut, Zweynert: Rückkehr des Keynesianismus: Anmerkungen aus ordnungspolitischer Sicht, in: Aus Politik und Zeitgeschichte, Nr. 20/2009 vom 11. Mai 2009, S. 20)

### Fragen und Aufgaben

8. „Wenn das Finanzministerium alte Flaschen mit Banknoten füllte, sie in nicht mehr genutzten Bergwerken vergrübe und es dem privaten Unternehmergeist überließe, sie wieder auszugraben, bräuchte es keine Arbeitslosigkeit mehr zu geben, und das Realeinkommen der Volkswirtschaft würde wahrscheinlich beträchtlich über dem gegenwärtigen liegen." (John Maynard Keynes, zitiert nach Samuelson/Nordhaus: Volkswirtschaftslehre, mi-Fachverlag, Landsberg 2007, 3. Auflage, S. 1018) – Erläutern Sie auf der Grundlage einer Wirkungskette, inwieweit die vorgeschlagene staatliche Maßnahme in einer Wirtschaftskrise wirksam sein könnte! Wo liegen die Grenzen dieser Maßnahme?
9. Hohe Arbeitslosigkeit – Erläutern Sie mögliche Maßnahmen aus der Sicht der angebotsorientierten Wirtschaftspolitik! Vergleichen Sie einzelne Maßnahmen mit grundlegenden Positionen der Gewerkschaften!

# 1.4 Strukturelle arbeitsmarktpolitische Maßnahmen

Nehmen wir an, dass gegenwärtig eine bestimmte Anzahl von Menschen mit der Herstellung von Nadeln beschäftigt ist. Sie machen so viele Nadeln, wie die Weltbevölkerung braucht, und arbeiten acht Stunden täglich. Nun macht jemand eine Erfindung, die es ermöglicht, dass dieselbe Zahl von Menschen doppelt so viel Nadeln herstellen kann. Aber die Menschen brauchen nicht doppelt so viel Nadeln. Sie sind bereits so billig, dass kaum noch eine zusätzliche Nadel verkauft würde, wenn sie noch billiger werden. In einer vernünftigen Welt würde jeder, der mit der Herstellung von Nadeln beschäftigt ist, jetzt eben vier statt acht Stunden täglich arbeiten und alles ginge weiter wie zuvor. Aber in unserer realen Welt betrachtet man so etwas als demoralisierend. Die Nadelmacher arbeiten immer noch acht Stunden. Es gibt zu viele Nadeln. Einige Nadelfabrikanten machen Konkurs, und die Hälfte der Leute, die Nadeln machen, verlieren ihre Arbeitsplätze. Es gibt jetzt, genau betrachtet, genauso viel Freizeit wie bei halber Arbeitszeit; denn jetzt hat die Hälfte der Leute überhaupt nichts mehr zu tun, und die andere überarbeitet sich. Auf diese Weise ist sichergestellt, dass die unvermeidliche Freizeit Elend hervorruft, statt dass sie eine Quelle des Wohlbefindens werden kann. Kann man sich noch etwas Irrsinnigeres vorstellen?

Quelle: Bertrand Russell (Philosoph und Mathematiker): Lob des Müßiggangs. Aus dem Englischen von Elisabeth Fischer-Wernecke. © Paul Zsolnay Verlag, Wien 1957

Wäre der „vernünftige" Vorschlag des britischen Philosophen und Mathematikers *Bertrand Russell* (1872–1970) der richtige Weg zur Beseitigung eines der größten Probleme der industrialisierten Volkswirtschaften unserer Zeit – der hohen Sockelarbeitslosigkeit? Was *Adam Smith* (1723–1790) in seinem berühmt gewordenen Beispiel der Nadelherstellung preist, nämlich den außergewöhnlichen Produktivitätsgewinn durch Arbeitsteilung und Spezialisierung, hat, unterstützt durch technischen Fortschritt in Form der Automatisierung und der Informationstechnik, zu einem ungeahnten Wohlstand in den modernen Industriestaaten geführt. Zugleich stellt der sich beschleunigende Wandel der Fertigungsverfahren viele Volkswirtschaften vor große Herausforderungen (vgl. dazu Kapitel 1.1).

*Abb. 1.26: Strukturwandel!*

Abb. 1.27 gibt bezogen auf wichtige Arten struktureller Arbeitslosigkeit einen Überblick über arbeitsmarktpolitische Maßnahmen, die im Folgenden erkärt werden (S. 25 ff.).

**Strukturelle Arbeitslosigkeit**

**Branchenspezifische Arbeitslosigkeit**
- Subventionen
- Technologieförderung
- Flexibilisierung des Arbeitsmarktes

**Qualifikationsspezifische Arbeitslosigkeit**
- Qualifizierte Aus- und Weiterbildung
- Arbeitsbeschaffungsmaßnahmen
- Umschulung
- Flexible Löhne

**Regionale Arbeitslosigkeit**
- Förderung von Industrieansiedlung
- Verbesserung der Infrastruktur
- Flexibilisierung des Arbeitsmarktes

Flexibilisierung des Arbeitsmarktes (Deregulierung):
Lockerung des Kündigungsschutzes, Flexibilisierung der Arbeitszeit, Lockerung des Tarifvertragsrechts, flexible Löhne

*Abb. 1.27: Strukturelle Arbeitslosigkeit und arbeitsmarktpolitische Maßnahmen*

## Maßnahmen bei branchenspezifischer (sektoraler) Arbeitslosigkeit

### Erhaltungs- und Anpassungssubventionen

Ein typisches Beispiel für den Versuch, mit staatlichen Subventionen Arbeitsplätze zu erhalten, zeigt sich beim Steinkohlebergbau in Deutschland. Spätestens seit der ersten Kohlekrise im Jahr 1957 wurde um den Erhalt dieser Branche, besonders im Ruhrgebiet, gekämpft. Trotzdem hat sich die Zahl der Zechen, die Steinkohle fördern, inzwischen stark vermindert. Dies ist kein Wunder, denn der Wandel im Energiesektor (Öl statt Kohle) und in verwandten Branchen (Stahlkrise) war nicht aufzuhalten. Dass sich der notwendige **Strukturwandel** dennoch über 50 Jahre hingezogen hat, ist den hohen öffentlichen Finanzierungshilfen zu verdanken, die aus Gründen der Versorgungssicherheit und der Sicherung von Arbeit gewährt wurden. Diese **Erhaltungssubventionen** dienten dazu, die wegen der hohen Förderkosten fast dreimal so teure deutsche Steinkohle gegen billige Importkohle konkurrenzfähig zu halten. Waren hier z. B. im Jahr 1995 noch weit über 5 Mrd. Euro aus Haushaltsmitteln geflossen, waren es im Jahr 2011 noch gut 1 Mrd. Euro. Im Jahr 2018 sollen die Subventionen endgültig auslaufen.

Ein weiteres Beispiel im Zusammenhang mit sektoraler Arbeitslosigkeit – begründet vor allem durch technologischen Wandel – ist die Automobilkrise mit einem Höhepunkt in den Jahren 2008/2009. Überkapazitäten bei zu geringer Nachfrage nach technisch veralteten, Kraftstoff fressenden Fahrzeugen führten beinahe zum Zusammenbruch der führenden amerikanischen Autohersteller mit Folgen auch in Europa und Deutschland. Die Regierungen vieler betroffener Staaten gewährten deshalb ebenfalls Haushaltsmittel in großem Umfang, um so die Sanierung der angeschlagenen Autohersteller zu erleichtern und Arbeitsplätze zu erhalten.

Abb. 1.29: „Mehr Arbeit!"

| Art | 2015 | 2016 |
|---|---|---|
| | in Mio. Euro | |
| Förderung von Maßnahmen zur energetischen Gebäudesanierung durch die KfW (Kreditanstalt für Wiederaufbau = staatliche Förderbank) | 1.365 | 1.507 |
| Steinkohlehilfe | 1.085 | 1.282 |
| Förderung des Breitbandausbau | 0 | 554 |
| Gemeinschaftsaufgabe „Verbesserung der Agrarstruktur und Küstenschutz" | 433 | 490 |
| Gemeinschaftsaufgabe „Verbesserung der regionalen Wirtschaftsstruktur" | 420 | 437 |
| Förderung von Einzelmaßnahmen zur Nutzung erneuerbarer Energien | 356 | 361 |
| Zentrales Innovationsprogramm Mittelstand | 320 | 320 |
| Nationale Klimaschutzinitiative | 172 | 318 |
| Strompreiskompensation (Maßnahmen im Rahmen des $CO_2$-Handels; Unterstützung von Unternehmen mit besonders hohem $CO_2$-Ausstoß zum Erhalt der Wettbewerbsfähigkeit im Ausland) | 203 | 245 |

*Abb. 1.28: Subventionen des Bundes*

Als problematisch für Staatshaushalt bzw. Steuerzahler erweist sich dieses Vorgehen, wenn trotz Subventionen das begünstigte Unternehmen insolvent wird. Abb. 1.28 zeigt unter anderem Höhe und Aufteilung der Subventionen, die im Jahr 2008 aus dem Bundeshaushalt der deutschen Volkswirtschaft gewährt wurden. Im Jahr 2012 betrug die Gesamtsumme der Subventionen 44,2 Mrd. Euro, davon trugen Länder und Gemeinden 17,1 Mrd., der Bund 22,4 Mrd. und die Europäische Union 5,4 Mrd. Euro bei.

Anstelle defensiver und zugleich strukturerhaltender Maßnahmen zur Bekämpfung sektoraler Arbeitslosigkeit ist wohl in vielen Fällen die bessere Lösung die Unterstützung der Branchen bzw. Unternehmen, die Anschluss an technologische Neuerungen suchen und damit versuchen international wettbewerbsfähig zu werden. Die für eine Übergangszeit zu gewährenden Gelder an innovative Unternehmen – auch **Anpassungssubventionen** genannt – ermöglichen diesen die Ausweitung von Produktion und Beschäftigung. Generell ist **Technologieförderung** ein aktiver Beitrag zur Sicherung von Arbeitsplätzen in der Zukunft. Weitere mögliche Maßnahmen wie Importzölle sind Gegenstand der Außenhandelspolitik (vgl. Kapitel 3).

**Flexibilisierung des Arbeitsmarktes**

Insbesondere angebotsorientierte Wirtschaftswissenschaftler fordern seit Langem eine Deregulierung der verkrusteten Arbeitsmärkte. Hierzu gehören unter anderem folgende Themenbereiche:

- **Flexible Löhne und Senkung der Lohnkosten:** Durch **Lohnsenkungen** (vgl. Kapitel 1.2) wären Unternehmen gegebenenfalls in der Lage, ihre Kosten zu reduzieren, die Wettbewerbsfähigkeit zu erhöhen und so Arbeitsplätze zu erhalten. Voraussetzung wäre, dass Abweichungen von tarifvertraglichen Festlegungen erlaubt wären. Dies hat es in etlichen Fällen in der Vergangenheit bereits gegeben. Im Gegenzug gab es z. B. Arbeitsplatzgarantien für einen gewissen Zeitraum. Ob Lohnverzicht der Königsweg gegen strukturelle Arbeitslosigkeit sein kann, ist aber auch unsicher. Fraglich ist nämlich, ob mit einer Lohnkürzung nicht auch eine unerwünschte Verringerung der Binnennachfrage eintreten würde.
- **Flexible Arbeitszeiten:** Argumenten für flexible Arbeitszeiterhöhungen stehen solche für Arbeitszeitverkürzungen entgegen. Die **Erhöhung der Arbeitszeit** – ohne entsprechenden Lohnausgleich – würde Unternehmen Kosten einsparen helfen, damit deren Wettbewerbsfähigkeit erhöhen und somit wiederum Arbeitsplätze sichern helfen oder sogar mehr Beschäftigung ermöglichen. Zudem könnte durch höhere Gewinne die Investitionstätigkeit von Unternehmen angeregt werden. Allerdings besteht die Gefahr, dass die Mehreinnahmen für Rationalisierungsinvestitionen verwendet werden, sodass die Beschäftigung davon nicht profitieren würde.
  Für **Arbeitszeitverkürzungen** – ohne vollen Lohnausgleich – spricht, dass damit die Arbeit auf mehrere Schultern verteilt würde. Die ist ja letzlich auch der Vorschlag von *Bertrand Russel*. Nur: Wer verzichtet freiwillig auf Lohn? Immerhin: Kürzere Arbeitszeit bedeutet zugleich mehr Freizeit.
  Eine weitere Möglichkeit wäre natürlich eine mit der jeweiligen Auftragslage des Unternehmens flexibel **schwankende Arbeitszeit**. Dies ist in Verbindung mit Überstunden bzw. Arbeitszeitkonten und Freizeitausgleich auf der Basis verschiedenster Arbeitszeitmodelle in vielen Betrieben bereits Normalität. Auch eine bessere Auslastung der Maschinen mithilfe entsprechender Arbeitszeitmodelle gehört aus Unternehmersicht zu den notwendigen Maßnahmen zur Verbesserung des Arbeitsmarktes. Die **Ausweitung von Teilzeitarbeitsplätzen** wäre eine weitere Möglichkeit, den Arbeitsmarkt zu entlasten, stellt aber für Arbeitgeber eine gegenüber Vollzeitarbeitsplätzen meist teurere Variante dar.
- **Lockerung des Kündigungsschutzes:** Ein Problem des deutschen Arbeitsrechts aus Sicht vieler Unternehmer ist die Tatsache, dass einmal eingestellte Arbeitnehmer in schwierigeren Zeiten nicht ohne Weiteres entlassen werden können. Auch deshalb gibt es verhältnismäßig viele befristete Arbeitsverhältnisse. Würde der Kündigungsschutz reduziert, würden Unternehmen aller Wahrscheinlichkeit nach mehr Arbeitnehmer einstellen, wie dies beispielsweise in Dänemark der Fall ist. Ein hoher Kündigungsschutz ist andererseits eine soziale Errungenschaft, die aus Arbeitnehmersicht nicht gerne aus der Hand gegeben wird.

## Maßnahmen gegen berufsspezifische bzw. qualifikationsspezifische Arbeitslosigkeit:

Der passenden Qualifikation, da sind sich im Kern alle Experten einig, kommt im Kampf gegen strukturelle Arbeitslosigkeit eine herausragende Bedeutung zu – eine Qualifikation, die sich Arbeitnehmer im Rahmen ihrer schulischen, betrieblichen und universitären Ausbildung erwerben und die sie anschließend bis zum Austritt aus dem Erwerbsleben erneuern und ausbauen müssen. Denn lebenslanges Lernen ist in der Wissensgesellschaft kein leeres Schlagwort, sondern unabdingbare Voraussetzung für den Erhalt der Erwerbsfähigkeit. Die Zahlen sprechen eine eindeutige Sprache: Geringqualifizierte tragen ein erheblich größeres Risiko, arbeitslos zu werden, als höher Qualifizierte. [...] Geringqualifizierte machen auch einen großen Teil der Langzeitarbeitslosen aus, zu denen man auch international nach zwölf Monaten ohne Beschäftigung gehört. „Langzeitarbeitslosigkeit ist der problematische Teil innerhalb der Sockelarbeitslosigkeit", sagt beispielsweise der Arbeitsmarkt-Experte Gartner vom IAB. Denn je länger ein Arbeitsuchender ohne Job ist, desto schwieriger wird es, ihn in den Arbeitsmarkt zu integrieren. Neben der psychischen und wirtschaftlichen Belastung leiden Betroffene in der Regel auch unter der Abnahme ihrer Qualifikation. „Das beste Mittel gegen Langzeitarbeitslosigkeit ist, sie gar nicht erst entstehen zu lassen", betont dann Gartner auch.

Quelle: Lebenslanges Lernen kann Beschäftigte vor Arbeitslosigkeit schützen, in: TÜV SÜD, Journal 1/2009, S. 13 f.

Die meisten Maßnahmen der aktiven Arbeitsförderung im Bereich der Arbeitslosenversicherung wirken sich für die Geförderten im Durchschnitt positiv aus. Dies zeigt eine Studie des Instituts für Arbeitsmarkt- und Berufsforschung (IAB) und der Zentrale der Bundesagentur für Arbeit, die die Arbeitsmarktintegration von Maßnahmeteilnehmern und nicht geförderten Arbeitslosen vergleicht. Dieser Befund bleibt auch nach Reform der arbeitsmarktpolitischen Instrumente im Jahr 2012 bestehen.
Beispielsweise waren Personen, die im Jahr 2011 eine Maßnahme zur Aktivierung und Eingliederung bei einem Arbeitgeber aufnahmen, im Jahr darauf durchschnittlich 70 Tage mehr beschäftigt als vergleichbare ungeförderte Arbeitslose. Bei Maßnahmeteilnehmern des Jahres 2012 waren es 75 Tage.

Quelle: Presseinformation des IAB vom 7.4.2015

Eng verbunden mit sektoraler Arbeitslosigkeit ist die Arbeitslosigkeit aufgrund unzureichender bzw. unpassender Qualifikation. Ob im Bereich „sterbender" Berufe (Textilberufe, Bergleute, Schriftsetzer) oder expandierender Berufe (IT-Techniker): Hier passt besonders der Begriff der sogenannten **Mismatch-Arbeitslosigkeit**, die immer dann gegeben ist, wenn einer großen Menge offener Stellen in einer Branche eine große Zahl entsprechender Arbeitsloser gegenübersteht. Notwendig zur Eindämmung dieser Art von Arbeitslosigkeit ist zum einen eine vorausschauende, immer wieder aktualisierte, an den Bedürfnissen des Marktes orientierte, gute **Bildungspolitik** (staatliche Aufgabe) und zum anderen ein entsprechendes Angebot für **Weiterbildung** (vorwiegend Unternehmensaufgabe). Von Bedeutung ist zudem eine gute Berufsberatung, die in der jeweiligen Lebenssituation weiterhilft.

*Abb. 1.30: Arbeitslosigkeit und Bürokratie*

Arbeitslosen bietet die Bundesagentur für Arbeit hier einerseits verschiedene Möglichkeiten der **Umschulung** sowie **Arbeitsbeschaffungsmaßnahmen** (ABM/2. Arbeitsmarkt = Arbeitsmarkt mit staatlicher Förderung), die vor allem in den neuen Bundesländern zum Tragen kamen und kommen, mit dem Ziel, den Betroffenen eine Perspektive zu geben und ihnen die Wiedereingliederung in den 1. Arbeitsmarkt zu ermöglichen. Inzwischen wurden die ABM-Maßnahmen allerdings deutlich gekürzt – als nicht ausreichend effektiv und zu teuer. **Kombilohn-Modelle** (Aufbesserung von Niedriglohn durch staatlichen Zuzahlung oder Lohnkostenzuschuss an Arbeitgeber) können Beschäftigung fördern, müssen aber finanziert werden. Zudem leidet der staatlich organisierte Niedriglohnsektor unter Mitnahmeeffekten seitens der Unternehmen und darunter, dass der Abstand zwischen niedrigem Arbeitseinkommen und arbeitsfreiem Sozialeinkommen gering ist.

## Maßnahmen gegen regionale Arbeitslosigkeit

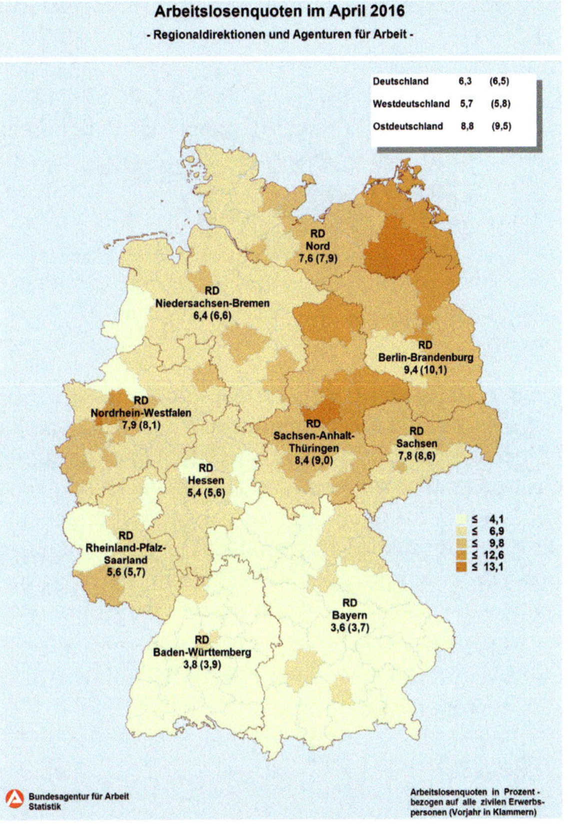


*Abb. 1.31: Arbeitslosenquoten im April 2016 (in %)*

Hier gilt zunächst, was zum Thema „Flexibilisierung des Arbeitsmarktes" genannt worden ist. Eine **Lohndifferenzierung** zwischen wirtschaftlich gut entwickelten Regionen und wirtschaftlich weniger entwickelten wird von gründungsbereiten Unternehmern gewünscht und ist zum Teil auch gegeben. Als weitere Maßnahmen kommen in Betracht: Die staatliche Förderung von **Unternehmensansiedlungen**, die Verbesserung der **Infrastruktur** und die Förderung regionaler **Mobilität**.

**Fragen und Aufgaben:**

**10.** Erörtern Sie folgende Vorschläge zur Bekämpfung der strukturellen Arbeitslosigkeit! Gehen Sie dabei auch auf mögliche Nebenwirkungen der vorgeschlagenen Maßnahmen ein!

- **a)** Kürzung des Arbeitslosengeldes: Menschen, die arbeiten können, sollen auch arbeiten!
- **b)** Löhne müssen sinken, damit Unternehmer mehr Menschen einstellen und nicht ins Ausland abwandern!
- **c)** Löhne müssen steigen, damit mehr gekauft wird. Wenn mehr gekauft wird, muss auch mehr produziert werden. Unternehmen, die mehr produzieren, können auch mehr Leute einstellen.
- **d)** Steuern müssen gesenkt werden, damit mehr gekauft wird. Mehr Produktion heißt mehr Beschäftigung!
- **e)** Verlängerung der Arbeitszeit: Dann brauchen Unternehmer die Produktion nicht ins Ausland zu verlagern.

**11.** Diskutieren Sie, inwieweit es Aufgabe des Staates sein kann, Arbeitslosen eine Beschäftigung zu verschaffen!

## 1.5 Staatshaushalt – Staatsverschuldung und Steuerproblematik

### Probleme der Staatsverschuldung

*Abb. 1.32: Generationenkonflikt?*

Mit der Fiskalpolitik nach *John Maynard Keynes* geriet die Frage nach den Möglichkeiten staatlicher Schuldenpolitik immer mehr in den Vordergrund. **Deficit Spending,** also die Inkaufnahme von Haushaltsdefiziten zur Finanzierung von Steuersenkungen oder Ausgabenerhöhungen, um die Gesamtnachfrage zu stimulieren, war in den 1960er- und 1970er-Jahren, aber auch während der Weltwirtschaftskrise 2007–2009 in den meisten Industriestaaten die Grundlage staatlicher Wirtschaftspolitik. Mit dem häufigen Verzicht auf die Bildung entsprechender Haushaltsüberschüsse wurde jedoch die Verschuldung für viele Staaten, so auch für Deutschland, zu einem wachsenden Problem (vgl. Abb. 1.33).

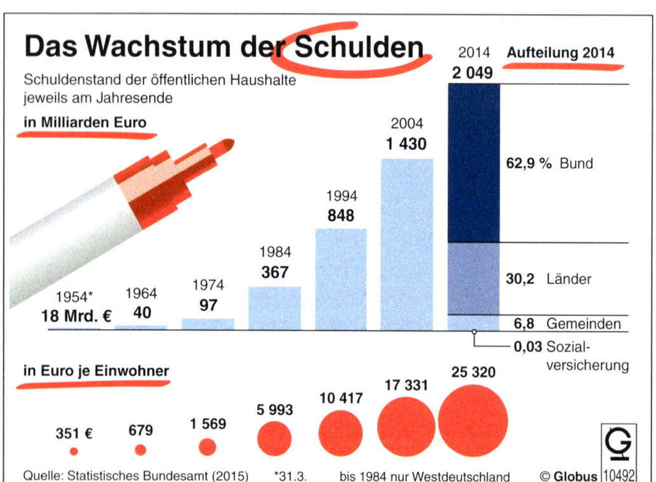


*Abb. 1.33: Schuldenstand der öffentlichen Haushalte 1954–2014*

### Dimensionen der Staatsverschuldung

Ende 2014 erreichte die **Gesamtverschuldung** der öffentlichen Haushalte in Deutschland (Bund, Länder Gemeinden) eine Höhe von 2.049 Mrd. Euro. Pro Kopf der Bevölkerung (vom Säugling bis zum Greis) waren das ca. 25.300 Euro. Innerhalb von zehn Jahren ist die Verschuldung damit um mehr als 600 Mrd. Euro gestiegen. Die Folge war eine zunehmende Belastung der öffentlichen Haushalte mit **Zinsen und Tilgung**. Bei einem Schuldenstand von ca. 2.000 Mrd. Euro im Jahr 2010 hatten die öffentlichen Haushalte beispielsweise 63,3 Mrd. Euro an Zinsen zu bezahlen. Ohne diese Last könnten alle Steuern, wie z. B. die Lohnsteuer, die Umsatzsteuer und die Mineralölsteuer, jeweils um 15 % niedriger sein. Fakt ist auch: Ein einfacher Anstieg der **Kapitalmarktzinsen** um einen Prozentpunkt würde den Bundesfinanzminister gegenwärtig zusätzlich ca. 13 Mrd. Euro kosten. So ist es auch kein Wunder, dass der Schuldendienst des Bundes mit etwa 25,2 Mrd. Euro im Jahr 2014 den drittgrößten Posten im Bundeshaushalt ausmacht. Lediglich die Ausgaben für Arbeit und Soziales (ca. 130 Mrd. Euro) und die Verteidigungsausgaben (ca. 34 Mrd. Euro) waren höher.

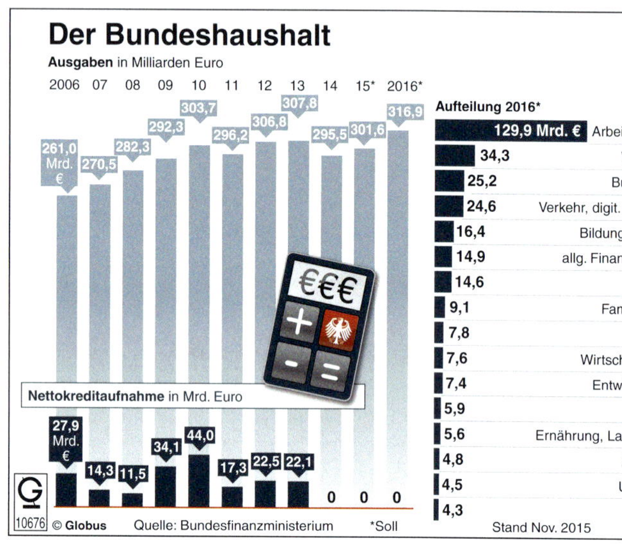


*Abb. 1.34: Bundeshaushalt mit Neuverschuldung*

Schwer lasten auf dem Bundeshaushalt auch die Auswirkungen der **Finanz- und Wirtschaftskrise** der Jahre 2008/2009. Durch die Auflegung zweier Konjunkturpakete und die Übernahme von Bürgschaften und Kreditgarantien stieg die Verschuldung des Bundes in ungewohntem Ausmaß. Statt – wie ursprünglich vorgesehen – schon im Jahr 2011 einen ausgeglichenen Haushalt präsentieren zu können, wuchs das **Etatdefizit** im Bundeshaushalt, also die Differenz zwischen den **Einnahmen** und den **Ausgaben**, weit über die Vorgaben des europäischen Stabilitätspaktes hinaus. So betrug das Defizit und damit die **Neuverschuldung** im Jahr 2010 ca. 44 Mrd. Euro, entwickelte sich in der Folgezeit jedoch recht deutlich zurück (Quelle: Bundesfinanzplan 2015–2018; vgl. Abb. 1.34).

**Staatsdefizit**
(Etatdefizite der öffentlichen Haushalte in % des BIP)

| 2009 | 2010 | 2011 | 2012 | 2013 | 2014 |
|---|---|---|---|---|---|
| −3,2 | −4,2 | −1,0 | −0,1 | −0,1 | +0,3 |

Maastricht-Grenze: −3,0 %

**Schuldenstand**
(Schulden der öffentlichen Haushalte in % des BIP)

| 2009 | 2010 | 2011 | 2012 | 2013 | 2014 |
|---|---|---|---|---|---|
| 72,8 | 81,0 | 78,4 | 79,7 | 77,4 | 74,5 |

Maastricht-Grenze: 60 %

*Abb. 1.35: Staatsverschuldung und Maastricht-Grenzen*

Deutschland gehört nicht zu den am höchsten verschuldeten Industriestaaten der Welt, verstößt jedoch immer noch gegen eine Grenze des **Stabilitätspakts** der Europäischen Währungsunion. 2009/10 riskierte man so die Aufnahme eines Strafverfahrens.

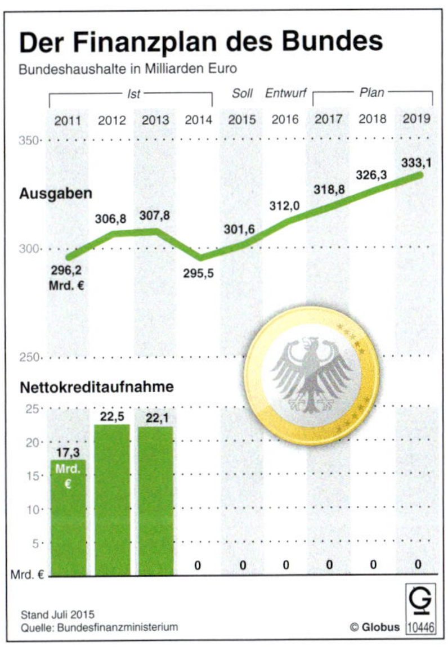


*Abb. 1.36: Entwicklung der Neuverschuldung des Bundes*

Bund, Länder und Gemeinden bemühen sich seither intensiv um ausgeglichene Haushalte, wie auch die Abb. 1.34 und 1.35. sowie der folgende Text zeigen:

> Der Staatshaushalt, also der aggregierte Haushalt von Bund, Ländern, Gemeinden und Sozialversicherungen, weist seit 2012 kein Defizit mehr auf. Die Bundesregierung erwartet [...] auch für die Staatshaushalte bis zum Ende des Programmzeitraums (2019) keine gesamtstaatlichen Defizite. Die Schuldenstandsquote sank 2014 um 2,4 Prozentpunkte auf 74,7 % der jährlichen Wirtschaftskraft. Bis 2019 wird ein weiterer Rückgang bis auf 61 ½ % erwartet. Die Zielstellung der Bundesregierung, den Schuldenstand spätestens bis zum Jahr 2023 unter den Maastricht-Referenzwert von 60 % zu senken, dürfte demnach erfüllt werden.
>
> Quelle: BMF, Monatsbericht. 04/2015

Hierzu gibt es aber auch kritische Stimmen, wobei vor allem die als zu niedrig empfundene Investitionsquote in den Haushaltsplanungen moniert wird:

> Im Finanzplan werden die Investitionen zunächst zurückgehen und dann bei ca. 27 Mrd. und 28 Mrd. stagnieren. Für den Finanzbedarf an öffentlichen Investitionen ist das ein schlechtes Zeichen. Der Investitionsbedarf für Straßen, Brücken, Schienennetz, Energienetze und die Bundeswasserstraßen wird auf derzeit 60 Mrd. EUR beziffert. Kritiker sprechen bereits von einer bröckelnden Infrastruktur, die den zukünftigen Wohlstand Deutschlands gefährdet.
>
> Quelle: Politik aktuell Nr. 29/14 v. 19.9.14

Für die immer noch hohe Staatsverschuldung Deutschlands kann man verschiedene Ursachen finden:

- 1970er-Jahre: Ausweitung der Sozialsysteme; Konjunkturprogramme, „Deficit Spending"
- 1990er-Jahre: Finanzierung der deutschen Wiedervereinigung; schwierige Konjunkturlage; Zunahme der Arbeitslosigkeit
- 2000er-Jahre: schwaches Wachstum; Einkommensteuerreform; Arbeitslosigkeit; 2008/09: Finanzkrise

**Ursachen hoher Staatsverschuldung (allgemein):**

- **Deficit Spending:** Bei konjunktureller Erholung erfolgt keine Rückführung der Schulden.
- **Strukturelle Verschuldung:** Außerordentliche Ausgaben ohne entsprechende Einnahmen (Wiederaufbau nach einem Krieg, Wiedervereinigung) ergeben Finanzierungslücken, die durch Steuererhöhungen oder Ausgabenkürzungen aufgefangen werden müssten, was aber in Sondersituationen (Wiedervereinigung) nur begrenzt akzeptiert wird.
- **Schwächen der Finanzpolitik:** Dazu gehören die Nichteinbeziehung der Langzeitfolgen (Kosten) von Investitionen und Programmen, zu geringe Schuldentilgung, der Verzicht auf die Klärung passender Gegenfinanzierungen und „Wahlgeschenke".
- **Konjunkturell bedingte Ursachen:** Steigende Arbeitslosigkeit führt zum Ausfall von Sozialabgaben und Steuern bzw. zu höheren Ausgaben.

**Folgen zu hoher Staatsverschuldung**

- **Einengung des Finanzspielraums:** Ein immer größer werdender Teil des Staatshaushalts muss für Tilgung und Zinszahlungen eingesetzt werden und steht anderwärtig nicht zur Verfügung. Im Extremfall muss ein Staat sogar neue Kredite aufnehmen, um fällige Kredite zu bedienen.

- **Verdrängung privater Kreditnachfrage** („Crowding Out"): Eventuell steigen durch die verstärkte **staatliche Kreditnachfrage** auch die **Zinsen mit negativer Auswirkung** auf kreditfinanzierte Investitionen, Beschäftigung und Einkommen.
- **Belastung kommender Generationen**, die in der Zukunft Schulden abtragen müssen, die heute gemacht werden (vgl. Abb. 1.31).

### Wege aus der Krise

- Man legt fest, wann das **Etatdefizit** (durch Sparen oder Wachstum) **bei Null** liegen soll. Daraus folgt: Die Schulden steigen immer langsamer und nehmen ab dem „Nullpunkt" allein durch Wachstum und Inflation ab.
- **Neuverschuldung nicht höher als das Wirtschaftswachstum:** Hier nimmt die Staatsverschuldung zwar weiter zu, aber nicht mehr, als die Wirtschaft wächst. Problematisch ist aber, dass auch die Zinslast weiter steigt, vor allem aber, dass der Staat sich hierbei prozyklisch verhält und z. B. in Krisenzeiten die negative wirtschaftliche Entwicklung noch verstärkt.
- **Schuldenregel (Art. 115 GG):** Bis zum Jahr 2016 muss der Bund sein strukturelles Defizit (der Teil der Schulden, der nicht konjunkturell verursacht ist) auf 0,35 % des BIP (ca. 10 Mrd. €) zurückgeführt haben.

## Die Problematik der Steuern

Es ist eine Zwickmühle: Wegen der hohen Staatsschulden wären Steuererhöhungen nötig und sinnvoll, andererseits belasten Steuererhöhungen den Konsum und gefährden damit das Wachstum. Dabei besteht **Finanzbedarf** der öffentlichen Haushalte zur Erfüllung der gemeinschaftlichen Aufgaben in vielen Bereichen, wie auch der Bundeshaushalt (Abb. 1.37) zeigt.

### Steuern – Zweck und Arten

In der Bundesrepublik gibt es – wie man an der folgenden Tabelle (Abb. 1.38) sieht – eine Vielzahl von Steuern, die teilweise auch noch sehr kompliziert gestaltet sind. Mancher spricht wegen der bis zu 100.000 Vorschriften von einem „Steuerdschungel".

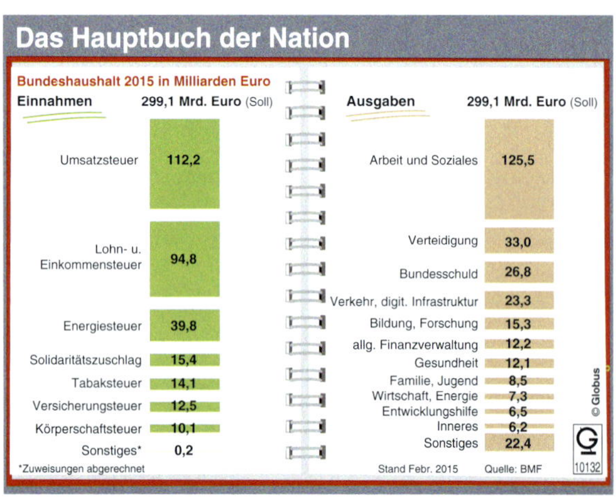


*Abb. 1.37: Bundeshaushalt 2015 – Einnahmen und Ausgaben*

Steuern sind „**Abgaben**, die öffentlich-rechtliche Gemeinwesen natürlichen und juristischen Personen **zwangsweise** und ohne Anspruch auf eine spezielle **Gegenleistung** (im Gegensatz zu Gebühren und Beiträgen) v. a. zur **Deckung des Finanzbedarfs** der öffentlichen Körperschaften auferlegen." (Quelle: Bibliographisches Institut & F. A. Brockhaus, 2009).

Neben **fiskalischen Zielen** (Erzielung von Einnahmen) gibt es jedoch weitere steuerpolitische Ziele:

- **wirtschaftspolitische Ziele** (Konjunktursteuerung),
- sozialpolitische Ziele („**Umverteilung**"),
- staatliche **Lenkung** (z. B. bevölkerungspolitisch: vgl. Kinderfreibeträge; gesundheitspolitisch: vgl. die Tabaksteuer; umweltpolitisch: vgl. die Energiesteuer).

### Direkte oder indirekte Steuern

Nicht nur in Deutschland, sondern auch in anderen europäischen Ländern lässt sich ein Anstieg der **indirekten Steuern**, also der Steuern auf Konsum, zu Lasten der **direkten Steuern** erkennen. So wurde im Januar 2007 die Mehrwertsteuer von 16 % auf 19 % erhöht; ähnliche Anhebungen gab es bei der Versicherungsteuer, der Tabaksteuer und den Energiesteuern. Begründet wird der Trend zur Erhöhung der indirekten Steuern in Verbindung mit der Senkung von direkten Steuern damit, dass „Arbeitskosten und Abgaben auf Gewinne im internationalen Standortwettbewerb als kritischer gelten als die Steuerbelastung des Konsums" (H. Bayerle, Financial Times Deutschland, 21.10.2008, S. 9). Gegenwärtig beträgt das Verhältnis von direkten zu indirekten Steuern etwa 60 % zu 40 %. Ein Anstieg der indirekten Steuern, also vor allem der **Verbrauchsteuern**, geht in der Regel zu Lasten der ärmeren Schichten einer Gesellschaft, denn der Anstieg der Güterpreise trifft diese unmittelbar und wirkt stärker als ein Anstieg direkter Steuern, von dem Ärmere aufgrund der Steuerprogression häufig weniger

**Steuerarten unterteilt nach:**

**Zugriffsbereich**

**Besitzsteuern:**
- Grundsteuer
- Einkommensteuer
- Körperschaftsteuer
- Erbschaftsteuer

**Verbrauchsteuern**
- Tabaksteuer
- Biersteuer
- Energiesteuer

**Verkehrssteuern:**
- Grunderwerbsteuer
- KFZ-Steuer
- Umsatzsteuer
- Versicherungsteuer

**Erhebungsart**

**Direkte Steuern:**
- Lohnsteuer
- Einkommensteuer

**Indirekte Steuern:**
- Tabaksteuer
- Mehrwertsteuer

**Gegenstand der Besteuerung**

**Personensteuern:**
- Lohnsteuer
- Erbschaftsteuer

**Realsteuern/Objektsteuern:**
- Grundsteuer
- Gewerbesteuer

**Verwaltungshoheit**

- **Bundessteuern:** z.B. Tabaksteuer
- **Ländersteuern:** z.B. Grunderwerbsteuer
- **Gemeindesteuern:** z.B. Grundsteuer

*Abb. 1.38: Steuerarten*

oder gar nicht betroffen sind. Grundsätzlich stellt sich die Frage: Was ist eine **gerechte Steuerpolitik?**

## Gerechte Steuerpolitik – Kontroversen

Steuerpolitische Entscheidungen werden einerseits unter dem Druck hoher Schulden und andrerseits mit Blick auf die unterschiedlichen Forderungen der gesellschaftlichen Gruppen wie Arbeitnehmer, Konsumenten und Unternehmer getroffen. Ein Blick auf die Steuerspirale (vgl. Abb. 1.39) zeigt, an wie vielen Stellen das Drehen an der Steuerschraube möglich ist.

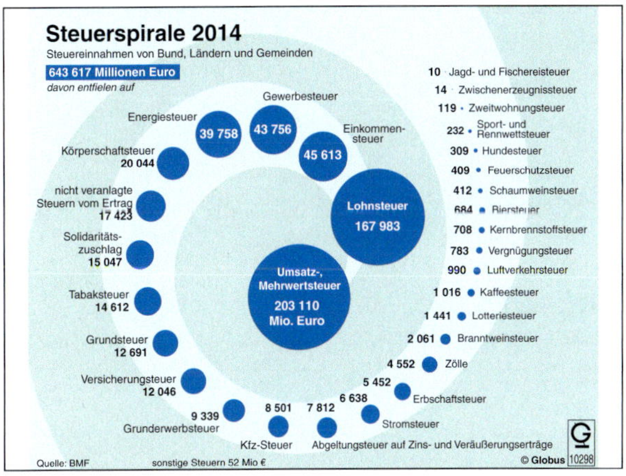


*Abb. 1.39: Die Steuerspirale*

Dass steuerpolitische Entscheidungen problematisch sein können, hat schon das Thema „direkte/indirekte Steuern" gezeigt. Weiterhin lässt sich fragen:

1. Ist die **Einkommenbesteuerung** gerecht?

Die Kontroverse besteht darin, dass einerseits die **Leistungsfähigkeit** jedes Einzelnen Grundlage der Besteuerung sein muss. Das verlangt der im Grundgesetz verankerte Gleichbehandlungsgrundsatz. Andererseits heißt **Leistungsgerechtigkeit** auch, dass derjenige, der viel Leistung bringt, nicht durch hohe Steuern bestraft werden soll. Beide Kategorien kommen im deutschen Steuertarif zum Tragen:

- Grundfreibetrag (Leistungsunfähigkeit),
- Progressionszone I + II (Besteuerung nach der Leistungsfähigkeit),
- Proportionalzone I + II (Steuersatz bei maximal 42 % bzw. 45 %; Leistungsgerechtigkeit).

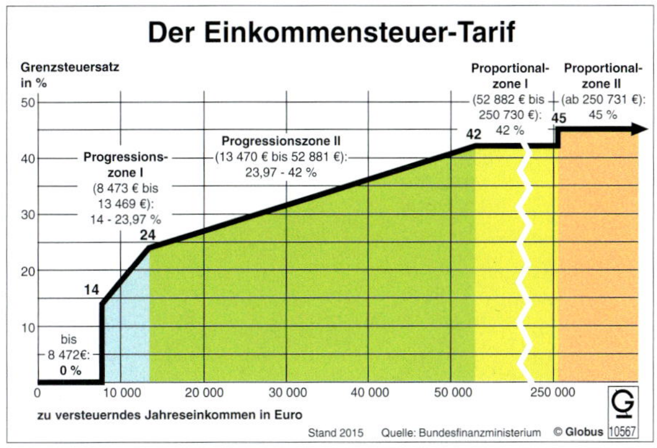


*Abb. 1.40: Der Einkommensteuertarif 2015*

2. Soll **Kapital** (Geld- und Sachkapital) weniger stark besteuert werden als **Arbeit**?

Hier gab es in der Vergangenheit Verschiebungen zugunsten der Kapitalbesteuerung (vgl. Vermögensteuer, Körperschaftsteuer, Spitzensteuersatz). Die Verlagerung von einer nachfrageorientierten zu einer mehr angebotsorientierten Wirtschaftspolitik spielt hier mit herein. In jüngerer Zeit geriet auch die Besteuerung von Arbeitseinkommen wieder ins Blickfeld. So bedeutet z. B. die sogenannte „kalte Progression", dass Lohnsteigerungen, die nur die Inflation ausgleichen, aufgrund der Progression im Steuertarif automatisch zu einer höheren Besteuerung führen, womit ein Teil der Gehaltssteigerung „aufgefressen" wird. Abb. 1.41 zeigt die Besteuerung von Arbeit, Kapital- und Konsum. Grün verweist auf den niedrigsten Steuersatz (Rang 1), Rot auf den höchsten (Rang 7).

| **Staat** | **Ø Steuersatz (2012) in %** | | | | | |
|---|---|---|---|---|---|---|
| | **Arbeit** | **Rang** | **Kapital** | **Rang** | **Konsum** | **Rang** |
| EU 28 | 36,1 | 4. | – | – | 19,9 | 6. |
| D | 37,8 | 5. | 22,2 | 2. | 19,8 | 4. |
| F | 39,5 | 6. | 46,9 | 7. | 19,8 | 4. |
| DK | 34,4 | 3. | 43,2 | 6. | 30,9 | 7. |
| GB | 25,2 | 1. | 35,7 | 4. | 19,0 | 3. |
| ES | 33,5 | 2. | 25,2 | 3. | 14,0 | 1. |
| I | 42,8 | 7. | 37,0 | 5. | 17,7 | 2. |

*Abb. 1.41: Besteuerung von Arbeit, Kapital und Konsum*

### Aufgaben und Fragen

**12.** Beurteilen Sie die Folgen hoher Staatsverschuldung unter dem Aspekt der Gerechtigkeit!

**13.** Beschreiben Sie die einleitende Karikatur (Abb. 1.31) und erläutern Sie die Problematik, die darin thematisiert wird. Überlegen Sie, unter welchen Umständen die Aussage des Vaters nicht oder kaum zutreffen könnte.

**14.** Die Regierung des Staates D will das Haushaltsdefizit durch spürbare Maßnahmen deutlich senken. Zur Wahl stehen Steuererhöhungen und Ausgabenkürzungen. Erstellen Sie jeweils eine mögliche Wirkungskette (Kreislauf!) und gehen Sie dabei sowohl auf erwünschte als auch unerwünschte Auswirkungen ein!

**15.** Recherchieren Sie: Was beinhaltet die sogenannte „neue Schuldenregel" zum Bundeshaushalt? (Art. 115 GG)

**16.** Abb. 1.38: Wählen Sie eine Steuer und diskutieren Sie die Möglichkeit einer Erhöhung zur Haushaltssanierung!

**17.** Kapitalbesitz und Kapitalerträge werden in Deutschland vergleichsweise niedrig besteuert (vgl. Abb. 1.40). Verschiedene Politiker verlangen deshalb eine stärkere steuerliche Belastung des Faktors „Kapital" (Geld- und Sachkapital). Nehmen Sie Stellung!

# 2 Geld und Währung

2.1 Geldtheorie auf einen Blick

2.2 Das Europäische System der Zentralbanken (ESZB)

2.3 Ziele, Aufgaben und geldpolitische Strategie des Eurosystems

2.4 Inflation (Wiederholung)

2.5 Der geldpolitische Handlungsrahmen der EZB

2.6 Offenmarktgeschäfte

**2.7 Ständige Fazilitäten**

**2.8 Mindestreservepolitik und Überblick über weitere geldpolitische Instrumente**

**2.9 Wirkungsgrenzen der Geldpolitik**

**2.10 Geldpolitik in Krisenzeiten**

**2.11 Wechselkurse und ihre Schwankungen**

**2.12 Flexible und feste Wechselkurse**

# 2 Geld und Währung

## 2.1 Geldtheorie auf einen Blick

*„Wenn du den Wert des Geldes kennenlernen willst, versuche, dir welches zu leihen."*
*Benjamin Franklin*

*„Ein Mann mit einem hohen Bankkonto kann gar nicht hässlich sein."*
*Zsa Zsa Gabor*

*„Alles, was die Sozialisten vom Geld verstehen, ist die Tatsache, dass sie es von anderen haben wollen."*
*Konrad Adenauer*

*„Als ich klein war, glaubte ich, Geld sei das Wichtigste im Leben. Heute, da ich alt bin, weiß ich: Es stimmt."*
*Oscar Wilde*

Quelle: http://zitate.net/zitate/geld/zitate.html, Stand 9.8.2009

### Geldfunktionen

Geld erfüllt verschiedene Funktionen. Zum einen ist Geld natürlich ein **Zahlungsmittel**, mit dem Güter erworben werden können, und generell ein **Wertübertragungsmittel**, beispielsweise wenn Geld verschenkt wird. Geld drückt aber auch den **Wert** eines Gutes aus und wird alltäglich von uns als **Recheneinheit** verwendet. Zudem dient das Geld als **Wertaufbewahrungsmittel**, vorausgesetzt, es behält seinen Wert. Hierfür zu sorgen, ist Aufgabe der Notenbanken.

### Geldarten

In unserer Volkswirtschaft unterscheidet man zwei Arten von Geld, die für die Geldpolitik von Interesse sind: das Zentralbankgeld und das Geschäftsbankengeld (Giralgeld).

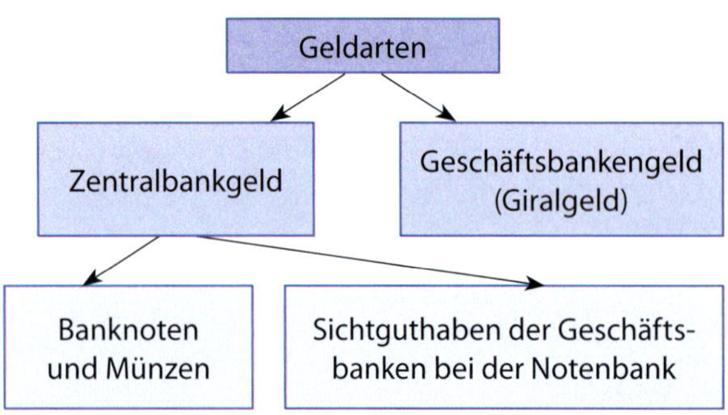


*Abb. 2.1: Geldarten*

Unter **Zentralbankgeld** versteht man einerseits Bargeld, das in Form von Banknoten und Münzen wirklich „greifbar" ist. Andererseits zählen auch Sichtguthaben bei der Notenbank zum Zentralbankgeld.

Das **Giralgeld** wird von den Geschäftsbanken in Form von Sichtguthaben, wie z. B. Guthaben auf einem Girokonto, geschaffen. Es ist zwar als Geld zunächst nicht „sichtbar", kann jedoch auf Wunsch des Kontoinhabers jederzeit in Bargeld umgewandelt, d. h. ausgezahlt werden. Giralgeld erfüllt daher ebenso wie Bargeld alle Geldfunktionen.

### Giralgeldschöpfung

Das Bankensystem in Deutschland setzt sich aus einer Vielzahl kleiner und großer Institute zusammen. Neben Privatbanken gibt es Sparkassen (mit Landesbanken) und Genossenschaftsbanken (mit Zentralinstituten). Diese Banken nennt man **Geschäftsbanken**.

Wenn ein Kunde bei einer Geschäftsbank Bargeld auf sein Girokonto einzahlt, entsteht Giralgeld (**passive Giralgeldschöpfung**). Dadurch ändert sich jedoch die gesamte Geldmenge in einer Volkswirtschaft nicht.

Wenn aber Geschäftsbanken durch die Vergabe von Krediten selbst Giralgeld schöpfen, erhöht sich die Geldmenge in der Wirtschaft (**aktive Giralgeldschöpfung**). Zentralbankgeld dagegen kann nur von der Notenbank geschaffen werden.

**Beispiel:**
Der Kunde K zahlt auf sein Konto bei der Bank A 10 000 Euro in bar ein. Die Bank A hat dadurch zusätzliches Zentralbankgeld zur Verfügung.

Da die Bank A die Liquidität im Moment aber nicht braucht, gewährt sie einem Handwerksbetrieb, der ebenfalls Kunde bei Bank A ist, einen Kredit über 10 000 Euro. Der Betrieb begleicht damit eine Forderung seines Holzlieferanten. Das Geld wird daher von der Bank A dem Konto des Handwerkbetriebs gutgeschrieben (während sich am Kontostand des Kunden K nichts ändert) und anschließend (ebenfalls bargeldlos) über die deutschen Gironetze auf das Konto des Lieferanten bei der Bank B überwiesen und dort gutgeschrieben. Bank B kann nun ebenfalls wieder einen Kredit über 10 000 Euro vergeben, der evtl. auf einem Konto bei der Bank C gutgeschrieben wird.

In diesem Beispiel sind aus den anfänglich eingezahlten 10 000 Euro zweimal Kredite in Höhe von ebenfalls 10 000 Euro vergeben worden. Dieser Vorgang kann im vereinfachten Beispiel unbegrenzt fortgesetzt werden, sodass der Wirtschaft nicht nur 10 000 Euro, sondern ein Vielfaches (z. B. 30 000 Euro) zur Verfügung stehen:

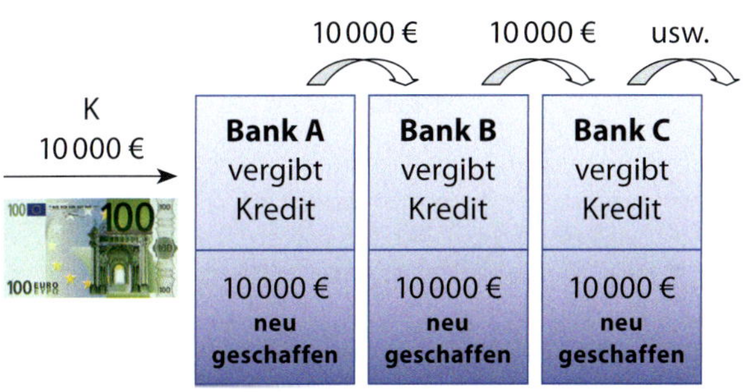


| | | | |
|---|---|---|---|
| Giralgeld-schöpfung: | + 10 000 € = 10 000 € | + 10 000 € = 20 000 € | + 10 000 € = 30 000 € |

*Abb. 2.2: Unbegrenzte Giralgeldschöpfung*

Theoretisch könnte auf diese Weise unbegrenzt Giralgeld geschöpft werden. In der Realität ist die Geldschöpfung jedoch begrenzt:

**Modifiziertes Beispiel:**
Der Handwerksbetrieb hebt von seinem Konto bei der Bank A 2 000 Euro ab und überweist die verbliebenen 8 000 Euro an den Holzlieferanten. So steht dem Bankensystem nur noch dieser Betrag für die Geldschöpfung zur Verfügung.
An Bank B werden also 8 000 Euro überwiesen. Wenn nun wieder 20 % davon bar abgehoben werden, kann Bank B nur noch einen Kredit in Höhe von 6 400 Euro vergeben.

Auf diese Weise ist die Giralgeldschöpfung begrenzt:

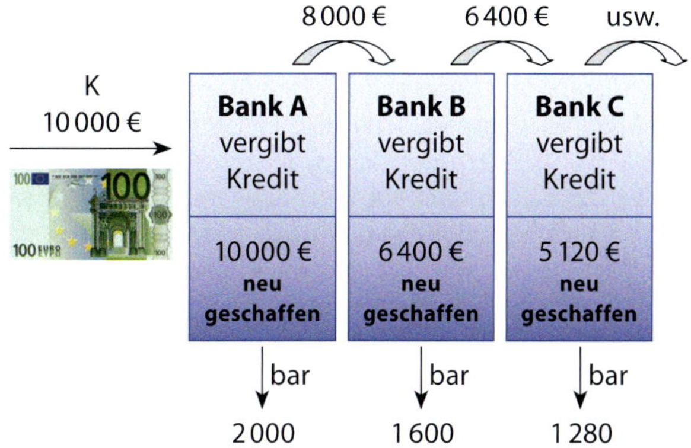


| | | | |
|---|---|---|---|
| Giralgeld-schöpfung: | + 10 000 € = 10 000 € | + 6 400 € = 16 400 € | + 5 120 € = 21 520 € |

*Abb. 2.3: Begrenzte Giralgeldschöpfung*

Ein weiterer begrenzender Faktor für die potenzielle Giralgeldschöpfung der Geschäftsbanken ist die sogenannte **Mindestreserve** (vgl. Kapitel 2.7). Sie besagt, dass die Banken einen Teil ihrer Kundeneinlagen bei der Zentralbank als Sicherheit hinterlegen müssen.

Die Banken stehen immer in dem Spannungsverhältnis zwischen Liquidität und Rentabilität. Einerseits müssen sie stets liquide sein und die von den Kunden bei ihnen hinterlegten Guthaben sofort auszahlen können, andererseits sollen sie möglichst gewinnbringend arbeiten. Probleme entstehen, wenn sehr viele Kunden gleichzeitig ihre Guthaben abheben wollen.

### Fisher'sche Geldverkehrsgleichung

Die monetaristische Wirtschaftstheorie sieht in der Geldpolitik den wesentlichen Ansatzpunkt, um eine Volkswirtschaft langfristig zu stabilisieren. Die sogenannte Fisher'sche Geldverkehrsgleichung (oder Quantitätsgleichung) stellt einen direkten Zusammenhang zwischen Geld und Gütertransaktionen her:

$$H \cdot P = M \cdot U$$

(H · P = Handelsvolumen H, bewertet mit den Preisen P; M · U = Geldmenge M, multipliziert mit der Umlaufgeschwindigkeit U*; M umfasst dabei Bargeld und Buchgeld)

* Die Umlaufgeschwindigkeit ist ein Maß für die Häufigkeit der Nutzung einer bestimmten Geldmenge innerhalb einer bestimmten Periode in einer Volkswirtschaft.

Man geht davon aus, dass sich die Umlaufgeschwindigkeit U nur sehr langsam ändert und kurzfristig annähernd konstant ist. Steigt die Geldmenge stärker als die Gütermenge, kommt es zu einem Preisanstieg (Inflation).

**Fragen und Aufgaben**

1. Erläutern Sie, inwiefern für die Banken die Ziele „Liquidität" und „Rentabilität" konkurrierende Ziele darstellen!
2. Nennen Sie verschiedene Gründe, weshalb die Giralgeldschöpfung in der Realität stets begrenzt ist!
3. Zeigen Sie die unbegrenzte sowie die begrenzte Giralgeldschöpfung ausgehend von einem Geldwert in Höhe von 50 000 Euro für fünf Schritte auf! Im Fall der begrenzten Giralgeldschöpfung sollen bei jedem Schritt 15 % abgehoben werden!

## 2.2 Das Europäische System der Zentralbanken (ESZB)

### Europäische Währungsunion

Am 1. Januar 1999 entstand das Euro-Währungsgebiet. Elf EU-Mitgliedsstaaten führten damals den Euro als Buchgeld ein und übertrugen die Zuständigkeit für die Durchführung der Geldpolitik von den nationalen Notenbanken an die Europäische Zentralbank (EZB) mit Sitz in Frankfurt am Main. Ziele der Währungsunion waren unter anderem, die europäische Einigung weiter voranzutreiben und wirtschaftliche Vorteile wie den Wegfall von Zollschranken zu nutzen. Deutschlands Wirtschaft ist exportorientiert und ein hoher Prozentsatz der Exporte ging schon immer in die anderen EU-Länder.

Am 1. Januar 2002 folgte dann die Euro-Bargeldeinführung. Die Deutsche Mark wurde vom Euro abgelöst. Für einen Euro musste man 1,95583 DM eintauschen. Durch diese Maßnahmen wurde der Euroraum nach den Vereinigten Staaten von Amerika zum zweitgrößten Wirtschaftsraum der Welt. Im Jahr 2015 gehören bereits 19 europäische Staaten zur Währungsunion.

Alle Mitgliedsstaaten mussten für den Beitritt die Konvergenzkriterien erfüllen, die im Vertrag von Maastricht festgelegt wurden und die rechtlichen sowie wirtschaftlichen Voraussetzungen regeln. Diese Hürde gilt auch weiterhin für alle beitrittswilligen Länder. Zum Beispiel darf die durchschnittliche Inflationsrate im Beitrittsland nicht um mehr als 1,5 Prozentpunkte über dem Durchschnitt der drei inflationsstabilsten Länder liegen. Außerdem soll das jährliche Staatsdefizit nicht mehr als 3 % des BIPs sowie die Staatsschuld nicht mehr als 60 % des BIPs betragen. Auch nach der Euroeinführung sind diese Kriterien von den Mitgliedsstaaten weiter einzuhalten.

Manche EU-Mitgliedsstaaten, wie Großbritannien, Dänemark und Schweden, haben sich gegen die Einführung des Euro entschieden, andere, wie Rumänien oder Bulgarien, erfüllen die Konvergenzkriterien (noch) nicht.

Abb. 2.5: Der Euroraum und die EU

### ESZB und Eurosystem

Das **Europäische System der Zentralbanken (ESZB)** setzt sich aus den nationalen Zentralbanken aller 28 EU-Mitgliedsstaaten (Stand 2015) und der Europäischen Zentralbank zusammen. Es umfasst also auch die nationalen Zentralbanken derjenigen EU-Mitgliedsstaaten, die den Euro noch nicht eingeführt haben und daher eine eigenständige Geldpolitik betreiben.

Abb. 2.4: Neubau der EZB in Frankfurt am Main

*Abb. 2.6: ESZB und Eurosystem*

Bei der Verfassung der EU-Verträge ging man ursprünglich davon aus, dass alle EU-Mitgliedsstaaten auch den Euro einführen würden und daher das ESZB sämtliche geldpolitischen Aufgaben übernehmen würde. Da dies aber noch nicht der Fall ist, ist solange das sogenannte **Eurosystem** (vgl. Abb. 2.6) maßgeblich. Es besteht aus der EZB und den nationalen Zentralbanken der EU-Mitgliedsstaaten, die den Euro eingeführt haben.
Herzstück der Europäischen Währungsunion ist die **Europäische Zentralbank** (EZB) in Frankfurt am Main. Ihr erster Präsident war der Niederländer Wim Duisenberg (1998–2003), gefolgt vom Franzosen Jean-Claude Trichet (2003–2011). Seit 2011 hat der Italiener Mario Draghi dieses Amt inne.

Wim Duisenberg Jean-Claude Trichet Mario Draghi

*Abb. 2.7: Präsidenten der EZB*

Wichtigstes Beschlussorgan der EZB ist der **EZB-Rat**, der sich aus dem sechsköpfigen Direktorium und den Notenbankpräsidenten der Euroländer zusammensetzt. Die einzelnen Notenbankpräsidenten werden jeweils vom Mitgliedsstaat für eine Amtszeit von mindestens fünf Jahren bestimmt. Das **Direktorium** besteht aus dem EZB-Präsidenten, dem Vizepräsidenten sowie vier weiteren Direktoriumsmitgliedern. Sie werden vom Europäischen Rat mit qualifizierter Mehrheit gewählt.

Das **Direktorium** führt die laufenden Geschäfte der EZB. Des Weiteren ist es für die einheitliche Durchführung der Geldpolitik im Eurosystem verantwortlich und achtet darauf, dass dabei die Leitlinien des EZB-Rats eingehalten werden. Es setzt die Beschlüsse des EZB-Rats um.
Der **EZB-Rat** als oberstes Entscheidungsgremium trifft insbesondere die geldpolitischen Entscheidungen im Eurosystem (alle sechs Wochen) und genehmigt die Ausgabe von Euro-Banknoten. Zudem ist er gegenüber den nationalen Zentralbanken weisungsbefugt und trägt dafür Sorge, dass die geldpolitischen Beschlüsse in den einzelnen Staaten umgesetzt werden. Diese Umsetzung auf nationaler Ebene ist Aufgabe der **nationalen Zentralbanken**, wie zum Beispiel der Deutschen Bundesbank, die selbst jedoch über keine geldpolitische Entscheidungsgewalt verfügen.
Darüber hinaus hat der EZB-Rat die Aufsicht über die Europäische Bankenunion, die infolge der Finanzkrise von 2008 etabliert wurde und strengere Auflagen für Banken, einen verbesserten Anlegerschutz und Regeln für die geordnete Abwicklung von in Schwierigkeiten geratenen Banken vorsieht.

*Abb. 2.8: Sitzung des EZB-Rats*

Während bei Beschlüssen im EZB-Rat früher jedes Ratsmitglied unabhängig von der Größe der Volkswirtschaft seines Herkunftslands gleiches Stimmrecht hatte, wurde zum 1. Januar 2015 die Vergabe der Stimmrechte reformiert. Das neu eingeführte Rotationssystem für das Abstimmungsverfahren (vgl. Abb. 2.9) soll gewährleisten, dass der EZB-Rat seine Handlungsfähigkeit auch bei größerer Mitgliederzahl behält. Außer den Direktoriumsmitgliedern sind nun nur noch 15 Notenbankpräsidenten stimmberechtigt. Das Rotationssystem soll sicherstellen, dass die jeweils stimmberechtigten Notenbankpräsidenten aus Mitgliedsstaaten stammen, die in dieser Zusammenstellung repräsentativ für den Euro-Währungsraum sind. Hierfür hat man die Länder entsprechend ihrer wirtschaftlichen Bedeutung zunächst in zwei Gruppen eingeteilt, nämlich in die der fünf „größten", wirtschaftsstärksten Länder und in den Rest, wobei die Zuteilung der Länder zu den Gruppen immer wieder aktualisiert wird.

Von den fünf Staaten aus der ersten Gruppe sind jeweils nur vier Notenbankchefs stimmberechtigt, die übrigen Länder erhalten elf Stimmen. Ab 22 teilnehmenden Ländern wird man zu einem System mit drei Gruppen übergehen.

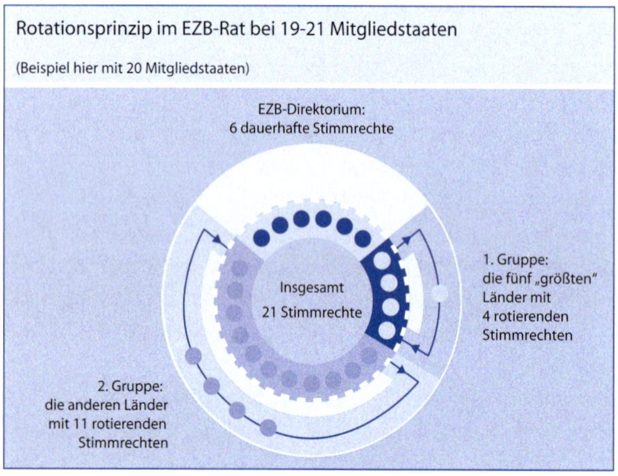


*Abb. 2.9: Abstimmungsverfahren im EZB-Rat*

Da nicht alle EU-Staaten dem Eurosystem angehören, gibt es ergänzend einen **Erweiterten EZB-Rat**, der sich aus dem Präsidenten und Vizepräsidenten der EZB sowie den Notenbankpräsidenten aller EU-Mitgliedsstaaten zusammensetzt. In diesem Gremium werden geldpolitische Fragen erörtert und koordiniert, allerdings kommt es nicht zu geldpolitischen Beschlüssen. Der Erweiterte Rat soll vorrangig die Koordination der Geldpolitik verbessern und ferner die Funktionsweise des Wechselkursmechanismus (vgl. Kapitel 2.11) überwachen.

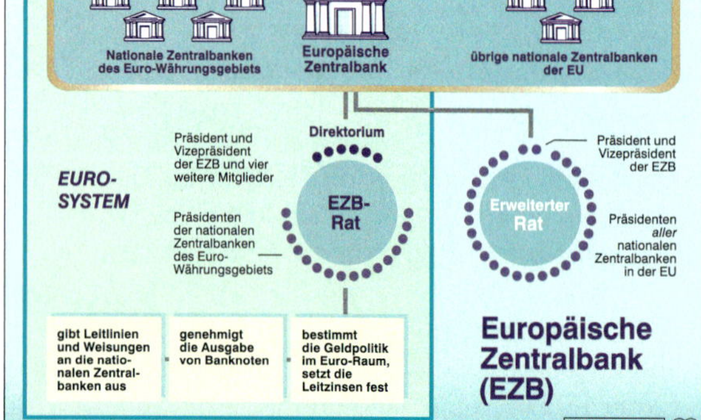


 715 560

*Abb. 2.10: Aufbau des ESZB*

Eine gemeinsame Bankenaufsicht im Euroraum (als Teil der europäischen Bankenunion) soll Vertrauen in die Stabilität der Geldinstitute schaffen und Systemrisiken abwehren. Deshalb obliegt der EZB seit 2014 die direkte Aufsicht über systemrelevante Großbanken in den Mitgliedstaaten. Ihre Aufgaben umfassen beispielsweise die Zulassung von Kreditinstituten sowie den Entzug von Zulassungen, die Überwachung der Eigenkapital- und Liquiditätsanforderungen und die frühzeitige Intervention bei Fehlverhalten der Banken. Die Planung, Vorbereitung und Ausführung dieser Aufgaben übernimmt das **Aufsichtsgremium** der EZB, das aus Vertretern der EZB und der nationalen Aufsichtsbehörden besteht.

### Unabhängigkeit

Für eine erfolgreiche Stabilitätspolitik braucht eine Zentralbank neben einem klaren Gesetzesauftrag erfahrungsgemäß auch ein hohes Maß an Unabhängigkeit von politischen Stellen. Sie muss frei sein, über den Einsatz ihrer geldpolitischen Instrumente selbst zu entscheiden, und darf nicht zu Maßnahmen gezwungen werden, die ihrem Auftrag zuwiderlaufen. Unabhängige Notenbanken sind erfahrungsgemäß besser in der Lage, den Geldwert zu sichern, weil sie nicht den kurzfristigen Handlungszwängen und wahltaktischen Überlegungen der Regierungen unterliegen.

Quelle: Deutsche Bundesbank (Hrsg.): Geld und Geldpolitik, 2008, S. 78

Vor dem Ende des Zweiten Weltkriegs existierte in Deutschland keine unabhängige Zentralbank. Es kam immer wieder zu Krisen, in denen diese Unabhängigkeit dringend erforderlich gewesen wäre. Beispielsweise hätte Anfang der 1920er-Jahre die Hyperinflation wahrscheinlich vermieden werden können, wenn nicht die Zentralbank von der Regierung zu einer immensen Kreditfinanzierung genötigt worden wäre.

**Vertrag über die Arbeitsweise der Europäischen Union**
**Artikel 130**

Bei der Wahrnehmung der ihnen durch die Verträge und die Satzung der EZB übertragenen Befugnisse, Aufgaben und Pflichten darf weder die Europäische Zentralbank noch eine nationale Zentralbank noch ein Mitglied ihrer Beschlussorgane Weisungen von Organen, Einrichtungen oder sonstigen Stellen der Union, Regierungen der Mitgliedsstaaten oder anderen Stellen einholen oder entgegennehmen. Die Organe, Einrichtungen oder sonstigen Stellen der Union sowie die Regierungen der Mitgliedsstaaten verpflichten sich, diesen Grundsatz zu beachten und nicht zu versuchen, die Mitglieder der Beschlussorgane der Europäische Zentralbank oder der nationalen Zentralbanken bei der Wahrnehmung ihrer Aufgaben zu beeinflussen.

Nach dem Ende des Zweiten Weltkriegs wurden in den westlichen Besatzungszonen rechtlich selbstständige Landeszentralbanken gegründet, die wie einzelne Zentralbanken fungierten. Die Bank deutscher Länder in Frankfurt am Main koordinierte diese einzelnen Landeszentralbanken.
1957 wurde dann die Deutsche Bundesbank gegründet und aufgrund der negativen Erfahrungen in der deutschen Geschichte als unabhängige Zentralbank gestaltet. Dieses Prinzip wurde auch auf europäischer Ebene verwirklicht. Die Unabhängigkeit der Europäischen Zentralbank fand im Artikel 108 des Vertrags zur Gründung der Europäischen Gemeinschaft ihren Niederschlag.
Die Unabhängigkeit der EZB ruht auf vier Säulen:

*Abb. 2.11: Vier Säulen der Unabhängigkeit*

- Durch die **institutionelle Unabhängigkeit** sind nationale Zentralbanken und EZB sowie ihre Beschlussorgane nicht an Weisungen Dritter (z. B. Regierungen oder Parlamente) gebunden.
- Die Unabhängigkeit könnte dennoch ausgehebelt werden, wenn Mitglieder des Direktoriums von politischen Regierungsinstanzen abhängig wären. Deshalb ist auch eine **personelle Unabhängigkeit** von großer Bedeutung. Die Amtszeit der Mitglieder des Direktoriums der EZB beträgt acht Jahre und kann nur im Fall des EZB-Präsidenten verlängert werden. Die Präsidenten der nationalen Notenbanken sowie deren übrige Mitglieder der Beschlussorgane werden für mindestens fünf Jahre ernannt. So soll verhindert werden, dass die Entscheidungsträger über kurze Vertragslaufzeiten oder jederzeitige Abberufungen unter Druck gesetzt werden können.
- Unter der **finanziellen Unabhängigkeit** der EZB versteht man die Ausstattung mit den erforderlichen finanziellen Mitteln, um ihre Aufgaben ordnungsgemäß ausführen zu können. So soll ebenfalls die Einflussnahme Dritter auf die Politik der EZB verhindert werden.
- Im Rahmen der **funktionellen Unabhängigkeit** liegt die vollständige Kontrolle sämtlicher geldpolitischer Instrumente in den Händen des Eurosystems, das alleine über ihren Einsatz entscheidet. Vorrangiges Ziel der Geldpolitik der EZB ist die Preisniveaustabilität. Weitere Ziele, wie zum Beispiel die Unterstützung der allgemeinen Wirtschaftspolitik in der EU, dürfen die Zentralbanken des Eurosystems nur insoweit verfolgen, als sie mit der Preisniveaustabilität vereinbar sind. Daher ist der EZB auch die Gewährung von Krediten an Mitgliedsstaaten untersagt.

In den Jahren 2014/2015 wurde vermehrt Kritik am geldpolitischen Kurs der EZB unter der Führung von Mario Draghi laut. So kündigte der EZB-Rat im Januar 2015 ein umfangreiches Programm zum Ankauf von Vermögenswerten an, das auch den Erwerb von Staatsanleihen der Mitgliedsstaaten (auch Krisenstaaten) in einem Umfang von mindestens 1,14 Billionen Euro vorsah. Ziel war die Entlastung der Staatshaushalte, auch wenn die Papiere nur indirekt aus der Hand von anderen, nicht staatlichen Besitzern gekauft werden sollten; d. h. ein direkter Ankauf von Staatsanleihen durch die EZB war nicht vorgesehen. Die EZB argumentiert, dass dieses Programm notwendig sei, um eine Deflation zu verhindern und die jahrelang niedrigen Inflationsraten auf das langfristige Ziel von knapp unter 2 % anzuheben. Zusätzlich sollten die Volkswirtschaften der Euroländer durch die erhöhte Geldmenge von günstigen Kreditzinsen profitieren, was sich in der Folge wiederum positiv auf Investitionen und Konsumausgaben auswirken sollte. Strittig ist dabei, inwieweit die EZB hier finanzpolitische Aufgaben übernimmt, die ihr nach ihren Statuten nicht zukommen, denn auch wenn die Papiere nicht direkt von den Mitgliedsstaaten, sondern am Sekundärmarkt gekauft werden, dienen sie somit dennoch der Entlastung der Staatshaushalte. Manche Kritiker sprechen sogar von einer offenen Staatsfinanzierung (vgl. hierzu S. 56–59).

### Ecofin-Rat (Exkurs)

In einer Hinsicht jedoch ist die Unabhängigkeit der EZB eingeschränkt worden: Die wechselkurspolitischen Kompetenzen liegen weitestgehend beim Rat der Wirtschafts- und Finanzminister (**Ecofin-Rat**). Diesem Rat gehören die Wirtschafts- und Finanzminister aller Mitgliedsstaaten der Europäischen Union an und er gilt als eines der mächtigsten Organe der EU. Er tagt mindestens einmal pro Monat. Bei seinen Sitzungen werden zum Beispiel wirtschafts- und finanzpolitische Fragen der EU besprochen und koordiniert (z. B. Steuerkoordination), er befasst sich aber auch mit Fragen der wirtschaftlichen Beziehungen zu Drittländern und mit Wechselkurspolitik. Würde der Rat mit anderen Ländern Wechselkursvereinbarungen treffen, könnte die EZB dazu zwar angehört werden, sie müsste letztendlich aber die Entscheidungen des Rats akzeptieren. So könnte der Ecofin-Rat – rein hypothetisch – beispielsweise ein System fester Wechselkurse mit Japan eingehen und die EZB müsste ihre Politik dann daraufhin anpassen.

### Fragen und Aufgaben

4. Erläutern Sie, weshalb die Einführung des Erweiterten EZB-Rats neben dem EZB-Rat des Eurosystems sinnvoll ist!
5. Begründen Sie, warum in Artikel 130 des Vertrags über die Arbeitsweise der Europäischen Union der EZB ein besonders hoher Grad an Unabhängigkeit zugesichert wird! Gehen Sie dabei auch auf die verschiedenen Arten der Unabhängigkeit ein!
6. Informieren Sie sich über das Rotationsprinzip, das im EZB-Rat zum Tragen kommen wird, sobald die Zahl von 22 Mitgliedsstaaten erreicht ist. Begründen Sie den Einsatz dieses neuen Verfahrens.

## 2.3 Ziele, Aufgaben und geldpolitische Strategie des Eurosystems

**Erstmals seit 2009: Jetzt fallen auch in Deutschland die Preise**

**Erstmals seit der schweren Wirtschaftskrise im Jahr 2009 sind die Verbraucherpreise in Deutschland im Schnitt gesunken. Für Konsumenten ist das eine gute Nachricht. Für Notenbanker auf Dauer nicht.**
Die jährliche Inflationsrate betrug im Januar 2015 minus 0,3 Prozent. Der Preisrückgang ist insbesondere darauf zurückzuführen, dass Verbraucher für Haushaltsenergie und Kraftstoffe neun Prozent weniger bezahlen mussten als vor einem Jahr. In der Europäischen Währungsunion insgesamt waren die Preise bereits im Dezember 2014 erstmals seit dem Krisenjahr 2009 wieder gesunken. Die tatsächliche Inflationsrate liegt seit nunmehr zwei Jahren unter der Zielmarke von 2 Prozent. Auch für die nächsten beiden Jahre prognostizieren Fachleute, dass der Preisauftrieb nicht nennenswert ansteigt.

Quelle: http://www.faz.net/aktuell/wirtschaft/konjunktur/verbraucherpreise-fallen-erstmals-seit-2009-in-deutschland-13397617.html vom 29.01.2015, bearbeitet

### Ziele und Aufgaben des Eurosystems

Vorrangiges Ziel des Eurosystems ist die Gewährleistung von **Preisniveaustabilität** (im Sprachgebrauch der EZB auch als „Preisstabilität" bezeichnet). Dies ist im Artikel 127 des Vertrags über die Arbeitsweise der Europäischen Union (AEU-Vertrag) festgelegt:

**Vertrag über die Arbeitsweise der Europäischen Union**
**Artikel 127**

**(1)** Das vorrangige Ziel des Europäischen Systems der Zentralbanken (ESZB) ist es, die Preisstabilität zu gewährleisten. Soweit dies ohne Beeinträchtigung des Zieles der Preisstabilität möglich ist, unterstützt das ESZB die allgemeine Wirtschaftspolitik in der Union, um zur Verwirklichung der in Artikel 3 des Vertrags über die Europäische Union festgelegten Ziele der Union beizutragen. [...]

**(2)** Die grundlegenden Aufgaben des ESZB bestehen darin,

- die Geldpolitik der Union festzulegen und auszuführen,
- Devisengeschäfte im Einklang mit Artikel 219 durchzuführen,
- die offiziellen Währungsreserven der Mitgliedstaaten zu halten und zu verwalten,
- das reibungslose Funktionieren der Zahlungssysteme zu fördern.

Die Preisniveaustabilität wird als wichtiger Beitrag zu einem hohen Beschäftigungsniveau und einer florierenden Wirtschaft gesehen. Es sollte weder zu einer Inflation noch zu einer Deflation kommen, um wirtschaftliche und soziale Folgeschäden zu vermeiden. Beispielsweise hätte eine erwartete Inflationsrate von 5 % pro Jahr zur Folge, dass allein aufgrund der Erwartungen Zinsen und die Löhne im nächsten Jahr entsprechend steigen würden, um einen realen Verlust zu vermeiden. Dagegen sind stabile Preise ein Investitionsanreiz und führen eventuell zur Schaffung von Arbeitsplätzen.

Zu den grundlegenden Aufgaben des Eurosystems gehört unter anderem, die Geldpolitik festzulegen und durchzuführen und Devisengeschäfte abzuwickeln (vgl. Artikel 127 (2) AEU-Vertrag). Solange das Ziel der Preisniveaustabilität dadurch nicht gefährdet wird, **unterstützt** das Eurosystem zudem die **allgemeine Wirtschaftspolitik** in der Europäischen Gemeinschaft. Außerdem fallen dem Eurosystem noch weitere Aufgaben wie die Ausgabe von Banknoten, die Erhebung und Aufbereitung von Statistiken oder die internationale Zusammenarbeit zu.

### Preisniveaustabilität

Bedeutet nun Preisniveaustabilität, dass sich die Preise im Euroraum nicht mehr ändern dürfen? Nein, von Preisniveaustabilität spricht man, wenn das Preisniveau mittelfristig, gemessen mit dem **Harmonisierten Verbraucherpreisindex (HVPI)**, für das Euro-Währungsgebiet weniger als 2 % im Vergleich zum Vorjahr ansteigt. Zur Zeit strebt die EZB einen Wert von knapp unter 2 % an (vgl. Quellentext, S. 41).
Der HVPI wurde als einheitlicher europäischer Preisindex zur Inflationsmessung eingeführt. Ihm liegt ein europaweit einheitlicher Warenkorb zugrunde. Die ermittelten Werte werden monatlich veröffentlicht.

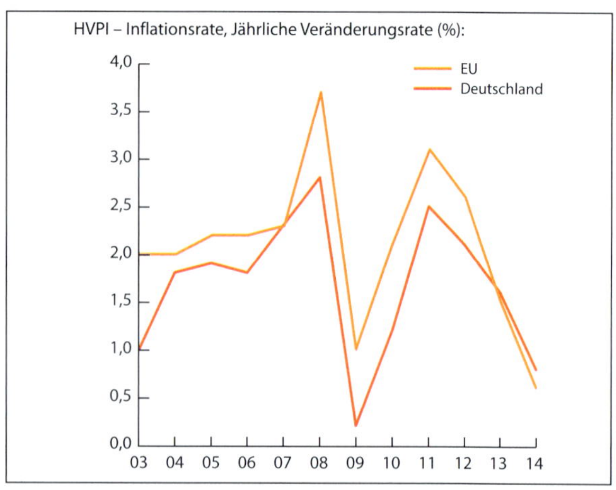


*Abb. 2.12: HVPI 2003–2014*

**Sicherheitsmarge zum Schutz vor Deflation**

Die Formulierung „Anstieg des HVPI von unter, aber nahe 2%" bietet eine Sicherheitsmarge zum Schutz vor Deflation.

Obwohl Deflation für eine Volkswirtschaft ähnliche Kosten wie Inflation verursacht, ist es besonders wichtig, Deflation zu vermeiden, weil sie sich aufgrund der Tatsache, dass nominale Zinssätze nicht unter null fallen können, verfestigen kann, wenn sie erst einmal aufgetreten ist. Niemand will jemand anderem Geld leihen, wenn er damit rechnen muss, dass er nach einem bestimmten Zeitraum weniger Geld zurückbekommt. In einem deflatorischen Umfeld ist die Geldpolitik somit möglicherweise nicht in der Lage, die gesamtwirtschaftliche Nachfrage mithilfe ihres Zinsinstruments ausreichend zu stimulieren. Jeder Versuch, die nominalen Zinssätze auf ein Niveau unter null zu drücken, würde fehlschlagen, da die Öffentlichkeit es vorziehen würde, Bargeld zu halten anstatt zu einem negativen Satz Geld zu verleihen oder Einlagen zu halten. Zwar können selbst bei nominalen Zinssätzen von null verschiedene geldpolitische Maßnahmen ergriffen werden, doch ist die Wirksamkeit dieser Alternativen ungewiss. Deshalb ist es besser, wenn die Geldpolitik über eine Sicherheitsmarge zum Schutz gegen Deflation verfügt.

Quelle: Europäische Zentralbank (Hrsg.): Preisstabilität: Warum ist sie für Dich wichtig?, Lehrerheft, 2011, S. 62 f.

### Zwei-Säulen-Strategie

Das Ziel der Preisniveaustabilität wird über eine angemessene geldpolitische Strategie angestrebt. Diese bildet das Grundgerüst für die Geldpolitik des Eurosystems.

Die EZB hat sich hierzu auf eine Zwei-Säulen-Strategie festgelegt. Generelles Problem ist schließlich die unsichere Datenbasis, aufgrund derer geldpolitische Entscheidungen getroffen werden müssen, denn viele Daten werden oft deutlich zeitverzögert veröffentlicht oder es fehlen Vergleichsdaten zu früheren Jahren.

Geldpolitische Entscheidungen trifft die EZB deshalb erst nach tiefgehender Analyse ökonomischer Daten und ihrer Auswirkungen auf die Preisniveaustabilität. Diese Analyse ruht auf zwei „Säulen": einer wirtschaftlichen Analyse und einer monetären Analyse (vgl. Abb. 2.13).

Mithilfe der ersten Säule, der **wirtschaftlichen Analyse**, werden die kurz- und mittelfristigen Bestimmungsfaktoren der Preisentwicklung anhand wichtiger gesamtwirtschaftlicher Variablen beurteilt. Von Interesse sind hierbei unter anderem die Entwicklung der gesamtwirtschaftlichen Produktion, die gesamtwirtschaftliche Nachfrage, die Finanzpolitik, die Lage am Arbeits- und Kapitalmarkt, die Entwicklung von Preis- und Kostenindikatoren und der Wechselkurse. Das Preisniveau resultiert nach dieser Sichtweise aus dem Zusammenspiel von Angebot und Nachfrage an den Güter-, Dienstleistungs- und Faktormärkten. Bei dieser Analyse werden auch das Wesen von Schocks (z. B. die Weltwirtschaftskrise 2008), die die Wirtschaft erschüttern, sowie ihre Auswirkungen auf die Volkswirtschaft und das Preisniveau untersucht.

Die zweite Säule, die **monetäre Analyse**, beruht auf der Beobachtung der Geldmengen- und Kreditentwicklung, denn auf mittel- bis langfristige Sicht hängen Inflation und Geldmengenwachstum eng zusammen, d. h. eine Erhöhung der Geldmenge hat bei unveränderter Gütermenge einen Anstieg des Preisniveaus zur Folge (vgl. Fisher'sche Geldverkehrsgleichung in Kapitel 2.1). Bereits die Deutsche Bundesbank hat mit der Vorgabe eines Geldmengenziels als Zwischenziel so erfolgreich gearbeitet, dass dieses Verfahren auch in die europäische Geldpolitik übernommen wurde. Die EZB hat hierzu den Referenzwert für das jährliche Wachstum der Geldmenge M3 auf 4,5 % festgelegt.

**Geldmengenaggregate**

**M1:** Bargeld (Banknoten, Münzen) sowie Guthaben, die ohne Weiteres in Bargeld umgewandelt und für bargeldlose Zahlungen eingesetzt werden können, z. B. täglich fällige Einlagen

**M2:** M1 + Einlagen mit einer vereinbarten Laufzeit von bis zu zwei Jahren sowie Einlagen mit einer vereinbarten Kündigungsfrist von bis zu drei Monaten

**M3:** M2 + Anteile an Geldmarktfonds, Geldmarktpapiere, Repogeschäfte und Bankschuldverschreibungen mit einer Laufzeit bis zu zwei Jahren

Die monetäre Analyse wird hauptsächlich zur Überprüfung der aus der ersten Säule abgeleiteten Erkenntnisse herangezogen.

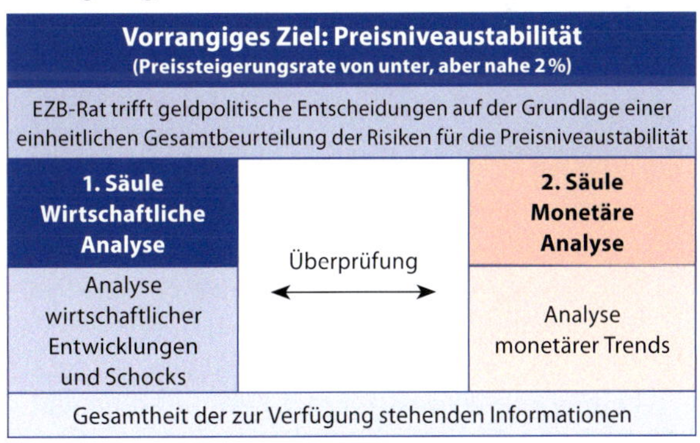


*Abb. 2.13: Die Zwei-Säulen-Strategie*

Der Einsatz von zwei Säulen soll möglichst große Genauigkeit bei der Bewertung der Preisrisiken gewährleisten. Auch soll übereilter Aktionismus vermieden werden und stattdessen die langfristige Preis- und Wirtschaftsentwicklung im Auge behalten werden.

**Fragen und Aufgaben**

7. Beschreiben Sie die Zwei-Säulen-Strategie der EZB!
8. „Die EZB sollte Preisniveaustabilität besser mit einer Inflationsrate von 0 % definieren." Nehmen Sie Stellung!

## 2.4 Inflation (Wiederholung)

**"... was ist ein Tsunami?"**

*Abb. 2.14: Keine Entwarnung*

**Begründung des Inflationsziels**

Für die EZB hat der Erhalt der Preisniveaustabilität oberste Priorität. Natürlich wünscht sich kein Mensch eine galoppierende Inflation, bei der das Geld – fast noch bevor man es in den Händen hält – seinen Wert verliert. Aber warum hält die europäische Geldpolitik auch eine relativ moderate Inflationsrate für gefährlich?

*Abb. 2.15: „Billige" Bausteine*

### Die Vorteile der Preisniveaustabilität

Das Ziel der Preisniveaustabilität bezieht sich auf das allgemeine Preisniveau in der Volkswirtschaft und bedeutet, dass sowohl andauernde Inflation als auch Deflation vermieden werden. Preisniveaustabilität trägt auf verschiedene Weise zu einer lebhaften Wirtschaftsaktivität und einem hohen Beschäftigungsstand bei.

- Bei Preisniveaustabilität ist es für die Bevölkerung einfacher, relative Preisänderungen von Veränderungen des allgemeinen Preisniveaus zu unterscheiden. Somit können Unternehmen und Verbraucher fundierte KonPrsum- und Investitionsentscheidungen treffen. Dies erlaubt dem Markt eine effizientere Ressourcenallokation, d. h. Ressourcen werden dorthin gelenkt, wo sie am produktivsten eingesetzt werden können. Somit steigert die Preisniveaustabilität den Wohlstand der privaten Haushalte und somit das produktive Potenzial der Wirtschaft.
- Gläubiger, die sicher sein können, dass die Preise auch künftig stabil bleiben, werden keine „Inflationsrisikoprämie" als Vergütung für Risiken verlangen, die sich aus der längerfristigen Haltung von nominalen Vermögenswerten ergeben. Durch den Abbau solcher Risikoprämien im Realzins trägt die Glaubwürdigkeit der Geldpolitik zur Allokationseffizienz der Kapitalmärkte bei und verstärkt die Investitionsanreize. Dies wiederum fördert den wirtschaftlichen Wohlstand.
- Durch die glaubwürdige Gewährleistung der Preisniveaustabilität sinkt auch die Wahrscheinlichkeit, dass einzelne Wirtschaftsakteure und Unternehmen Ressourcen der produktiven Verwendung vorenthalten, um sich gegen Inflation abzusichern. In einem von hoher Inflation geprägten Umfeld besteht zum Beispiel ein Anreiz, Waren zu horten, da sie unter diesen Umständen eher ihren Wert behalten als Geld oder bestimmte Finanzaktiva. Das Horten von Waren ist jedoch keine effiziente Anlageentscheidung und beeinträchtigt daher das Wirtschaftswachstum.
- Von Steuer- und Sozialsystemen können falsche Anreize ausgehen, die das Verhalten der am Wirtschaftsleben Beteiligten verzerren. Zumeist werden diese Verzerrungen durch Inflation oder Deflation verstärkt, da die finanzpolitischen Systeme in der Regel keine Anbindung der Steuersätze und Sozialbeiträge an die Inflationsrate zulassen. Preisniveaustabilität eliminiert die realen Kosten, die entstehen, wenn die Inflation die Verzerrungseffekte der Steuer- und Sozialsysteme noch verschärft.
- Inflation wirkt als eine Art Steuer auf Bargeldbestände. In einem inflatorischen Umfeld ist den privaten Haushalten an einem geringeren Bargeldeinsatz gelegen, um so die Transaktionskosten zu reduzieren. Diese sogenannten „Schuhlederkosten" fallen an, weil die einzelnen Wirtschaftsakteure häufiger eine Bank (oder einen Geldautomaten) aufsuchen müssen, um Geld abzuheben.
- Durch die Gewährleistung von Preisniveaustabilität wird die erhebliche und willkürliche Umverteilung von Vermögen und Einkommen vermieden, zu der es in einem inflatorischen oder deflatorischen Umfeld mit unvorhersehbaren Änderungen der Preisentwicklung kommt. Ein von stabilen Preisen geprägtes Umfeld trägt also dazu bei, sozialen Zusammenhalt und soziale Stabilität aufrechtzuerhalten.

Quelle: Die Geldpolitik der EZB 2011, S. 60 f., bearbeitet

**Inflationsursachen**

Zu einem dauerhaften Anstieg des Preisniveaus für wichtige Gütergruppen kann es aus verschiedenen Gründen kommen.

Die Gesetze des Marktes bringen es mit sich, dass bei einer erhöhten Nachfrage und einem konstanten Angebot die Preise steigen. So kann die gesamtwirtschaftliche Nachfrage vonseiten der Haushalte, der Unternehmen oder auch des Staates steigen. Denkbar ist auch, dass mehr Exportgüter vom Ausland nachgefragt werden. Wenn in einem solchen Fall das Angebot nicht entsprechend ausgeweitet wird, entsteht eine Angebotslücke, die eine Preiserhöhung zur Folge hat. Man spricht von einer **Nachfragesoginflation**.

Im Gegensatz dazu kann die Inflation auch von der Angebotsseite her verursacht sein. Von einer **Angebotsdruckinflation** spricht man, wenn die Preiserhöhungen von der Angebotsseite ausgehen. Auslöser können auf der Kostenseite beispielsweise gestiegene Löhne oder höhere Rohstoffkosten sein. Ebenso denkbar sind aber auch Preiserhöhungen aufgrund stärkeren Gewinnstrebens der Unternehmen. Eine weitere Form der Angebotsdruckinflation ist die importierte Inflation. Selbst bei stabilen Preisen im Inland kann es zu einer Inflation kommen, wenn Importgüter teurer werden. Eine Rolle spielen dabei natürlich die Preisveränderungen im Ausland, aber auch der Wechselkurs, denn bei einer Abwertung der inländischen Währung werden die Importgüter teurer (vgl. Kapitel 2.12).

### Bedeutung für die Geldpolitik

Zwar geben die verschiedenen Inflationstheorien Aufschluss über die Ursachen von Inflation, doch langfristig kann es keine Inflation ohne gleichzeitige (deutliche) Ausweitung der Geldmenge geben. Die Geldmenge ist daher ein zentrales Steuerungsinstrument, welches die Zentralbank in den Händen hält. Die Abbildung 2.16 zeigt deutlich den engen (wenn auch zeitlich versetzten) Zusammenhang zwischen Geldmengenwachstum und Inflationsrate. Aufgrund der Finanzkrise 2008 hat sich dies geändert. Es kam zu ungewöhnlichen Schwankungen bei der Umlaufgeschwindigkeit des Geldes, sodass für diese Jahre eine Fortführung des Diagramms den grundsätzlichen Zusammenhang nicht mehr gut veranschaulichen würde.

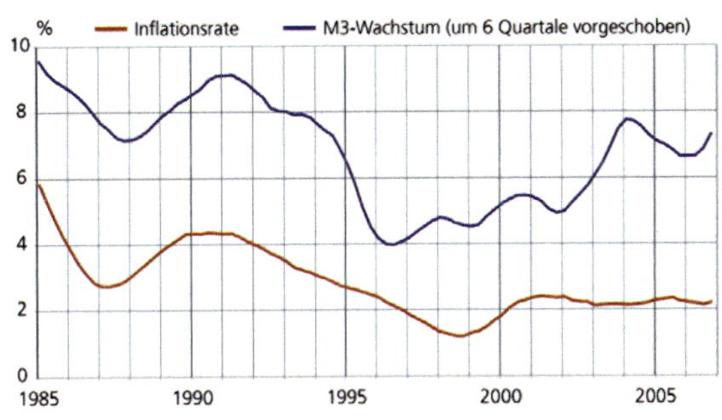


*Abb. 2.16: Längerfristige Entwicklung der Geldmenge und der Preise im Euro-Währungsgebiet (um 6 Quartale verschoben)*

Die EZB begnügt sich aber nicht allein mit einer Steuerung der Geldmenge, sondern berücksichtigt bei ihren geldpolitischen Entscheidungen auch fundamentale wirtschaftliche Daten, wie z. B. das Wachstum des Bruttoinlandsprodukts, die Arbeitslosenquote oder den Außenhandel (Zwei-Säulen-Strategie, vgl. Kapitel 2.3).

### Inflationsmessung

Mit der Maxime der „Preisstabilität" hat die EZB keineswegs im Sinne, dass alle Güterpreise im Euroraum gleich bleiben sollen. Vielmehr soll das Preis*niveau* stabil bleiben, was bedeutet, dass durchaus einzelne Preise steigen, andere sinken können. Um nun möglichst genau die Veränderungen des Preisniveaus erfassen zu können, betrachtet man einen repräsentativen Warenkorb, dessen Zusammensetzung über die Jahre hinweg relativ konstant bleibt. Er enthält sowohl Güter des täglichen Bedarfs (z. B. Brot) als auch Gebrauchsgüter (z. B. Autos). Außerdem werden weitere Kosten der Lebensführung wie Friseurbesuche oder Wohnungsmieten erfasst. All diese Artikel werden entsprechend ihrer Bedeutung für den Durchschnittsverbraucher gewichtet und im Warenkorb zusammengefasst. Im Basisjahr erhält der Wert des Warenkorbs den Preisindex 100. Dann wird der Preis für den Warenkorb des Vergleichsjahrs ermittelt und der zugehörige Indexwert berechnet.

**Vereinfachtes Beispiel:**

Angenommen, der Warenkorb eines Schülers setzt sich aus folgenden Artikeln pro Jahr zusammen:

| | Menge | Preise im 1. Jahr | Preise im 2. Jahr |
|---|---|---|---|
| Limonade | 50 | 0,80 € | 1,00 € |
| Hamburger | 100 | 1,00 € | 1,10 € |
| Bleistift | 5 | 0,50 € | 0,43 € |
| Kinobesuch | 3 | 8,00 € | 7,00 € |
| Wert des Warenkorbs | | 166,5 € | 183,15 € |
| Preisindex | | 100 | 100 |

$$\text{Preisindex (2. Jahr)} = \frac{\text{Wert des Warenkorbs im 2. Jahr}}{\text{Wert des Warenkorbs im 1. Jahr}} \cdot 100$$

$$= \frac{183{,}5}{166{,}5} \cdot 100 = 110$$

Im Beispiel betrug die jährlich Inflationsrate im 2. Jahr 10 %.

In der EU wird die Inflationsrate mithilfe des HVPI (Harmonisierter Verbraucherpreisindex) gemessen, dem ein EU-weit einheitlicher Warenkorb zugrunde liegt.

### Fragen und Aufgaben

**9.** Entwerfen Sie zu jedem der drei genannten Inflationstypen ein Szenario, in dem es zu steigenden Inflationsraten kommt!

**10.** Informieren Sie sich über Änderungen in der Zusammensetzung des Warenkorbs für den HVPI und deren Ursachen!

## 2.5 Der geldpolitische Handlungsrahmen der EZB

**EZB öffnet heute Geldschleusen – Draghi läutet neue geldpolitische Ära ein**
Handelsblatt online, 9.3.2015

**EZB lässt Leitzins auf Rekordtief von 0,05 Prozent**
Welt online, 6.11.2014

**Ein schwacher Euro macht noch kein Wachstum**
sueddeutsche.de, 2.1.2015

### Geldpolitik

Ansichten eines Professors für Volkswirtschaft aus einer Vorlesung zur Geldpolitik: „Man kann die Geldpolitik mit der Fahrt in einer Seifenkiste vergleichen, in der die Lenkseile aus Gummi sind. Sobald man ein Hindernis erkennt, wird man versuchen auszuweichen, doch durch die Gummibänder reagiert die Lenkung nur verzögert und es kann trotzdem zu einer Berührung mit dem Hindernis kommen. Ist man dagegen endlich am Hindernis vorbei, dauert es trotzdem einige Zeit, bis die Lenkung wieder in Normalstellung kommt und es kann sein, dass man das Hindernis in einem viel zu großen Bogen umfahren hat. Des Weiteren muss man sich vorstellen, dass dem Fahrer eine schwarze Frontscheibe montiert wurde, sodass er nicht sehen kann, was vor ihm liegt, sondern sich nur am Blick in den Rückspiegel orientieren kann. Somit kann er immer erst im Nachhinein feststellen, ob er richtig reagiert hat."

Unter **Geldpolitik** versteht man alle Maßnahmen, die eine Zentralbank ergreift, um ihre Ziele – im Eurosystem vor allem Preisniveaustabilität – zu verwirklichen. Allerdings kann die Notenbank das Preisniveau nicht direkt steuern, sondern sie nimmt nur indirekt mithilfe verschiedener geldpolitischer Instrumente Einfluss.

Ansatzpunkt der Geldpolitik ist die Versorgung der Wirtschaft mit **Zentralbankgeld**, also Bargeld sowie Sichtguthaben bei der Zentralbank (vgl. Kap. 2.1). Die Geschäftsbanken können zwar in einem gewissen Umfang selbst Giralgeld schöpfen (vgl. Kap. 2.1), aber um die Giralgeldschöpfung überhaupt in Gang zu bringen und Kredite vergeben zu können, brauchen Geschäftsbanken Zentralbankgeld. Hinzu kommt, dass Kunden immer wieder einen Teil ihrer Einlagen bar abheben. Über die Versorgung der Wirtschaft mit Zentralbankgeld kann die EZB also indirekt die Geschäftstätigkeit der Banken steuern, d. h. die Giralgeldschöpfung und die Kreditvergabe, aber auch die Zinskonditionen.

Eine wichtige Rolle bei der Versorgung mit Zentralbankgeld spielt der **Geldmarkt**, an dem kurzfristige Geldnachfrage und kurzfristiges Geldangebot aufeinandertreffen. Eine Geschäftsbank kann sich nicht nur bei der EZB Geld besorgen, sondern über den Geldmarkt auch bei anderen Banken, die z.B. einen Liquiditätsüberschuss haben. Man spricht hier vom sog. Interbankenhandel. Das Zentralbankgeld wird hier elektronisch gehandelt und binnen Sekunden gutgeschrieben. Die Laufzeiten reichen üblicherweise von einem Tag bis zu einem Jahr. Am häufigsten wird „Tagesgeld" gehandelt, d. h. hier hat der Interbankenhandel eine Laufzeit nur über eine Nacht.

Prinzipiell haben die Geschäftsbanken im Euroraum die Möglichkeit, sich kurzfristig Geld bei der Zentralbank zu leihen oder es dort anzulegen (vgl. Kapitel 2.7). Indem die EZB die Zinssätze festlegt, die Geschäftsbanken für das bei ihr geliehene Geld bezahlen müssen bzw. für das hinterlegte Geld erhalten, beeinflusst die Zentralbank auch die Zinssätze am Geldmarkt. Der Zinssatz für einen

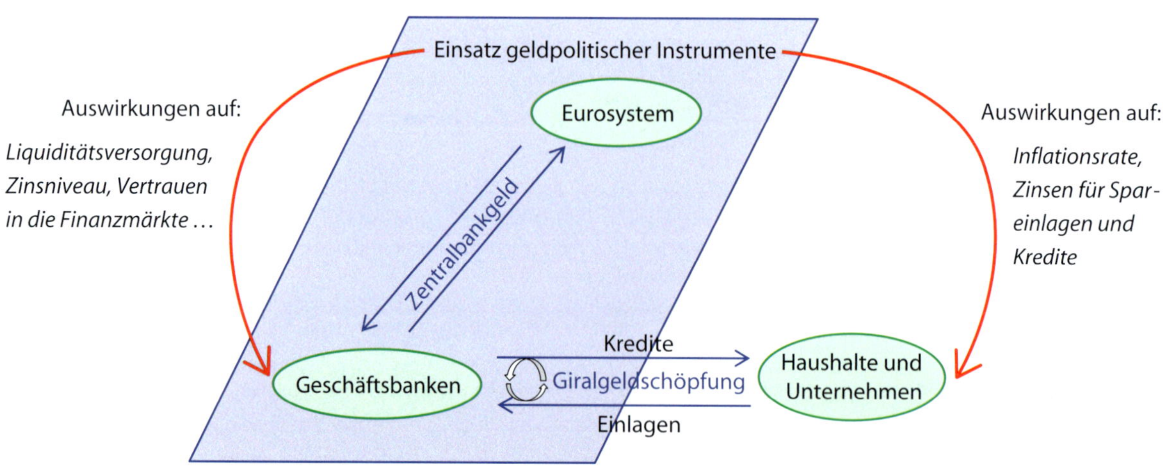


*Abb. 2.17: Die Ansatzpunkte der geldpolitischen Instrumente*

kurzfristigen „Übernachtkredit" bei der EZB ist zugleich die obere Grenze der Zinssätze auf dem Geldmarkt, denn keine Geschäftsbank wäre bei einem Liquiditätsengpass bereit, einer anderen Bank höhere Zinssätze zu zahlen als die von der EZB verlangten, wo sie sich jederzeit verschulden kann. Besteht bei einer Bank ein Liquiditätsüberschuss am Ende eines Geschäftstages, so kann sie diesen über Nacht bei der EZB zu einem festgelegten Zinssatz „parken". Dieser liefert somit die Zinsuntergrenze für Interbankengeschäfte. Damit kann die EZB nach „unten" sowie nach „oben" zumindest die kurzfristigen Zinssätze auf dem Geldmarkt steuern. Es wird also durch die Veränderung der Bankenliquidität und des Zinsniveaus auf dem Geldmarkt generell ein Einfluss auf die Kreditbedingungen der Volkswirtschaft ausgeübt.

### Transmission

Da die EZB das Preisniveau nicht unmittelbar beeinflussen kann, setzt sie verschiedene geldpolitische Instrumente ein, die darauf zielen, das Zinsniveau und/oder die in Umlauf befindliche Menge an Zentralbankgeld zu verändern. Unter dem **Transmissionsmechanismus** versteht man den Übertragungsweg der geldpolitischen Impulse bis hin zum Endziel, im europäischen Fall der Preisniveaustabilität. Erschwert wird die Geldpolitik dadurch, dass dieser Transmissionsmechanismus nie genau gleich und oft zeitlich verzögert abläuft. Zudem resultieren Preisniveauänderungen nicht nur aus geldpolitischen Aktionen, sondern z. B. auch aufgrund fiskalpolitischer Änderungen. Genaue Vorhersagen über die Wirkungen geldpolitischer Maßnahmen kann man daher nicht treffen.
Die Notenbank wird zunächst die Höhe der kurzfristigen Zinsen verändern und darauf vertrauen, dass sich diese Zinsänderung mithilfe des Transmissionsmechanismus auch bei den Einlagen- und Kreditzinsen der Geschäftsbanken durchsetzen wird.

### Wirkungsweise bei Erhöhung der Notenbankzinsen

Ein vereinfachter Transmissionsmechanismus könnte wie folgt aussehen: Wenn die Notenbank ihre Zinsen erhöht, so bedeutet dies, dass sich für die Geschäftsbanken die Kredite bei der Notenbank verteuern. Daher werden sie ihrerseits die Kreditzinsen, die sie gegenüber Privat- und Geschäftskunden verlangen, anheben. Außerdem werden die Geschäftsbanken wahrscheinlich versuchen, weitere Mittel durch höhere Einlagen von Nichtbanken zu erschließen. Dazu werden sie die Zinsen im Einlagengeschäft erhöhen, um für Anleger attraktiver zu werden. So wird sich die Zinserhöhung der Zentralbank über die Geschäftsbanken bis zu den Nichtbanken fortpflanzen. Höhere Notenbankzinsen werden in der Regel also auch zu höheren Bankzinsen führen.
Die höheren Kreditzinsen führen dazu, dass weniger Kredite von Nichtbanken in Anspruch genommen werden, da viele Geschäfte oder Investitionsprojekte bei höheren Zinsen nicht mehr rentabel sind. Außerdem werden weniger Konsumentenkredite nachgefragt werden. Dies führt zu einem Sinken der gesamtwirtschaftlichen Nachfrage und der Preisanstieg wird ebenso wie die Konjunktur gedämpft.
Eine Änderung des Notenbankzinses wirkt unmittelbar vor allem auf die kurzfristigen Zinsen an den Kapitalmärkten. Die langfristigen Zinsen dagegen hängen in der Realität auch von vielen anderen Faktoren wie Inflationserwartungen oder den Zinssätzen im Ausland ab. Eine wichtige Rolle spielen die langfristigen Zinsen jedoch für das Preisniveau, da sie für größere kreditfinanzierte Anschaffungen mit langen Laufzeiten (Immobilienkauf, Anschaffung einer neuen Produktionsanlage ...) entscheidend sind. Die Notenbank muss daher bei ihren geldpolitischen Entscheidungen viele weitere Einflussfaktoren berücksichtigen.

### Wirkungsweise bei Senkung der Notenbankzinsen

**Die Transmission geldpolitischer Impulse**
(schematische und stark vereinfachte Darstellung)

| | | |
|---|---|---|
| Änderung der Notenbankzinsen | ↓ Senkung | ↑ Erhöhung |
| Refinanzierung der Banken | ↓ günstiger | ↑ teurer |
| Zinsen für die Kunden | ↓ sinken | ↑ steigen |
| Kreditnachfrage durch Nichtbanken | ↑ steigt | ↓ sinkt |
| Investitions- und Konsumgüternachfrage im Inland | ↑ steigt | ↓ sinkt |
| Preise (Preisniveau) (Annahme: gleichbleibendes Angebot) | ↑ steigen | ↓ sinken |

*Abb. 2.18: Transmissionsmechanismus*

### Fragen und Aufgaben

**11.** Beschreiben Sie ausführlich den in Abbildung 2.18 dargestellten Transmissionsmechanismus im Falle einer Senkung der Notenbankzinsen!

**12.** Erläutern Sie die geldpolitischen Zusammenhänge zwischen Eurosystem, Geschäftsbanken sowie Haushalten und Unternehmen, wie sie in Abbildung 2.17 dargestellt sind!

## 2.6 Offenmarktgeschäfte

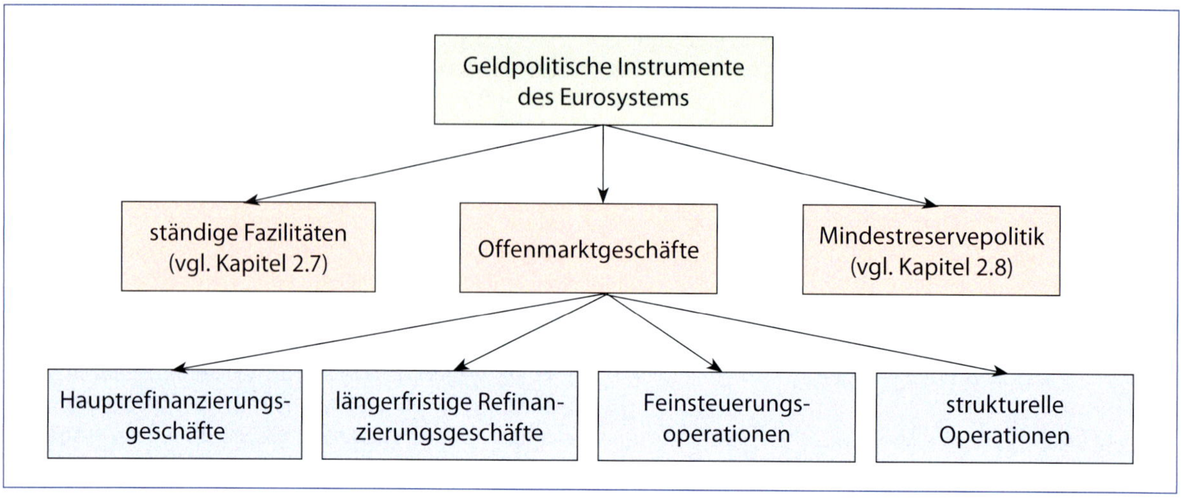


*Abb. 2.19: Übersicht über die geldpolitischen Instrumente*

### Offenmarktgeschäfte

Die Offenmarktpolitik steht im Zentrum der Geldmarktsteuerung der EZB. Mithilfe von Offenmarktgeschäften verfolgt die EZB einerseits das Ziel, die Liquidität sowie die Zinssätze am Markt zu steuern. Den Offenmarktgeschäften kommt hierbei eine Schlüsselfunktion zu. Andererseits sollen Signale über den geldpolitischen Kurs gesendet und somit die Erwartungen der Marktteilnehmer beeinflusst werden.

Die Bezeichnung „Offenmarktgeschäfte" umfasst im Wesentlichen den Ankauf und Verkauf von Wertpapieren durch die Zentralbank am „offenen Markt", an dem alle zugelassenen Geschäftspartner des Euro-Systems teilnehmen können.

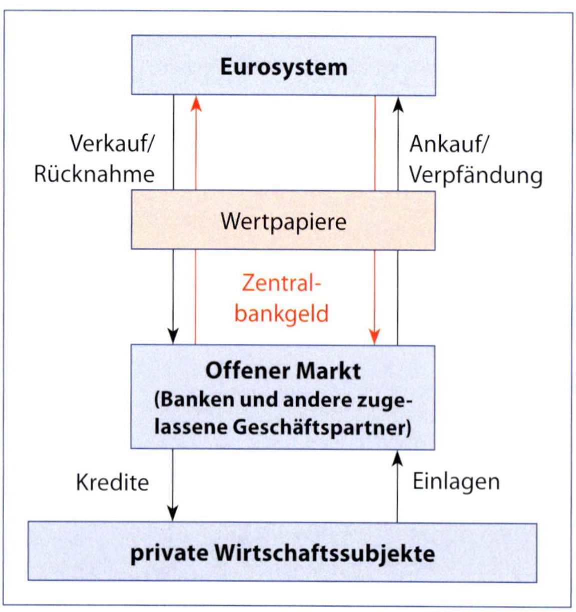


*Abb. 2.20: Offenmarktpolitik*

Diese An- und Verkäufe können entweder endgültig oder befristet sein. Bei endgültigen Geschäften spricht man von **definitiven Transaktionen** oder **outright transactions**. Kauft die Notenbank z. B. Wertpapiere an, so fließt dem Euroraum auf diese Weise Zentralbankgeld zu, bei einem Verkauf wird dem Markt dagegen Zentralbankgeld entzogen.

Wertpapiere können aber auch befristet angekauft oder verkauft werden (**befristete Transaktionen**). In diesem Fall wird beispielsweise bei einem Wertpapierankauf durch die EZB gleich wieder ein Termin für den Rückkauf durch die Geschäftsbank (z. B. nach einer Woche) festgelegt. Offenmarktgeschäfte mit Rückkaufvereinbarung nennt man **Wertpapierpensionsgeschäfte**, da die Wertpapiere sozusagen eine Zeit lang „in Pension" gegeben werden.

Ein Hauptvorteil der Wertpapierpensionsgeschäfte liegt in ihrem befristeten Charakter. Die EZB ändert die Menge an Zentralbankgeld nur für begrenzte Zeit und ist daher sehr flexibel. Zudem beeinflussen die Wertpapierpensionsgeschäfte nicht den Kurs von Wertpapieren.

Im Euroraum gibt es vier Arten von Offenmarktgeschäften: haupt- und längerfristige Refinanzierungsgeschäfte, Feinsteuerungsoperationen und strukturelle Operationen.

### Hauptrefinanzierungsgeschäfte

Den Hauptrefinanzierungsgeschäften (**Haupttendern**) kommt im Bereich der Offenmarktpolitik die größte Bedeutung zu. Damit die Banken sich „refinanzieren", d. h. ihren Kapitalbedarf decken können, stellt ihnen das Eurosystem überwiegend durch **befristete Transaktionen** Zentralbankgeld zur Verfügung. Dies geschieht in Form von Wertpapierpensionsgeschäften oder **Pfandkrediten**. In Deutschland kommen ausschließlich Pfandkredite zum Einsatz, d. h., dass es nicht zu befristeten

Wertpapierkäufen, sondern zu einer mit Wertpapieren besicherten Kreditvergabe durch die Zentralbank kommt. Als Sicherheit werden notenbankfähige Wertpapiere als Pfand bei der Zentralbank hinterlegt statt befristet an sie verkauft. Bei diesen Transaktionen fallen Kosten in Form von Zinsen an.
Die Hauptrefinanzierungsgeschäfte beeinflussen die in Umlauf befindliche Geldmenge, die Zinsen und die Erwartungen bezüglich des geldpolitischen Kurses der EZB. Hauptrefinanzierungsgeschäfte werden wöchentlich von der Zentralbank angeboten mit einer Laufzeit von einer Woche. Der Zinssatz für Hauptrefinanzierungsgeschäfte wird auch als **Leitzins** bezeichnet.

### Weitere Offenmarktgeschäfte (Exkurs)

Neben den Hauptrefinanzierungsgeschäften werden im Eurosystem einmal monatlich **längerfristige Refinanzierungsgeschäfte** mit einer Laufzeit von drei Monaten (**Basistender**) angeboten. Sie ähneln im Wesentlichen den Hauptrefinanzierungsgeschäften, jedoch möchte die Notenbank mit ihnen keine geldpolitischen Signale geben, sondern die Hauptfinanzierungsgeschäfte ergänzen bzw. mengenmäßig entlasten.

**Feinsteuerungsoperationen** dienen der kurzfristigen Liquiditätsbereitstellung bzw. -abschöpfung. Sie werden eingesetzt, wenn es zu unerwarteten Änderungen bei der Bankenliquidität kommt. Das ist zum Beispiel der Fall, wenn die Nichtbanken ihre Bargeldhaltung unerwartet erhöhen oder unerwartete Devisenmarktinterventionen durch das Eurosystem stattfinden. Auch in extremen Ausnahmefällen, wie beispielsweise den Terroranschlägen vom 11. September 2001, sind Feinsteuerungsoperationen sinnvoll, um der Volkswirtschaft ausreichend Liquidität zuzuführen und das reibungslose Funktionieren der Märkte zu gewährleisten.

Mithilfe der **strukturellen Operationen** soll – wenn nötig – die Liquiditätsposition des Bankensystems gegenüber dem Eurosystem langfristig beeinflusst werden. Steht den Banken ausreichend Liquidität zur Verfügung, sind sie nicht darauf angewiesen, sich über die Zentralbank zu refinanzieren. In einem solchen Fall hätten die geldpolitischen Instrumente der Zentralbank keine Angriffsfläche mehr und würden ins Leere laufen. Daher kann die Zentralbank z. B. durch die Ausgabe von Schuldverschreibungen (auch an Nichtbanken) Zentralbankgeld abschöpfen.

### Abwicklung der Offenmarktgeschäfte: Tenderverfahren

Offenmarktgeschäfte werden normalerweise im Wege der Ausschreibung (**Tender**) den zugelassenen Geschäftspartnern angeboten. Es können aber teilweise auch direkte (**bilaterale**) **Geschäfte** getätigt werden. Die Europäische Zentralbank kann grundsätzlich wählen, ob sie bei der Ausschreibung das Mengentenderverfahren oder das Zinstenderverfahren einsetzt.

### Verfahrensweise bei Tendergeschäften: Mengen- und Zinstender

Die Hauptrefinanzierungsgeschäfte und die Basistender werden den Banken im Wege der Ausschreibung angeboten. Dabei gibt es zwei Verfahren:
Beim **Mengentender** legt das Eurosystem den Zins fest, und die Kreditinstitute nennen in ihren Geboten lediglich die Beträge, über die sie Liquidität zu erhalten wünschen. Die Europäische Zentralbank teilt dann denjenigen Betrag zu, der ihren liquiditätspolitischen Vorstellungen entspricht. Die Einzelgebote werden dabei gleichmäßig, d. h. mit demselben Prozentsatz „bedient" oder „repartiert".
Beim **Zinstender** müssen die Kreditinstitute nicht nur Gebote über die gewünschte Menge abgeben, sondern auch den Zins nennen, zu dem sie bereit sind, Refinanzierungsgeschäfte abzuschließen. Wenn sie zu niedrige Zinsen bieten, laufen sie Gefahr, bei der Zuteilung leer auszugehen. Umgekehrt haben sie bei hohen Zinsgeboten die Chance einer vollen Zuteilung. Gebote zu dem gerade noch zum Zuge kommenden Satz werden auch hier gegebenenfalls repartiert. Beim längerfristigen Refinanzierungsgeschäft setzt das Eurosystem in der Regel den Zinstender ein. Das bedeutet, dass es die Zinsfindung dem Markt überlässt. Der Grund dafür ist, dass die Europäische Zentralbank mit diesem Instrument keine geldpolitischen Signale geben möchte.
Während das Eurosystem bis Juni 2000 beim Hauptrefinanzierungsgeschäft stets den Mengentender einsetzte, benutzte es bis Herbst 2008 den Zinstender. In der Finanz- und Bankenkrise ist das Eurosystem wieder zu Mengentendern zurückgekehrt, nun aber mit „Vollzuteilung". Dies bedeutet, dass jeder Geschäftsbank der von ihr gewünschte Betrag an Zentralbankgeld zum Zinssatz des Mengentenders und gegen Hinterlegung von Sicherheiten vollständig zur Verfügung gestellt wird. Der EZB-Rat entschloss sich zu diesem Schritt, weil manche Geschäftsbanken aufgrund der Vertrauenskrise unter den Banken nicht mehr in der Lage waren, sich ausreichend Zentralbankgeld über Interbankenkredite am Geldmarkt zu beschaffen.

Quelle: Deutsche Bundesbank (Hrsg.): Geld und Geldpolitik, 2008, S. 115 und 2014, S. 187, bearbeitet

Die EZB setzte ursprünglich Mengentender bei den Hauptrefinanzierungsgeschäften ein und ging im Zeitraum von Juni 2000 bis Oktober 2008 zu Zinstendern über. Diese wurden nach dem amerikanischen Verfahren durchgeführt, das heißt, dass die Gebote zum jeweiligen gebotenen Zinssatz zugeteilt werden. (Beim alternativen holländischen Verfahren würden alle zum Zuge kommenden Gebote zu demselben [niedrigst gebotenen] Zinssatz zugeteilt werden.)

Im Oktober 2008 wurde dann angesichts der Finanzmarktkrise sowohl bei den Haupt- als auch bei den längerfristigen Refinanzierungsgeschäften vorerst auf Mengentender mit vollständiger Zuteilung umgestellt, weil mehr Liquidität für den Markt bereitgestellt werden sollte.

**Beispiel:**
Hauptrefinanzierungsgeschäft vom 08.04.2015 (Veröffentlichung der Zuteilung)
Zuteilung
Liquiditätsbereitstellung über Offenmarktkredite
(Beträge in Mio. Euro)
Hauptrefinanzierungsoperation, Tender-ID: 20150042
Durchführung: Standardtender (Mengentender)
Gebotsfrist: 07.04.2015, 09:30 Uhr,
Zuteilungstag: 07.04.2015
Valutierungstag: 08.04.2015,
Verfalltag: 15.04.2015,
Laufzeit: 7 Tage
Festzinssatz: 0,05 %, Mindestzuteilungsbetrag: –
Mindestbietungsbetrag: 1,00, Höchstbietungsbetrag: –
Mindestzuteilungsquote: –
Gesamtes Bietungsvolumen: 108.258
Anzahl der Bieter: 136
Gesamter Zuteilungsbetrag: 108.258
Repartierungsquote: 100,0000 %
Gemäß Schätzung vom 07.04.2015 betragen die durchschnittlichen autonomen Faktoren für die Zeit vom 02.04.2015 bis 14.04.2015: 468,1 Mrd Euro.
Die daraus resultierende Benchmark-Zuteilung beträgt: –140,0 Mrd Euro.
Quelle: http://www.bundesbank.de/Redaktion/DE/Downloads/Aufgaben/Geldpolitik/2015_04_07_mro.pdf?__blob=publicationFile

| Wirkungen der Offenmarktgeschäfte | | | | |
|---|---|---|---|---|
| | **Erhöhung des Refinanzierungssatzes** | **Senkung des Refinanzierungssatzes** | **Mehrzuteilung bei Refinanzierungsgeschäften** | **Minderzuteilung bei Refinanzierungsgeschäften** |
| **Finanzierung der Banken bei der EZB** | Kreditaufnahme wird teurer | Kreditaufnahme wird billiger | Erhöhung des Zentralbankgeldbestandes der Banken | Verringerung des Zentralbankgeldbestandes der Banken |
| **Liquidität des Bankensystems** | Evtl. Reduzierung der Kreditaufnahme; damit Einengung der Liquidität | Möglichkeit der Ausweitung der Liquidität nur bei Mehrzuteilung von Krediten | Ausweitung der Liquidität und des maximal möglichen Kreditvergabespielraums des Bankensystems | Einengung der Liquidität und des maximal möglichen Kreditvergabespielraums des Bankensystems |
| **Zinseffekt am Geldmarkt** | Zinsanstieg | Zinssenkung | Unter Umständen Zinssenkung | Unter Umständen Zinsanstieg |

*Abb. 2.21: Wirkungen der Offenmarktgeschäfte*

**Kontraktive Geldpolitik**
Über den Einsatz von Offenmarktgeschäften nimmt die Notenbank Einfluss auf das Preisniveau. Ihr Hauptziel ist es, einen Anstieg des Preisniveaus von unter, aber nahe 2 % zu erreichen. Ist die Preisniveaustabilität gefährdet und wird eine höhere Inflationsrate erwartet, dann geht das Eurosystem zu einer kontraktiven Geldpolitik über. Geeignete Maßnahmen wären eine Erhöhung des Zinssatzes für die Offenmarktgeschäfte oder eine Verknappung der dem Markt zur Verfügung gestellten Liquidität. Steigen beispielsweise die Zinsen bei den Hauptrefinanzierungsgeschäften, so verteuert sich für die Geschäftsbanken im Euro-Währungsgebiet die Beschaffung von Zentralbankgeld über das Eurosystem. Dieser „Preisanstieg" am Geldmarkt wird von den Banken in der Regel an ihre Kunden weitergegeben (vgl. Transmissionsmechanismus, Kap. 2.5), indem die Zinsen für kurzfristige Kredite steigen. Dies betrifft sowohl Privat- als auch Geschäftskunden.
Private Wirtschaftssubjekte werden auf den Zinsanstieg mit einer sinkenden Kreditnachfrage reagieren, was bedeutet, dass sie weniger kreditfinanzierte Konsumgüter und weniger Investitionsgüter nachfragen.
Auch bei den Geschäftskunden der Banken wird die Kreditnachfrage sinken. So kann es sein, dass Investitionsobjekte, die vor der Zinserhöhung rentabel erschienen waren, nun unrentabel werden, da die gestiegenen Zinsaufwendungen bei gleichbleibenden Erträgen entweder den Gewinn stark schmälern oder sogar zu einem Verlust führen. Dadurch werden viele Investitionsprojekte erst gar nicht in Angriff genommen und die Kreditnachfrage sinkt. Die Geschäftsbanken werden außerdem bei Liquiditätsbedarf versuchen, weitere Mittel durch höhere Einlagen der Nichtbanken zu erschließen. Daher werden auch die Zinsen für Sparanlagen steigen, sodass viele Privatleute aufgrund der attraktiven Zinsen mehr sparen und stattdessen weniger konsumieren. Auch für Unternehmen werden Geldanlagen interessanter als manch riskantes Investitionsobjekt.
Insgesamt wird also auf der einen Seite die Nachfrage nach Krediten sinken. Auf der anderen Seite wird es zu erhöhtem Sparen kommen. Die gesamtwirtschaftliche Nachfrage wird zurückgehen und der Preisanstieg wird gedämpft werden. Auch die Kapitalmärkte, auf denen längerfristige Geldgeschäfte getätigt werden, bekommen diese Veränderungen zu spüren. Die Zinsen für längerfristige Geldanlagen werden steigen. Im Gegenzug werden die Wertpapierkurse fallen, da eine Anlage in Wertpapiere, die oft noch niedriger verzinst sind, unattraktiver werden wird. Unternehmen, die ihren Kapitalbedarf über die Ausgabe von Wertpapieren decken wollen, werden nun schlechtere Karten haben. Der direkte Zusammenhang zwischen kurz- und langfristigen Zinsen ist jedoch nicht immer gegeben, da die langfristigen Zinsen von vielen anderen Faktoren mit beeinflusst werden. Ein häufiges Problem kontraktiver Geldpolitik besteht darin, dass sie zwar die Inflationsrate wirkungsvoll dämpft, gleichzeitig aber durch teurere Kredite (z. B. für Unternehmen) den wirtschaftlichen Aufschwung abbremsen kann.

**Expansive Geldpolitik**
Zwar ist das primäre Ziel des Eurosystems die Preisniveaustabilität und hohe Inflation soll daher vermieden werden, doch ein Preisrückgang, eine Deflation, ist ebenso wenig gewünscht. Drohen sinkende Preise oder befindet sich die Wirtschaft in einer Stagnation, so greift die EZB gegebenenfalls mit einer expansiven Geldpolitik in das Geschehen ein. Eine typische expansive Maßnahme ist eine Zinssenkung bei den Hauptrefinanzierungsgeschäften. Geben die Banken diese Zinssenkung weiter, wird der umgekehrte Transmissionsmechanismus in Gang gesetzt wie bei einer kontraktiven Geldpolitik. Die Geschäftsbanken können mit niedrigeren Kosten für ihre Refinanzierung rechnen.
Durch den Wettbewerb im Bankensektor werden sich Zinssenkungen im kurzfristigen Kreditgeschäft mit den Nichtbanken durchsetzen. Dadurch wird die Nachfrage nach den von nun an billigeren Krediten steigen. Private Haushalte erhöhen ihren Konsum, denn Sparen ist bei niedrigen Zinsen nicht mehr so attraktiv und Konsumkredite werden günstiger.
Unternehmen tätigen zahlreichere und höhere Investitionen, denn durch die niedrigeren Zinsen werden viele Investitionsprojekte wieder rentabel. Somit steigt die gesamtwirtschaftliche Nachfrage und die Preise werden dadurch auch anziehen.
Für die Geschäftsbanken besteht keine besondere Notwendigkeit mehr, viel Liquidität durch höhere Einlagen von den Nichtbanken zu erhalten, denn sie können sich relativ günstig über die Notenbank refinanzieren. Daher werden die Zinsen auch im Einlagengeschäft fallen, was wiederum das Sparen der Nichtbanken reduziert und den Konsum bzw. die Investitionen fördert. Zeitlich verzögert kommt es auch am Kapitalmarkt zu Zinssenkungen. Die Zinsen für langfristige Kredite werden sinken, falls auch in Zukunft niedrigere Zinsen erwartet werden. Wertpapiere, die noch die vorherigen hohen Nominalzinsen bieten, werden gefragt sein, so dass ihre Kurse steigen. Unternehmen, die sich über den Kapitalmarkt finanzieren (z. B. durch Emission von Wertpapieren), werden weniger Zinsen zahlen müssen, wenn auch die langfristigen Kreditzinsen gesunken sind.

**Fragen und Aufgaben**

**13.** Zeichnen Sie schematisch eine idealtypische Wirkungskette für den Fall einer Leitzinserhöhung!

**14.** Informieren Sie sich über den aktuellen Leitzins der EZB und entscheiden Sie, ob sie im Moment eine expansive oder eine kontraktive Geldpolitik verfolgt!

**15.** Finden Sie Vor- und Nachteile von definitiven gegenüber befristeten Transaktionen!

## 2.7 Ständige Fazilitäten

Aus den Pressemitteilungen der EZB vom 15.04.2015:

**Geldpolitische Beschlüsse**

Auf der heutigen Sitzung hat der EZB-Rat beschlossen, den Zinssatz für die Hauptrefinanzierungsgeschäfte sowie die Zinssätze für die Spitzenrefinanzierungsfazilität und die Einlagefazilität unverändert bei 0,05 %, 0,30 % bzw. -0,20 % zu belassen.

Der Präsident der EZB wird die Überlegungen, die diesen Beschlüssen zugrunde liegen, heute um 14.30 Uhr MEZ auf einer Pressekonferenz erläutern.

Quelle: http://www.bundesbank.de/Redaktion/DE/Downloads/Presse/EZB_Pressemitteilungen/2015/2015_04_15_beschluesse.pdf?__blob=publicationFile

### Ständige Fazilitäten

Als weiteres Instrument der Geldpolitik dienen die sogenannten ständigen Fazilitäten. Dabei erhalten die Geschäftsbanken im Euroraum einerseits die Möglichkeit, sich zu einem bestimmten Zinssatz einen „Übernachtkredit" bei der EZB zu besorgen (**Spitzenrefinanzierungsfazilität**). Andererseits können sie überschüssige Liquidität zu einem vorgegebenen Zinssatz bei der EZB „über Nacht" anlegen (**Einlagefazilität**). Während bei den Offenmarktgeschäften die Initiative von der Notenbank ausgeht, können die ständigen Fazilitäten von den Kreditinstituten jederzeit auf eigene Initiative hin in Anspruch genommen werden.

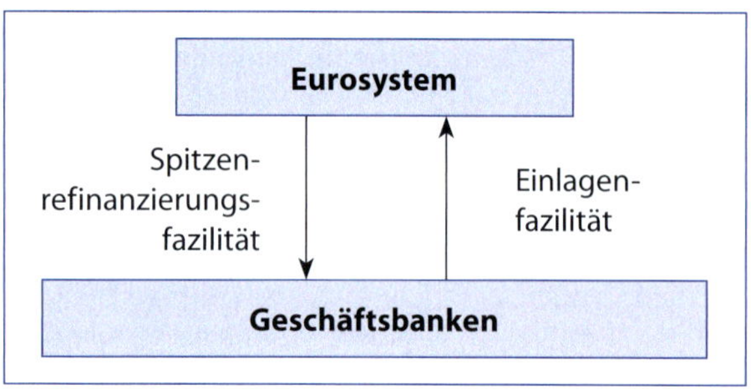


*Abb. 2.22: Ständige Fazilitäten*

Die ständigen Fazilitäten können jeden Tag genutzt werden. Jedoch sind sie eher die letzte Alternative, zu der die Geschäftsbanken greifen, denn die Konditionen sind relativ unattraktiv: Die Zinsen für die Einlagefazilität sind eher niedrig und die Zinsen für die Spitzenrefinanzierungsfazilität eher hoch. Der Begriff der *Fazilität* bedeutet, dass die Banken die *Möglichkeit* haben, kurzfristig Kredit zu erhalten oder Geld anzulegen, es gibt jedoch keinerlei Verpflichtung zum Abschluss solcher Geschäfte. Aber dennoch haben die ständigen Fazilitäten im Eurosystem eine sehr große Bedeutung und sie werden von den Banken in Anspruch genommen. Dies geschieht hauptsächlich aus zwei Gründen: Erstens gibt es im Bankensektor ein generelles Liquiditätsungleichgewicht, d.h., es ist entweder ein Überschuss oder ein Defizit an Liquidität im Verhältnis zur geforderten Mindestreserve vorhanden. Die Geschäftsbanken sind nämlich verpflichtet, eine bestimmte Mindestreserve bei der Zentralbank zu unterhalten (vgl. Kapitel 2.8). Besonders kurz vor Ende der Mindestreserve-Erfüllungsperiode kommt es oft vor, dass Banken die ständigen Fazilitäten brauchen, um ihre Mindestreserveverpflichtung exakt zu erfüllen. Zweitens kommt es bei jedem Kreditinstitut immer wieder zu unerwarteten Geldströmen, sodass es am Ende des Geschäftstags Liquiditätsprobleme haben kann, die es über die ständigen Fazilitäten ausgleicht.

Die Verzinsung der ständigen Fazilitäten ist zusammen mit dem Zins für die Hauptrefinanzierungsgeschäfte (Leitzins) richtungsweisend für die Zinsen am Geldmarkt.

### Spitzenrefinanzierungsfazilität

Bei der Spitzenrefinanzierungsfazilität handelt es sich um einen „**Übernachtkredit**", den die nationalen Zentralbanken ihren Geschäftspartnern zu einem vorher festgelegten Spitzenrefinanzierungssatz gewähren. Hiermit soll verhindert werden, dass der Tagesgeldsatz nach oben „ausbricht" (Obergrenze). Sofern die Geschäftsbanken die entsprechenden Sicherheiten haben, können sie diesen Kredit in theoretisch unbegrenzter Höhe in Anspruch nehmen. Er muss aber am nächsten Tag wieder zurückgezahlt werden. Man kann ihn im Grunde mit dem Dispositionskredit für das Überziehen des Girokontos vergleichen, wobei die Laufzeit jedoch auf einen Tag begrenzt ist.

Die Spitzenrefinanzierungsfazilität kann entweder als Übernacht-Pensionsgeschäft abgewickelt werden, bei dem die Bank Wertpapiere an die Zentralbank verkauft und wieder zurückkauft, oder als Übernacht-Pfandkredit mit einer Hinterlegung von notenbankfähigen Sicherheiten als Pfand. Die Deutsche Bundesbank greift auf die Form der Pfandkredite zurück.

Der Zinssatz für die Spitzenrefinanzierungsfazilität liegt deutlich höher als der Zinssatz für Hauptrefinanzierungsgeschäfte.

### Einlagefazilität

Die Einlagefazilität ist eine Art Tagesgeld, das geschäftstäglich abgeschlossen werden kann. Die Geschäftspartner des Eurosystems können ihre überschüssige Liquidität bis zum Beginn des nächsten Geschäftstags („über

| Wirkungen von Änderungen der Sätze für die Fazilitäten | | |
|---|---|---|
| Art der Änderung der Sätze | **Finanzierung der Banken beim ESZB** | **Zinsveränderung am Geldmarkt** |
| Erhöhung des Satzes der Spitzenrefinanzierungsfazilität | Die Kreditaufnahme wird teurer | Zinsanstieg |
| Senkung des Satzes der Spitzenrefinanzierungsfazilität | Die Kreditaufnahme wird billiger | Zinssenkung |
| Erhöhung des Satzes der Einlagenfazilität | Die Geldanlage beim ESZB wird attraktiver | Zinsanstieg |
| Senkung des Satzes der Einlagenfazilität | Die Geldanlage beim ESZB wird unattraktiver | Zinssenkung |

*Abb. 2.23: Wirkungen von Änderungen der Sätze für die ständigen Fazilitäten*

Nacht") bei der nationalen Zentralbank zu dem vorher festgelegten Satz der Einlagefazilität anlegen. Mit diesem Instrument soll ein Absacken des Tagesgeldsatzes nach unten (Untergrenze) verhindert werden.
Der Zinssatz für die Einlagefazilität liegt deutlich unter dem Hauptrefinanzierungssatz und natürlich auch unter dem Spitzenrefinanzierungssatz.
Einen Überblick über die Auswirkungen einer Zinssatzänderung im Bereich der ständigen Fazilitäten gibt die oben stehende Übersicht (Abb. 2.23).

### Wirkung auf die Geldmarktzinsen

Da der Zinssatz für die Einlagefazilität relativ niedrig ist und sie grundsätzlich immer zur Verfügung steht, bildet der Einlagensatz die **Untergrenze** für die Tagesgeldzinsen. Wenn Geschäftsbanken untereinander nämlich für Tagesgeld einen noch niedrigeren Zinssatz als den Einlagensatz geboten bekommen, werden sie auf die Einlagefazilität bei der nationalen Zentralbank zurückgreifen.
Umgekehrt ist der Spitzenrefinanzierungssatz die **Obergrenze** für die Tagesgeldzinsen, da die Kreditinstitute wenn möglich auf günstigere Kredite zurückgreifen, dabei aber keinesfalls mehr zahlen werden als für die Spitzenrefinanzierungsfazilität.
Somit bewegen sich die Zinsen am Geldmarkt in einem **Zinskorridor** (vgl. Abb. 2.24), den die EZB durch Festlegung der Zinsen für die ständigen Fazilitäten vorgibt. Meist liegen die Zinsen sehr nahe am Satz für die Hauptrefinanzierungsgeschäfte, der ebenfalls durch die EZB bestimmt wird.
Da der Zinssatz der Einlagefazilität in der Regel niedriger ist als der Satz für Tagesgeld am Geldmarkt, wurde dieses Instrument von den Geschäftsbanken vor Ausbruch der Finanz- und Schuldenkrise wenig in Anspruch genommen. Mit Einsetzen der Krise brach der Interbankenhandel zusammen, was vor allem durch einen Vertrauensverlust der Banken untereinander bedingt war. Die Banken „parkten" nun ihre Überschussreserven verstärkt in der Einlagefazilität (vgl. Abb. 2.32, S. 56).

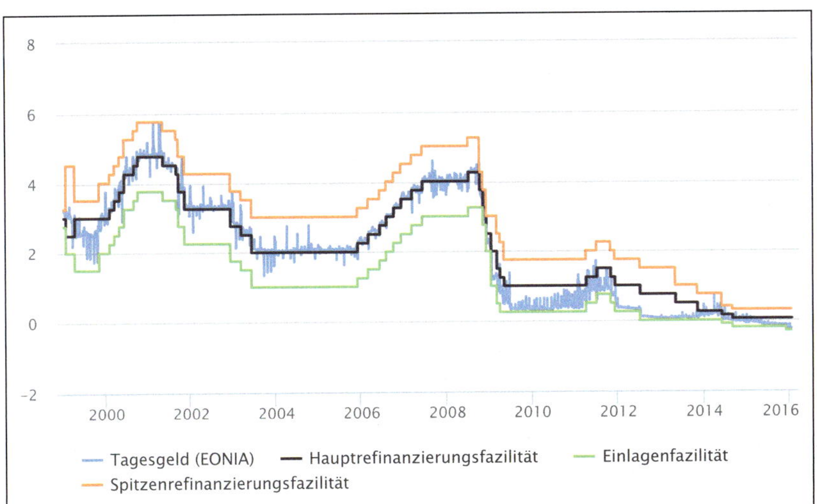


Anmerkung: Eonia = **E**uro **O**ver **N**ight **I**ndex **A**verage ist der eintägige Zinssatz für die Eurozone im Rahmen des Interbankenhandels.

*Abb. 2.24: Zinskorridor (Quelle: Bundesverband deutscher Banken)*

### Fragen und Aufgaben

**16.** Begründen Sie, weshalb sich die Zinssätze am Geldmarkt meist innerhalb des Zinskorridors bewegen!
**17.** Erklären Sie, warum Geschäftsbanken mitunter die Spitzenrefinanzierungsfazilität in Anspruch nehmen!

## 2.8 Mindestreservepolitik und Überblick über weitere geldpolitische Instrumente

### Mindestreservepolitik

Die Geschäftsbanken müssen täglich damit rechnen, dass die Inhaber von Sichteinlagen über ihre Guthaben verfügen wollen. Daher halten die Geschäftsbanken einen gewissen Betrag an Barreserve. Darüber hinaus ist jede Geschäftsbank verpflichtet, in einem gewissen Umfang Einlagen auf Girokonten, die sogenannten **Mindestreserven**, bei der EZB bzw. den nationalen Zentralbanken zu unterhalten. Die Mindestreserveguthaben werden mit dem Satz für die Hauptrefinanzierungsgeschäfte des Eurosystems verzinst.

Die Höhe der Mindestreserve, zu der eine Geschäftsbank verpflichtet ist, hängt von ihrer Mindestreservebasis und dem Mindestreservesatz ab. Die **Mindestreservebasis** umfasst kurzfristige Verbindlichkeiten der Bank, wie zum Beispiel Guthaben auf Girokonten oder Festgeldern, mit einer Laufzeit von bis zu zwei Jahren.

Die EZB kann nun den **Mindestreservesatz**, d.h. den Prozentsatz der Mindestreservebasis, der als Guthaben beim ESZB hinterlegt werden muss, variieren und damit die Bank unter Umständen zum Unterhalt einer höheren Mindestreserve zwingen. Der Mindestreservesatz betrug seit Beginn der dritten Stufe der Wirtschafts- und Währungsunion (1.1.1999) lange Zeit 2 % und wurde ab dem 18.1.2012 auf 1 % abgesenkt. Für die praktische Geldpolitik hat er momentan keine Bedeutung, denn die Mindestreserve wird zur Steuerung der Geldmenge im aktuellen geldpolititschen Kontext nicht benötigt.
Die Geschäftsbanken müssen die Mindestreserve nur im Durchschnitt erfüllen. Das bedeutet, dass zum Beispiel ein Defizit zu Beginn des Monats durch einen Überschuss am Ende des Monats ausgeglichen werden kann. Außerdem dürfen sie von ihrem Mindestreserve-Soll noch einen Freibetrag von 100 000 Euro abziehen.

Im Eurosystem dient die Mindestreserve in erster Linie folgenden Funktionen:

- **Stabilisierung der Geldmarktsätze**:
  Aufgrund der Durchschnittserfüllung bei der Mindestreserve können die Geschäftsbanken zeitliche Liquiditätsschwankungen über die Mindestreserve teilweise abfedern.
- Herbeiführung oder Vergrößerung einer strukturellen **Liquiditätsknappheit**: Durch den Unterhalt von Mindestreservekonten bei den nationalen Zentralbanken wird die Nachfrage nach Zentralbankgeld erhöht. Nur wenn Zentralbankgeld knapp ist, kann die EZB effektive geldpolitische Maßnahmen durchführen.

### EZB-Zinssätze

| Gültig ab | | Einlagefazilität | Hauptrefinanzierungsgeschäfte | | Spitzenrefinanzierungsfazilität |
|---|---|---|---|---|---|
| | | | Festsatz | Mindestbietungssatz | |
| 2007 | 14. März | 2,75 | – | 3,75 | 4,75 |
| | 13. Juni | 3,00 | – | 4,00 | 5,00 |
| 2008 | 9. Juli | 3,25 | – | 4,25 | 5,25 |
| | 8. Okt. | 2,75 | – | 3,75 | 4,75 |
| | 9. Okt. | 3,25 | 3,75 | – | 4,25 |
| | 12. Nov. | 2,75 | 3,25 | – | 3,75 |
| | 10. Dez. | 2,00 | 2,50 | – | 3,00 |
| 2009 | 21. Jan. | 1,00 | 2,00 | – | 3,00 |
| | 11. März | 0,50 | 1,50 | – | 2,50 |
| | 8. April | 0,25 | 1,25 | – | 2,25 |
| | 13. Mai | 0,25 | 1,00 | – | 1,75 |
| 2011 | 13. April | 0,50 | 1,25 | – | 2,00 |
| | 13. Juli | 0,75 | 1,50 | – | 2,25 |
| | 8. Nov. | 0,50 | 1,25 | – | 2,00 |
| | 14. Dez. | 0,25 | 1,00 | – | 1,75 |
| 2012 | 11. Juli | 0,00 | 0,75 | – | 1,50 |
| 2013 | 8. Mai | 0,00 | 0,50 | – | 1,00 |
| | 13. Nov. | 0,00 | 0,25 | – | 0,75 |
| 2014 | 11. Juni | –0,10 | 0,15 | – | 0,40 |
| | 10. Sept. | –0,20 | 0,05 | – | 0,30 |

*Abb. 2.25: Entwicklung der EZB-Zinssätze*

| Wirkungen von Mindestreservesatzänderungen | | |
|---|---|---|
| **Maßnahmen** | Erhöhung der Reservesätze | Senkung der Reservesätze |
| **Liquiditätseffekt** | Einengung der Liquidität des Bankensystems | Ausweitung der Liquidität des Bankensystems |
| **Zinseffekt** | Zinsanstieg am Geld- und Kapitalmarkt | Zinssenkung am Geld- und Kapitalmarkt |
| **Wirkung auf die Banken** | Verteuerung der Geldbeschaffung | Verbilligung der Geldbeschaffung |

*Abb. 2.26: Wirkungen von Mindestreservesatzänderungen*

## Geldpolitische Operationen des Eurosystems

| Geldpolitische Geschäfte | Transaktionsart: Liquiditätsbereitstellung | Transaktionsart: Liquiditätsabschöpfung | Laufzeit | Rhythmus | Verfahren |
|---|---|---|---|---|---|
| **Offenmarktgeschäfte** | | | | | |
| Hauptrefinanzierungsgeschäfte | Befristete Transaktionen | – | eine Woche | wöchentlich | Standardtender |
| Längerfristige Refinanzierungsgeschäfte | Befristete Transaktionen | – | einen Monat und länger | regelmäßig und unregelmäßig | Standardtender |
| Feinsteuerungsoperationen | • Befristete Transaktionen<br>• Devisenswaps | • Devisenswaps<br>• Hereinnahme von Termineinlagen<br>• Befristete Transaktionen | nicht standardisiert | unregelmäßig | • Schnelltender<br>• Bilaterale Geschäfte |
| Strukturelle Operationen | Befristete Transaktionen | Emission von Schuldverschreibungen | standardisiert/nicht standardisiert | regelmäßig und unregelmäßig | Standardtender |
| | Endgültige Käufe | Endgültige Verkäufe | – | unregelmäßig | Bilaterale Geschäfte |
| **Ständige Fazilitäten** | | | | | |
| Spitzenrefinanzierungsfazilität | Befristete Transaktionen | – | über Nacht | Inanspruchnahme auf Initiative der Geschäftspartner | |
| Einlagefazilität | – | Einlagenannahme | über Nacht | Inanspruchnahme auf Initiative der Geschäftspartner | |

*Abb. 2.27: Geldpolitische Operationen des Eurosystems (Quelle: EZB [Hrsg.]: Die Geldpolitik des Eurosystems, S. 193)*

**Fragen und Aufgaben**

**18.** Erstellen Sie eine Mindmap zu den geldpolitischen Instrumenten der EZB!

**19.** Erläutern Sie die prinzipielle und die aktuelle Bedeutung der Mindestreserve im Eurosystem!

## 2.9 Wirkungsgrenzen der Geldpolitik

### „Es hakt massiv" Banken geben niedrige Zinsen nicht an Kunden weiter

**Die EZB versorgt die Banken der Eurozone zum Spottzins mit Geld. Trotzdem fließen die Kredite in der Eurozone nur spärlich. In einzelnen Ländern sind Unternehmenskredite sogar teurer geworden.**

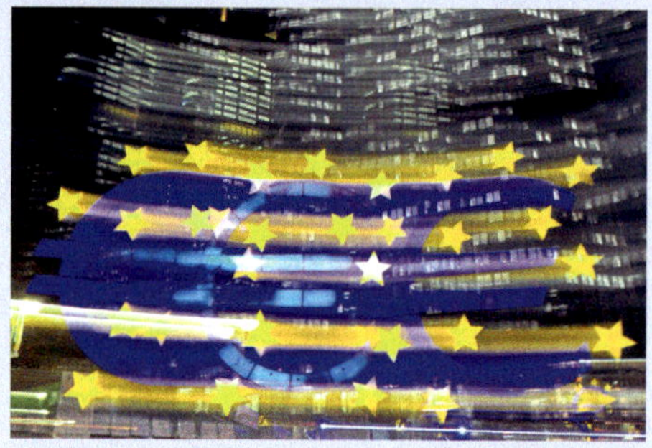

Im Vergleich zum Vorjahr legte die Vergabe von Darlehen im Juli nur um 0,1 Prozent zu, dies teilte die Europäische Zentralbank (EZB) am Dienstag in Frankfurt mit. Obwohl die Analysten von einem Rückgang von 0,3 Prozent ausgegangen waren, werteten sie die Daten nicht als Mutmacher: „Der leichte Anstieg kann nicht überdecken, dass es beim Kreditprozess weiterhin massiv hakt", sagte der Ökonom Heinrich Bayer.
Die Kreditvergabe an Firmen zog im Juli zwar zum Vormonat um acht Milliarden Euro an. Der Rückgang der beiden Vormonate im Gesamtumfang von 14 Milliarden Euro konnte nicht annähernd aufgefangen werden. Analysten erwarten, dass die EZB mit einer weiteren Zinssenkung die Kreditvergabe zu beleben versuchen wird. Doch die eigentlich schärfste Waffe der Notenbanker, der Leitzins, scheint im Kampf gegen die verschärfte Eurokrise an der Südflanke der Währungsunion ein stumpfes Schwert geworden zu sein. EZB-Direktor Jörg Asmussen beklagt, dass der niedrigere Leitzins „uneinheitlich oder zum Teil sogar überhaupt nicht in der Realwirtschaft ankommt". In den Ländern unter dem europäischen Rettungsschirm stiegen die Zinsen für Unternehmenskredite sogar seit Ende 2010 – trotz niedriger Leitzinsen.

Quelle: http://www.focus.de/finanzen/banken/es-hakt-massiv-banken-geben-niedrige-zinsen-nicht-an-kunden-weiter_aid_808129.html vom 28.8.2012, bearbeitet

So ausgefeilt das geldpolitische Instrumentarium des Eurosystems auch ist – in der Realität gelangt es immer wieder an seine Grenzen und der Transmissionsmechanismus läuft nie mit gleicher Intensität und Geschwindigkeit ab. Einige Wirkungshemmnisse werden hier als Beispiele aufgegriffen und erläutert.

**Time lags**

Von dem Moment an, in dem das geldpolitische Eingreifen der Zentralbank als notwenig angesehen wird, bis hin zur Wirkung auf das Zielobjekt Preisniveau vergeht erstaunlich viel Zeit. Eine Wirkungsverzögerung von einem Jahr und mehr ist dabei keine Seltenheit. Diese zeitlichen Verzögerungen nennt man in der Fachsprache „time lags".

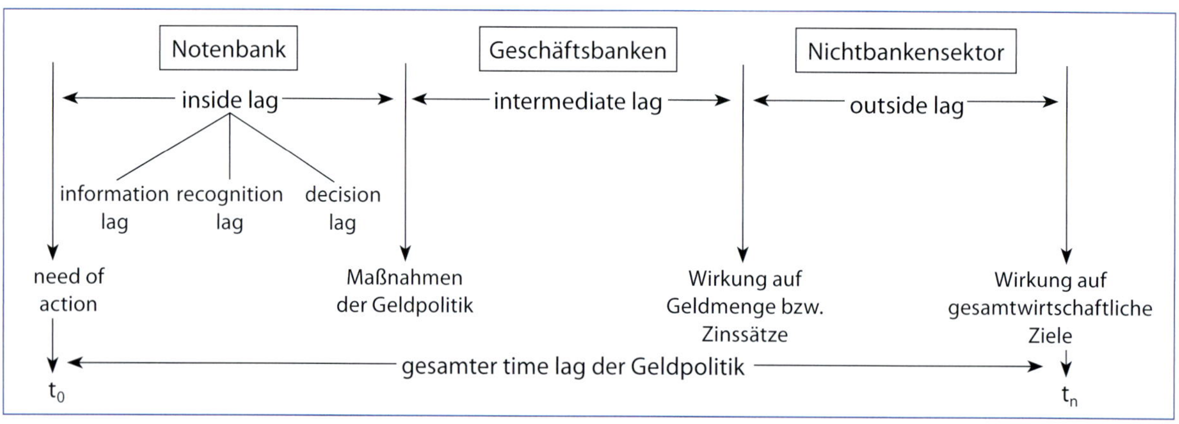


*Abb. 2.28: Wirkungsverzögerung in der Geldpolitik*

Der sogenannte „**inside lag**" bezeichnet die Zeitspanne, die verstreicht, bis die Notenbank eine notwendige Entscheidung zum Einsatz einer geldpolitischen Maßnahme trifft. Es unterteilt sich in „information lag", „recognition lag" und „decision lag". Bis der Notenbank die Daten zur wirtschaftlichen Lage vorliegen, klafft der „information lag". Dann dauert es einige Zeit, bis der Handlungsbedarf erkannt („recognition lag") und in eine geldpolitische Maßnahme umgesetzt wird („decision lag"). Die geldpolitischen Instrumente können gesamtwirtschaftliche Größen nicht direkt beeinflussen. Zuerst müssen sie ihren Weg über die Geschäftsbanken nehmen, weshalb sich beispielsweise Zinsentscheidungen der Zentralbank nur zeitverzögert bis zu den Nichtbanken durchsetzen („**intermediate lag**"). Dann dauert es noch eine Weile, bis die Nichtbanken darauf reagieren und letztendlich die gesamtwirtschaftlichen Größen wie die Produktion und das Preisniveau betroffen sind („**outside lag**").
Aufgrund dieser time lags ist es auch schwierig, die geldpolitischen Instrumente richtig dosiert einzusetzen, da die Auswirkungen nicht direkt beobachtet und gemessen werden können. Befindet sich beispielsweise eine Volkswirtschaft in einem Boom und bremst die Notenbank daraufhin das Wachstum mit einer restriktiven Geldpolitik, kann es sein, dass bis zum Wirken dieser Maßnahme die Wirtschaft schon wieder in eine Stagnation oder gar Rezession gerät, die durch die Zentralbankreaktion ungewollt verstärkt wird.

### „Länder-Mix"

Wenn in einer Währungsunion wie dem Eurosystem mehrere Staaten mit unterschiedlichen wirtschaftlichen und rechtlichen Voraussetzungen vereinigt sind, haben sie selten den gleichen Konjunkturverlauf. So wäre z. B. eine kontraktive Geldpolitik für einige Staaten passend, für andere jedoch kontraproduktiv. Ebenso unterscheiden sich Mitgliedsstaaten einer Wirtschafts- und Währungsunion hinsichtlich der Geschwindigkeit, mit der geldpolitische Entscheidungen zur Wirkung kommen.

### Bankensektor

Die Wirkung von geldpolitischen Maßnahmen auf das Zinsniveau in einer Volkswirtschaft steht und fällt mit der Liquiditätsknappheit der Geschäftsbanken. Nur wenn die Banken gezwungen sind, sich zu refinanzieren, sind sie von Zinserhöhungen betroffen. Haben sie dagegen noch Liquiditätsreserven, werden sie zuerst auf diese zurückgreifen. Auch Zinssenkungen werden teilweise aufgrund mangelnden Wettbewerbs nicht an die Kunden weitergegeben (vgl. Artikel, S. 54). Die Zentralbank muss also stets für eine Liquiditätsknappheit (z. B. durch Mindestreservepolitik oder strukturelle Operationen) sorgen.

### Ausland

Unterschiedliches Zinsniveau im In- und Ausland führt zu Kapitalbewegungen über Ländergrenzen hinweg. Sind im Euroraum die Zinsen zum Beispiel höher als im Ausland, kommt es zu einem Kapitalzufluss, da die Anlage in Europa attraktiver ist. Hat nun die Notenbank z. B. die Zinsen erhöht, um die Konjunktur und den Preisanstieg zu bremsen, führt der dadurch erzeugte Kapitalzufluss zu einer Erhöhung der Liquidität und schwächt somit die geldpolitische Maßnahme ab.

### Investitionen

Auch auf die Investitionstätigkeit der Unternehmen hat die EZB keinen direkten Einfluss. Zwar beeinflusst das Zinsniveau die Investitionen, doch diese sind auch von vielen anderen Faktoren wie den Gewinnerwartungen, der Marktsituation, dem vorhandenen Eigenkapital usw. abhängig. So sind Unternehmen beispielsweise bei hohen erwarteten Gewinnen bereit, höhere Zinsen zur Finanzierung zu zahlen. Zudem können Unternehmen für ihre Investitionen auch Auslandskredite aufnehmen. Andererseits sind niedrige Kreditzinsen kein Garant für eine hohe Investitionstätigkeit, weil eine pessimistische Einschätzung der zukünftigen wirtschaftlichen Lage Investitionen auch bremsen kann. Des Weiteren sind in einer Rezession die Kapazitäten der Unternehmen oft nicht ausgelastet und die Lagerbestände hoch.
*Karl Schiller* (ehem. Bundeswirtschaftsminister) hat ein berühmtes Zitat von Keynes so umformuliert:

> „Man kann die Pferde zur Tränke führen, doch man kann sie nicht zum Saufen zwingen."

### Konsum

Die privaten Haushalte können ebenso wenig wie die Unternehmen zur Aufnahme von Krediten gezwungen werden. Trotz niedriger Kreditzinsen werden sie bei einer negativen Einschätzung der zukünftigen wirtschaftlichen Entwicklung lieber sparen als konsumieren (Angstsparen).

### Fragen und Aufgaben

**20.** Erörtern Sie die Probleme, die sich aufgrund von time lags für die konkrete Durchführung geldpolitischer Maßnahmen und ihre beabsichtigte Wirkung ergeben!

**21.** Erklären Sie, wie Karl Schillers Zitat (s. o.) im Hinblick auf die Wirkungsgrenzen von Geldpolitik zu verstehen ist!

# 2.10 Geldpolitik in Krisenzeiten

**Wie kam es zur Immobilienkrise?**

Die heutige Krise hat ihre Ursprünge bereits am Anfang des Jahrzehnts. Seit Anfang 2001, verstärkt aber nach dem 11. September, hatte die US-Notenbank eine Politik der niedrigen Zinsen betrieben. Nach den Terroranschlägen sollte so eine Panik verhindert werden. Die Notenbank behielt ihre Niedrigzinspolitik allerdings auch bei, als es der Wirtschaft in den USA längst besser ging. [...] Über Jahre hinweg war Geld also billig – und viele Amerikaner griffen zu. Vor allem der Traum von den eigenen vier Wänden rückte plötzlich auch für Menschen in greifbare Nähe, die sie sich eigentlich nicht leisten konnten. Die Folge: Die Nachfrage nach Häusern stieg schneller als das Angebot, die Immobilienpreise explodierten. [...]

*Abb. 2.29: Immobilienkrise*

In dieser Situation traten willige Geldgeber auf den Plan: Immobilienfinanzierer und Regionalbanken verliehen viele Milliarden Dollar an Kreditnehmer mit zweifelhafter Bonität. Diese zweitklassigen Hypothekendarlehen – sogenannte Subprime Loans – waren in der Regel teurer als herkömmliche Darlehen, dafür wurde großzügig darüber hinweggesehen, wenn Schuldner über wenig oder gar keine Sicherheiten verfügten. Für deutsche Verhältnisse unvorstellbar: Nicht wenige Häuser wurden ohne einen einzigen Cent Eigenkapital finanziert. Die Blase platzte 2006: Nach Jahren ungebremsten Baubooms hatte einerseits das Angebot an Immobilien die Nachfrage überholt und die Häuserpreise gingen wieder nach unten. Andererseits sorgten die nach und nach steigenden Zinsen bei vielen Hausbesitzern für ein böses Erwachen. Sie konnten ihre Raten nicht mehr bezahlen. Ende 2006 lag die Zahl der in Zwangsvollstreckung befindlichen Hypothekenkredite auf dem höchsten Stand seit fast 40 Jahren.

Quelle: http://www.tagesschau.de/wirtschaft/immobilienkrise16.html vom 26.09.2008

### Von der Subprime- zur Weltwirtschaftskrise

Die Immobilienkrise in den USA (**Subprime-Krise**) zog immer weitere Kreise. Zunächst konnten aufgrund gestiegener Zinsen unzählige Hypothekendarlehen nicht mehr bedient werden, denn in den USA blieben die Kreditzinsen während der Laufzeit des Kredits variabel. Es kam zu Zwangsversteigerungen, doch da viele Kredite nicht ausreichend gesichert worden waren, schlugen den Hypothekenfinanzierern hohe Verluste zu Buche. Um diese Verluste zu minimieren, verkauften sie die Kredite an Großanleger wie Hedge Fonds oder Banken weiter, die diese Kredite gestückelt und oft als solche unkenntlich wieder in andere Anlageformen mischten. 2006 kam es zu einer Abwärtsspirale, die nach und nach Hypothekenfinanzierer und Banken in die Tiefe riss. Das Misstrauen der Banken untereinander wuchs und keiner wollte dem anderen mehr Geld leihen, sodass 2007 die Zentralbanken eingreifen mussten und dem Markt Liquidität bereitstellten. Doch die Krise weitete sich dennoch immer mehr aus und erfasste auch Europa, sie entwickelte sich zur weltweiten **Finanzkrise**. Am 15.9.2008 musste die US-Investmentbank Lehman Brothers Insolvenz anmelden. In der Folge brachen weltweit weitere Banken zusammen, die Regierungen entwarfen zunächst Rettungspakete für die Banken und dann Konjunkturpakte im Kampf gegen die drohende Rezession. Das mangelnde Vertrauen im ganzen Finanzsektor zeigte sich unter anderem in der drastisch erhöhten Inanspruchnahme der Einlagefazilität durch die europäischen Geschäftsbanken, die ihre überschüssige Liquidität möglichst sicher anlegen wollten, auch wenn sie dadurch geringere Zinsen in Kauf nehmen mussten:

„REPARIEREN, WASCHEN UND VOLLTANKEN!"

*Abb. 2.30: Wege aus der Finanzmarktkrise?*

| 5.9. | 12.9. | 19.9. | 26.9. | 10.10. |
|---|---|---|---|---|
| 81 | 55 | 1 801 | 28 059 | 154 665 |

*Abb. 2.31: Einlagefazilität im Euro-Währungsgebiet in Mio. € im Jahr 2008*

Die Zentralbanken reagierten mit deutlichen Senkungen der Leitzinsen, um die Wirtschaft anzukurbeln (vgl. Abb. 2.32). In den Vereinigten Staaten sind die Leitzinsen im Dezember 2008 sogar auf eine Spanne zwischen 0 % und 0,25 % gesenkt worden.

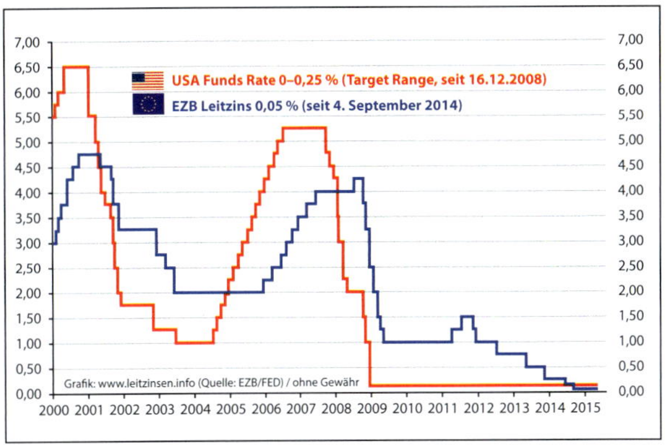


*Abb. 2.32: Leitzinsen Eurozone und USA im Vergleich*

### Erste Maßnahmen der EZB

In solch einer starken Weltwirtschaftskrise, zu der sich die Subprime-Krise bis 2008 ausgeweitet hatte, wurden abweichend vom eher ruhigen, langfristig orientierten Kurs der EZB-Geldpolitik schnelle Entscheidungen und neue Wege notwendig.

Von Januar 2008 bis zum Zusammenbruch von Lehman Brothers im September 2008 ergriff die EZB bereits Maßnahmen, um die Liquiditätsversorgung im Bankensektor sicherzustellen und den Markt wieder zu beruhigen. Ab der verschärften Situation im September führte sie dann fünf zusätzliche Maßnahmen zur Liquiditätssteuerung ein:

**Umstellung auf Mengentender mit vollständiger Zuteilung**

Um den Banken ausreichend Liquidität zur Verfügung zu stellen, wurden die Hauptrefinanzierungsgeschäfte ab dem 15.10.2008 als Mengentender mit vollständiger Zuteilung durchgeführt. Ähnliches galt auch für längerfristige Refinanzierungsgeschäfte.

**Verengung des Korridors für die ständigen Fazilitäten**

In der Zeit vom 9.10.2008 bis zum 20.1.2009 verengte die EZB den Zinskorridor für die beiden ständigen Fazilitäten von 200 auf 100 Basispunkte, indem zunächst der Zinssatz für die Spitzenrefinanzierungsfazilität gesenkt und kurzfristig der Zinssatz für die Einlagefazilität angehoben wurde, bevor auch dieser abgesenkt wurde. Bei den darauf folgenden Zinssatzsenkungen wurde der enge Korridor dann beibehalten. Ziel war es auch hierbei, das Liquiditätsmanagement der Banken zu erleichtern.

**Zusätzliche längerfristige Refinanzierungsgeschäfte**

Durch die Verlängerung bestehender und die Einführung neuer Refinanzierungsgeschäfte sollten die Möglichkeiten zur längerfristigen Refinanzierung verbessert werden.

**Zusätzliche liquiditätszuführende Geschäfte, unter anderem in US-Dollar**

Diese Geschäfte dienten dazu, den Kreditinstituten im Euroraum den Zugang zu US-Dollar-Finanzmitteln zu erleichtern.

**Ausweitung des Verzeichnisses notenbankfähiger Sicherheiten**

Die Kreditinstitute hatten fortan die Möglichkeit, aus einem weiter gefassten Pool an Wertpapieren auszuwählen, die sie als Sicherheiten für Notenbankkredite hinterlegen konnten.

Quelle: Autorentext nach Jahresbericht 2008 der EZB

### Ausweitung zur Eurokrise

Als Folge der **Banken- und Finanzkrise**, die sich weltweit ausbreitete, trat in der Europäischen Union eine (Staats-) Schuldenkrise zu Tage, sodass man seit 2009 auch von einer **Eurokrise** spricht. Diese hatte ihren Ursprung in der übermäßigen Staatsverschuldung einzelner EU-Staaten. Viele Länder insbesondere Südeuropas nahmen in immer größerem Umfang Schulden auf, unterließen aber notwendige Strukturreformen. Zudem hatten sie krisenbedingt mit sinkenden Steuereinnahmen zu kämpfen und mussten erhebliche Anstrengungen unternehmen, um ihre Banken und die Konjunktur zu stützen. Diese unheilvolle Konstellation führte dort zu einer relativ höheren Inflation als in den anderen EU-Ländern. Da in einem einheitlichen Währungsraum wie der Eurozone solche Inflationsunterschiede nicht durch einzelstaatliche Geldpolitik oder den Wechselkursmechanismus bereinigt werden können, waren teilweise hohe Leistungsbilanzdefizite in den Krisenländern die Folge. Dies führte zusammen mit vergleichsweise hohen Lohnstückkosten und einer niedrigen Produktiviät zu einem weiteren Verlust an Wettbewerbsfähigkeit. Einige Länder der Eurozone konnten ihre Schulden nicht mehr aus eigenen Kräften refinanzieren und die EU musste ebenso wie die EZB eine Reihe von unterstützenden Maßnahmen ergreifen. Griechenland, Irland, Portugal, Zypern und Spanien bekamen bisher Hilfen im Rahmen des europäischen Rettungsschirms ESM (bzw. seiner Vorgänger EFSM und EFSF).

**ESM – Europäischer Stabilitätsmechanismus**

Der Europäische Stabilitätsmechanismus ESM wurde durch einen Vertrag zwischen den Ländern der Eurogruppe zur Sicherung der Zahlungsfähigkeit der Euro-Staaten als internationale Finanzinstitution gegründet. Er ist eine dauerhafte Einrichtung der EU („permanenter Rettungsschirm") mit Sitz in Luxemburg.

Durch den ESM werden seit September 2012 zahlungsunfähige Staaten mit Krediten von Euro-Staaten unterstützt. Für den Erhalt der vergünstigten Kredite müssen bestimmte wirtschaftspolitische Auflagen

eingehalten werden, um die Staatsschulden zu verringern. Der Stabilitätsmechanismus bedeutet den Weg in eine engere Wirtschaftsunion, der auch durch den Fiskalpakt beschritten wird. [...] Zu den Instrumenten des ESM zählen Notkredite und Bürgschaften.
Kritisch am ESM wird gesehen, dass die Nichtbeistandsklausel (No bail-out clause) des EU-Vertrags eigentlich die Haftung von Staaten der Eurozone für die Schulden anderer Euro-Staaten ausschließt. Aus diesem Grund wurde der entsprechende Artikel im Vertragswerk um den Passus ergänzt, der besagt, dass Finanzhilfen vorgenommen werden können, um „im Notfall die Stabilität der Eurozone als Ganzes zu sichern".
Der ESM wird zunächst mit einem Kapital von 700 Milliarden Euro ausgestattet. Allerdings kann der Haftungsrahmen auf eine unbegrenzte Höhe ausgebaut werden, sofern ein Notfall vorliegt.

Quelle: http://www.cecu.de/lexikon/politik/2557-esm-europaeischer-stabilitaetsmechanismus.htm, bearbeitet

**Europäischer Fiskalpakt in Kraft getreten**

Am 1. Januar 2013 ist der sogenannte Fiskalpakt in Kraft getreten. Er bildet die vertragliche Grundlage für die weitere verstärkte finanz- und wirtschaftspolitische Koordinierung. Mit Inkrafttreten des „Vertrags über Stabilität, Koordinierung und Steuerung in der Wirtschafts- und Währungsunion" gelten strengere Haushaltsregeln für die teilnehmenden EU-Unterzeichnerstaaten. Die Regierungen verpflichten sich insbesondere, nationale Schuldenbremsen nach deutschem Vorbild einzuführen.

- **Nationale Schuldenbremsen:** Die EU-Staaten verpflichten sich mit dem Fiskalpakt, bis zum 1. Januar 2014 nationale Schuldenbremsen in ihren Rechtsordnungen zu verankern, möglichst auf Verfassungsebene. Der Europäische Gerichtshof (EuGH) wird die Einführung der nationalen Schuldenbremsen kontrollieren. Stellt der EuGH fest, dass die Vorgabe nicht erfüllt ist, können Sanktionen verhängt werden
- **Ausgeglichene Haushalte:** Das jährliche strukturelle Defizit darf 0,5 Prozent des nominalen Bruttoinlandsprodukts nicht überschreiten.
- **Quasi-automatisches Defizitverfahren:** Verstößt ein Staat gegen die Stabilitätskriterien, so findet quasi automatisch ein Defizitverfahren statt. Es kann künftig nur verhindert werden, wenn sich eine qualifizierte Mehrheit der Staaten dagegen ausspricht (umgekehrte qualifizierte Mehrheit).

Außerdem wird mit dem Fiskalpakt eine engere Zusammenarbeit in der Wirtschaftspolitik vereinbart und die Beteiligung nationaler Parlamente gestärkt. Hilfen aus dem dauerhaften europäischen Rettungsschirm ESM werden ab März 2013 nur noch an Staaten vergeben, die den Fiskalpakt ratifiziert haben.

Quelle:http://www.auswaertiges-amt.de/DE/Europa/Aktuell/121228-Fiskalpakt.html, bearbeitet

**Exkurs: Weitere Maßnahmen der EZB**

Bedingt durch die anhaltende Eurokrise sah sich die EZB gezwungen, neben ihren regulären geldpolitischen Instrumenten zu verschiedenen **Sondermaßnahmen** zu greifen, um negativen Folgen der Krise entgegenzuwirken und den nationalen Regierungen Zeit für Reformen zu verschaffen.

**Programme zum Ankauf gedeckter Schuldverschreibungen (Covered Bond Purchase Programmes, CBPP)**

Im Mai 2009 beschloss der EZB-Rat, gedeckte Schuldverschreibungen wie z. B. Pfandbriefe anzukaufen, um den Markt für Wertpapiere zu stabilisieren. Kreditinstitute und Unternehmen sollten dadurch bessere Finanzierungskonditionen erhalten und die Marktliquidität sollte verbessert werden. Das erste CBPP fand von Juli 2009 bis Juni 2010 statt und umfasste 60 Milliarden Euro, CBPP2 dauerte von November 2011 bis Oktober 2012 und seit Oktober 2014 ist das dritte Programm dieser Art im Einsatz.

**Ankauf von Euro-Staatsanleihen (Securities Markets Programme, SMP)**

Einen weiteren wichtigen Meilenstein in den Entscheidungen der EZB markiert der Entschluss des EZB-Rats vom Mai 2010, Euro-Staatsanleihen am Sekundärmarkt (allerdings nicht direkt von den Euroländern) anzukaufen. Damit sollte auf Störungen beim geldpolitischen Transmissionsmechanismus reagiert werden. Um die in Umlauf befindliche Menge an Zentralbankgeld nicht zu erhöhen und damit den geldpolitischen Kurs nicht zu beeinflussen, wurde den Märkten im Gegenzug gezielt Liquidität entzogen. Hierzu wurden regelmäßig Einlagegeschäfte zu attraktiven Konditionen angeboten. Im September 2012 wurde das Programm beendet.

**Outright Monetary Transactions, OMTs**

Diese geldpolitischen Outright-Geschäfte ermöglichen es der EZB, am Sekundärmarkt in unbegrenztem Umfang kurzfristige Euro-Staatsanleihen zu kaufen. Ziel ist es, ähnlich wie beim SMP, die ordnungsgemäße geldpolitische Transmission zu gewährleisten sowie ferner die Einheitlichkeit der Geldpolitik sicherzustellen. Die OMTs knüpfen seit September 2012 also an das Securities Markets Programme an, dabei wurden aber einige Voraussetzungen für die Durchführung solcher Geschäfte festgelegt. So sind OMTs nur für die

Anleihen von solchen EU-Staaten zulässig, die bereits eine der Rettungsfazilitäten des ESM (Europäischer Stabilitätsmechanismus) bzw. ESFS (Europäische Finanzstabilitätsfazilität) in Anspruch nehmen und die damit verbundenen Bedingungen strikt einhalten. Bisher (Stand April 2015) erfüllt kein Staat im Euroraum die gestellten Bedingungen, sodass es auch noch zu keinen Wertpapierkäufen gekommen ist. Dennoch geht man davon aus, dass allein schon der Beschluss zur Einführung von OMTs die Finanzmärkte beruhigt hat.

In Situationen, in denen der Leitzins bereits nahe null Prozent liegt, sind geldpolitische Maßnahmen wie eine weitere Zinssenkung jedoch weitgehend wirkungslos. Daher greifen Notenbanken in solchen Krisenzeiten manchmal zur Maßnahme des **Quantitative Easing**, um die Wirtschaft wieder anzukurbeln. Hierbei werden in großem Umfang vorwiegend langfristige Anleihen, insbesondere langlaufende Staatsanleihen, gekauft, deren Kurse in der Folge steigen. Dadurch sinkt aufgrund der festen Verzinsung ihre Rendite und das allgemeine Zinsniveau (auch langfristig) für Kredite sinkt ebenfalls. Auf diesem Weg soll es zu einer verstärkten Nachfrage seitens der Unternehmen und Haushalte kommen, die dann verstärkt investieren und konsumieren. Im Gegensatz zu einer Leitzinssenkung wird bei dieser Maßnahme zusätzlich die Geldmenge ausgeweitet, daher handelt es sich um eine „quantitative Lockerung" (SMP und OMTs zählen nicht zum Quantitative Easing, weil sich dabei die Geldmenge nicht ändert).
Auch die EZB führte Anfang 2015 eine Form des Quantitative Easing ein, das sog. **Expanded Asset Purchase Programme (EAPP)**, um eine drohende Deflation im Euroraum zu verhindern:

**Der 1.140.000.000.000-Euro-Plan**

Beobachter und Spekulanten hatten mit Hunderten Milliarden Euro gerechnet: Dass EZB-Chef Mario Draghi nun sogar ein Ankaufprogramm über mehr als 1000 Milliarden Euro ankündigt, ist eine Überraschung. EZB und nationale Notenbanken werden am Sekundärmarkt demnach zwischen März 2015 und Ende September 2016 monatlich Wertpapiere im Wert von über 60 Milliarden Euro aufkaufen. Daraus ergibt sich eine Gesamtsumme von mindestens 1 140 000 000 000 Euro. Es soll sich nicht nur um Staatsanleihen, sondern auch um private Papiere handeln. Zunächst sollen Anleihen von Euro-Staaten gekauft werden. Papiere von Staaten, die einem Programm des IWF und der EU unterliegen, sollen später und unter besonderen Bedingungen erworben werden. Die Käufe sollen bis Herbst 2016 andauern, auf jeden Fall aber so lange, bis die EZB die Inflationsrate wieder nahe zwei Prozent sieht. Im Fachjargon werden solche Anleihekäufe als **Quantitative Easing** (QE) bezeichnet.
Das dafür nötige Geld wird die Europäische Zentralbank in Frankfurt eigens zu diesem Zweck schaffen – und so die Geldmenge erhöhen. So will Draghi die Inflation im Euroraum anheizen und das Wirtschaftswachstum in den Euro-Ländern steigern.

Quelle: http://www.diz.apa.at/Portal/restricted/ Fulltext.act?index=3&searchType=ARTICLE&parentAction=ExtendedResultList, Süddeutsche Zeitung, Archiv, Artikel vom 22.1.2015, bearbeitet

Trotz der getroffenen Maßnahmen gerät die Idee einer gemeinsamen Währung im Fall einzelner Krisenländer aber an seine Grenzen, wie das Beispiel des hoch verschuldeten Griechenlands zeigt.

**Ifo-Chef rät Griechen zum Austritt aus dem Euro**

Ifo-Chef Hans-Werner Sinn rät Griechenland zu einem Konkurs und dem Austritt aus der Euro-Zone („Grexit"). Nach Berechnungen seines Hauses seien die griechischen Zahlungsverpflichtungen gegenüber öffentlichen Institutionen im Ausland bis Ende Januar 2015 auf 319 Milliarden Euro oder 173 Prozent der Wirtschaftsleistung gestiegen. Wenn das Land im Euro bleibe, werde es um ein drittes Hilfspaket und immer neue solcher Unterstützungen nicht herumkommen. „Besser wäre ein formeller Konkurs mit einem Austritt und einer Abwertung, damit die Realwirtschaft wieder auf die Beine kommt", folgerte er. Dem deutschen Staat und seiner Notenbank würde in einem solchen Fall ein Maximalverlust von 84,7 Milliarden Euro drohen. Im Falle einer Staatspleite, aber eines Verbleibs im Währungsraum wären die Verlustrisiken geringfügig höher.
Der deutsche Staatshaushalt profitiert unterdessen vom Schuldenberg der Griechen: Einem Bericht zufolge hat der Bund von Griechenland in den vergangenen Jahren (2010–2014) 360 Millionen Euro an Zinszahlungen für Hilfskredite eingenommen.

Quelle: Die Welt online vom 5.3.2015, bearbeitet

**Fragen und Aufgaben**

**22.** Schildern Sie die Entstehung der Subprime-Krise sowie der Eurokrise!
**23.** Informieren Sie sich über die aktuelle Situation der im Kapitel angesprochenen Krisenstaaten!
**24.** Stellen Sie Vor- und Nachteile eines gemeinsamen Währungsraums in Europa gegenüber!

# 2.11 Wechselkurse und ihre Schwankungen

**DEVISEN**

| 1 Euro entspricht | Devisen | |
|---|---|---|
| 14.4. | Ankauf | Verkauf |
| Austr. Dollar (AUD) | 1,3967 | 1,3968 |
| Brit. Pfund (GBP) | 0,7205 | 0,7206 |
| Dänische Kronen (DKK) | 7,4682 | 7,4693 |
| Japan. Yen (JPY) | 127,1930 | 127,2010 |
| Kanad. Dollar (CAD) | 1,3304 | 1,3306 |
| Norw. Kronen (NOK) | 8,4659 | 8,4689 |
| Schwed. Kronen (SEK) | 9,3408 | 9,3435 |
| Schweizer Franken (CHF) | 1,0358 | 1,0360 |
| Tschech. Kronen (CZK) | 27,3430 | 27,3568 |
| US-Dollar (USD) | 1,0649 | 1,0650 |

Quelle: Donaukurier vom 15.04.2015

*Abb. 2.33: Devisenkurse vom 14.04.2015*

## Wechselkurs

Beim Wert einer Währung unterscheidet man prinzipiell zwischen Binnenwert und Außenwert. Schwankungen im **Binnenwert** entstehen durch die Veränderungen des **Preisniveaus**. Im Eurosystem wacht die Zentralbank über den Binnenwert, denn sie richtet ihre geldpolitischen Maßnahmen am Ziel der Preisniveaustabilität aus (vgl. Kapitel 2.3). Der **Außenwert** einer Währung im Vergleich zu einer anderen Währung ergibt sich durch den **Wechselkurs**. Dieser ist nichts anderes als der Preis einer ausländischen Währungseinheit. Bei der Angabe des Wechselkurses unterscheidet man zwischen Preis- und Mengennotierung.

**Preisnotierung:**
Preis einer ausländischen Währungseinheit, ausgedrückt in inländischer Währung
z. B. 1 US-Dollar = 0,70410 Euro

**Mengennotierung:**
Preis einer inländischen Währungseinheit, ausgedrückt in ausländischer Währung
z. B. 1 Euro = 1,42025 US-Dollar

Die Preisnotierung ergibt sich übrigens als Kehrwert der Mengennotierung und umgekehrt.
Früher erfolgte die Angabe der Wechselkurse in der Preisnotierung, seit dem 1.1.1999 wurde im Euroraum auf die Mengennotierung umgestellt, d. h., es wird stets angegeben, wie viel ausländische Währungseinheiten man für 1 Euro erhält (also wie viel 1 Euro wert ist).
Bei ausländischen Zahlungsmitteln spricht man von **Sorten** und meint damit ausländisches Bargeld. Der Begriff **Devisen** bezeichnet dagegen Buchgeld in ausländischer Währung.

## Wechselkursschwankungen

Wenn keine staatlichen Instanzen eingreifen, kommt es zwischen den Währungen zu Wechselkursschwankungen. Der Wechselkurs ergibt sich nämlich durch Angebot und Nachfrage. Im Marktmodell sieht dies folgendermaßen aus:

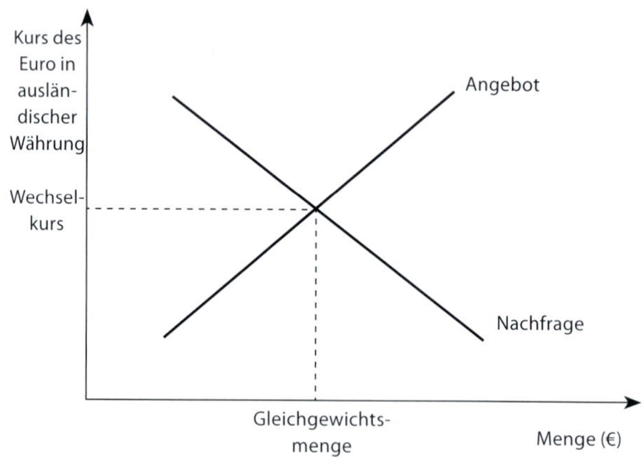


*Abb. 2.34: Wechselkurs im Marktmodell*

Sinkt der Wechselkurs einer Währung (z. B. von 1,42025 auf 1,41832 US-Dollar), dann bedeutet dies, dass man pro Euro weniger Fremdwährung erhält. Man spricht von einer **Abwertung** des Euro. Steigt dagegen der Wechselkurs, handelt es sich um eine **Aufwertung**.
Aufgrund der vielfältigen Bestimmungsfaktoren sind die Wechselkurse ständig in Bewegung, wie man auch in Abb. 2.35 am Beispiel des US-Dollar sieht:

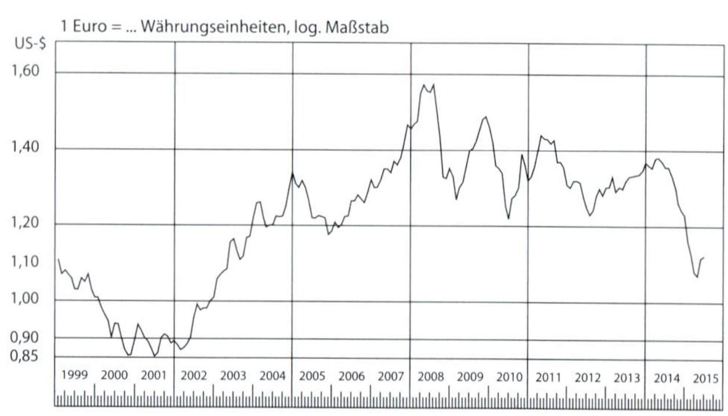


*Abb. 2.35: Wechselkurs Euro – US-Dollar (Mengennotierung)*

### Ursachen

Der Wechselkurs wird generell von sehr vielen Faktoren beeinflusst und die Erwartungen in Bezug auf Wechselkursänderungen spielen eine nicht unbedeutende Rolle, sodass eine Vorhersage über die Entwicklung eines Wechselkurses nie exakt ist und eher mit der Zuverlässigkeit des Wetterberichts verglichen werden kann.

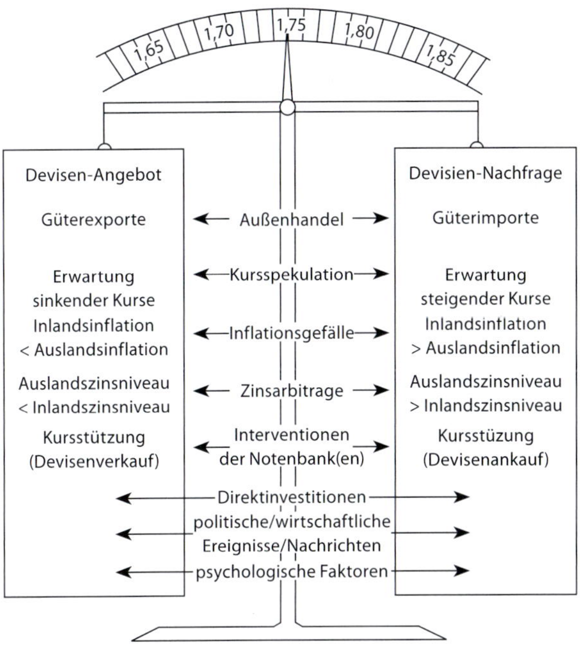


*Abb. 2.36: Einflussfaktoren auf den Wechselkurs*

Allem voran ist der Wechselkurs vom Außenhandel abhängig. Wenn beispielsweise ein Land mehr exportiert als importiert, spricht man von einem **Exportüberschuss**. Die Waren werden im Ausland je nach Vereinbarung entweder in der Währung des Exporteurs oder des Importeurs bezahlt. So besteht entweder seitens der ausländischen Handelspartner eine große Nachfrage nach Euros oder die Importeure bieten die ausländische Währung an, um sie in Euros zu tauschen. Dadurch verteuert sich der Euro. (Im Falle eines Exportdefizits würde der Wechselkurs fallen.) Ausländische **Direktinvestitionen** im Euroraum lassen die Nachfrage nach Euros und den Eurokurs ebenso steigen. Der Wechselkurs ist auch ein Ergebnis **politischer Entwicklungen**. So kann sich die Wahl des US-Präsidenten im Dollar-Wechselkurs widerspiegeln, da mit dem Ereignis bestimmte Erwartungen seitens der Wirtschaftsakteure verbunden sind. Natürlich wirken sich auch **wirtschaftliche Krisen** aus. Beispielsweise ist von Interesse, ob von einem Land befürchtet wird, durch die Finanzmarktkrise zahlungsunfähig zu werden. Dessen Wechselkurs würde folglich fallen.
Ferner haben natürlich auch **Kursspekulationen** Einfluss auf den Wechselkurs. Rechnen Spekulanten beispielsweise mit einem steigenden Eurokurs, werden sie am Devisenmarkt Euros ankaufen, um zu einem späteren Zeitpunkt wieder zu verkaufen. So würde der Eurokurs zunächst gestärkt werden. Die einzelnen Spekulanten gehen dabei vom Verhalten der anderen Marktteilnehmer aus und nicht von wirtschaftlichen Fundamentalgrößen. In diesem Zusammenhang spielen Erwartungen über die zukünftige Entwicklung des Wechselkurses und der Wirtschaft eine große Rolle.
Die **Notenbank** kann letzlich auch Einfluss nehmen, indem sie am Devisenmarkt als Nachfrager bzw. Anbieter auftritt und Devisen ankauft oder verkauft.

Zu den Ursachen von Wechselkursschwankungen gibt es auch verschiedene **Theorien** wie die Kaufkraftparitätentheorie und die Zinsparitätentheorie. Sie sind Versuche, Prognosen über die zukünftige Entwicklung des Wechselkurses zu erstellen. Da jedoch der Wechselkurs von einer Vielzahl an Einflussgrößen abhängig ist, sind diese Vorhersagen meist zum Scheitern verurteilt, da sie sich nur auf eine Einflussgröße konzentrieren. Dennoch helfen sie, Wechselkursänderungen in der Vergangenheit zu erklären.

Die **Kaufkraftparitätentheorie** erklärt den Wechselkurs als Ergebnis von Güterströmen zwischen zwei Ländern und setzt bei den unterschiedlichen Preisniveaus in den zu vergleichenden Ländern an. Ist ein handelbares Gut (z. B. ein Fernseher) im Land A teurer als im Land B, so wird das Gut auch von Bewohnern des Landes A hauptsächlich in Land B eingekauft. Hierfür fragen die Käufer aus Land A am Devisenmarkt vermehrt die Währung des Landes B nach. Durch die höhere Nachfrage wird der Wechselkurs der Währung von Land B gegenüber der Landeswährung von A steigen. Dieser Prozess wird sich solange fortsetzen, bis der höhere Wechselkurs den Preisvorteil wieder aufwiegt. Dieser Theorie zur Folge hätte letztendlich eine Geldeinheit in allen Ländern die gleiche Kaufkraft.

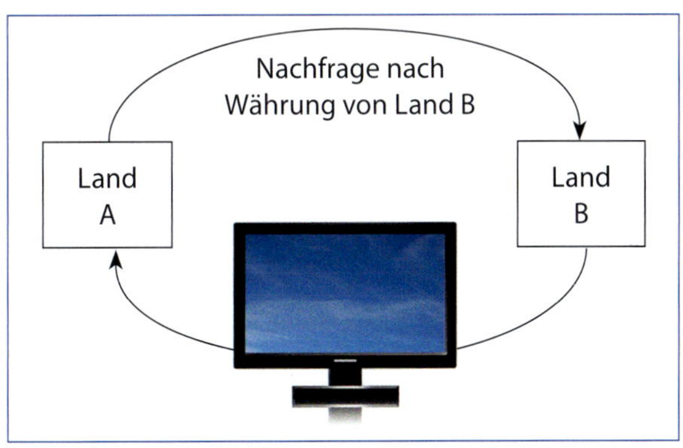


*Abb. 2.37: Weg zur Kaufkraftparität*

Die unterschiedlichen Preise können durch international unterschiedlich hohe Inflationsraten zustande kommen. Ist in Land C die Inflationsrate höher als in Land D, so werden die Waren aus Land C teurer und die Güter dadurch international uninteressanter. Daher wird die betroffene Landeswährung weniger nachgefragt. Außerdem werden für die Einwohner von Land C umgekehrt Waren aus Land

D vergleichsweise günstiger und sie fragen mehr der ausländischen Währung nach. Folglich fällt der Wechselkurs der Währung aus Land C.
Man hat festgestellt, dass die Kaufkraftparitätentheorie für den Wechselkurs nur mittel- und langfristig seine Gültigkeit hat. Kurzfristig folgt der Wechselkurs nicht mehr überwiegend den Handelsströmen, sondern hängt stark von Direktinvestitionen und Kapitalströmen ab.
Die Kaufkraft von Ländern ist übrigens schwer zu vergleichen. Es gibt einige kreative Ansätze dazu. Beispielsweise galt jahrelang der Big-Mac-Index, der von der britischen Fachzeitung „Economist" als ein geeigneter Maßstab für einen Kaufkraftvergleich geschaffen wurde, da er in nahezu allen Staaten der Erde nach derselben Rezeptur angeboten wird. Ein australisches Investmenthaus ist auf die Idee gekommen, den iPod als Maßstab zu nehmen, da er weltweit angeboten und über Ländergrenzen hinweg gehandelt wird.

**Konkurrenz für Big-Mac-Index**
**Währungsbarometer iPod**

*Die Börsenkolumne aus New York – von Lars Halter*

Der Big Mac schmeckt der ganzen Welt, das wissen nicht nur Fastfood-Fans. Auch Volkswirtschaftler kennen und schätzen die globale Verbreitung des Viertelpfünders, und sie nutzen diese seit zwei Jahrzehnten für den internationalen Währungsvergleich – mit Erfolg: Der Big-Mac-Index hat Währungsschwankungen bisher erstaunlich genau vorhergesagt. Das ändert nichts daran, dass das Kalorien-Monster ungesund ist.
Viel gesünder ist Obst. Ein Apfel zum Beispiel. Der Apfel der Börsenwelt heißt Apple, und seit Apple mit dem iPod ein globales Massenprodukt auf dem Markt hat, ist auch dieses für Volkswirtschaftler interessant geworden. Die australische Commonwealth Bank hat nun erstmals den iPod-Index veröffentlicht, und an der Wall Street schaut man sich die Zahlen sehr genau an, denn sie sollen vereinfacht zeigen, welche Währung über- und welche Währung unterbewertet ist.
Die Theorie dahinter ist einfach: Wenn der iPod – in diesem Fall der Nano mit 2 Gigabyte – in Deutschland zum Tageskurs weniger kostet als in den USA, dann ist der Euro nach dem Prinzip der Kaufkraftparität überbewertet.
Ein Blick auf die Erstausgabe des Index zeigt, dass der brasilianische Real gegenüber dem US-Dollar deutlich überbewertet ist, der kanadische Dollar hingegen um 3 Prozent unterbewertet. [...]

Quelle: http://www.n-tv.de/archiv/Waehrungsbarometer-iPod-article209176.html

Mittlerweile wird der iPod- zunehmend durch den iPad-Index abgelöst:

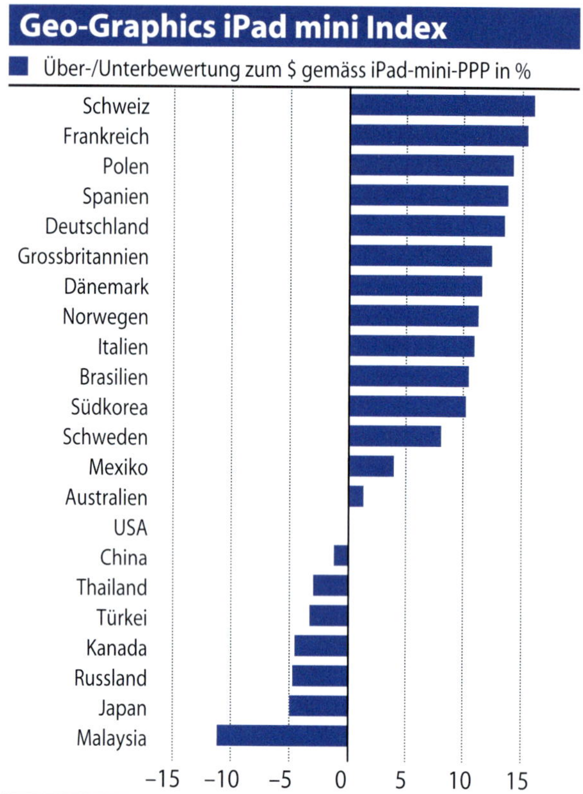


Quelle: Steil und Walker / Grafik: FuW, sk

*Abb. 2.38: Der iPad mini Index (2014)*

Geld ist heutzutage, in Zeiten von Internetbanking und der weltweiten Öffnung der Kapitalmärkte, international sehr mobil. Die **Zinsparitätentheorie** besagt, dass die Währung eines Landes, in dem vergleichsweise hohe Zinsen geboten werden, tendenziell aufwertet. Generell orientiert sich die Geldanlage am inländischen Zinsniveau, am ausländischen Zinsniveau und an der Wechselkursänderungserwartung. Rechnet der Anleger nicht mit einer negativen Wechselkursänderung, sprich mit einer Abwertung seiner eigenen Währung im Vergleich zur ausländischen Währung, so investiert er im betreffenden Ausland mit den höheren Zinsen. (Dies ist besonders für institutionelle Anleger wie Fondsgesellschaften gängige Praxis.) Fragen nun viele Anleger die ausländische Währung nach, um dort ihre Vermögen gewinnbringend anzulegen, wird der Wechselkurs der ausländischen Währung steigen, bis die Zinsdifferenz wieder ausgeglichen ist. Daraus ergibt sich folglich, dass die ausländische Anlage irgendwann unattraktiv wird.

## Auswirkungen

### Starker Dollar – Meiden Urlauber nun die USA?

**Der Dollar ist so stark wie seit Jahren nicht mehr, der Euro hat deutlich an Wert verloren. Für Reisende sind das schlechte Nachrichten, denn Urlaub in den USA wird teurer – und nicht nur dort.**

Der Wechselkurs könnte vielen Deutschen die Reiselust auf das Land der unbegrenzten Möglichkeiten verderben. Im Moment bekommt man für einen Euro rund 1,06 Dollar. Zuletzt war der Euro-Kurs sogar auf ein Zwölf-Jahres-Tief gefallen. Zum Vergleich: Vor einem Jahr zahlten Banken und Wechselstuben für jeden Euro noch mehr als 1,35 Dollar aus. Urlauber können sich in den USA nun also weniger leisten, ihre Kaufkraft ist gesunken. Hintergrund für diese Entwicklung ist die Finanzpolitik: Die US-Notenbank hat ihre Anleihenkäufe gestoppt, während die Europäische Zentralbank (EZB) gerade erst damit begonnen hat. Das stärkt den Dollar und schwächt den Euro, der Wechselkurs ändert sich entsprechend.
Der Tourismus ist direkt betroffen. Reisende bekommen das schnell zu spüren: Ausflüge werden teurer, aber auch der Burger, das Bier und alles, was man sonst unterwegs konsumiert und kauft.

Quelle: http://www.welt.de/reise/Fern/article138548385/Starker-Dollar-Meiden-Urlauber-nun-die-USA.html, bearbeitet

Der Wechselkurs einer Währung ist nicht nur für Urlaubsreisende interessant. Vielmehr spielt der Wechselkurs in allen internationalen Wirtschaftsbeziehungen eine große Rolle und ist auch entscheidend für die Wirtschaftskraft eines Landes.
Der Wechselkurs wirkt sich direkt auf die Höhe der **Exporte** und **Importe** eines Landes und damit auf dessen **Leistungsbilanz** aus. Angenommen, der Euro würde im Vergleich zum US-Dollar abgewertet. Dann würde ein Gut, das im Euroraum 100 Euro kostet, für den amerikanischen Importeur beispielsweise nur noch 95 Euro kosten und wäre daher billiger. Folglich würde die Nachfrage im Ausland nach europäischen Gütern unter normalen Umständen steigen. Entsprechend käme es bei einer Euroaufwertung zu einem Sinken der Auslandsnachfrage. Für die Importe gilt Ähnliches: Bei einer Euroaufwertung können die europäischen Importeure ausländische Güter vergleichsweise günstig einkaufen und sie werden daher ihre Nachfrage erhöhen. Eine Euroabwertung hat tendenziell sinkende Importe zur Folge. Im Falle einer Abwertung steigt über die im Ausland gesunkenen Verkaufspreise die **Wettbewerbsfähigkeit** eines Landes und die Leistungsbilanz wird sich daher verbessern. Bei einer Währungsaufwertung gilt der umgekehrte Fall.
Das Verhältnis von Export- zu Importpreisen wird auch unter dem Begriff „**Terms of Trade**" zusammengefasst. Bei einer Verbesserung der Leistungsbilanz, bedingt durch eine Abwertung der inländischen Währung, kommt es zu einer Verschlechterung der Terms of Trade, weil aus den Erlösen einer bestimmten Menge an Exportgütern rechnerisch weniger Importgüter gekauft werden können.
Dafür kann es bei einer Abwertung der Währung zu positiven **Beschäftigungseffekten** kommen. Wenn aufgrund der gestiegenen Auslandsnachfrage die Produktion ausgeweitet wird, werden eventuell neue Arbeitsplätze geschaffen. Dies erfolgt in der Regel jedoch auf Kosten der Beschäftigung in den Ländern, deren Währung im Vergleich zur inländischen Währung aufgewertet wurde.

Wechselkursänderungen wirken sich des Weiteren auf das Preisniveau eines Landes aus. Zwar bringt eine Abwertung in der Regel ein Sinken der Arbeitslosigkeit mit sich, doch durch die verteuerten Importe droht eine erhöhte **Inflation**, denn der Konsumentenpreisindex wird durch teurere Importwaren ansteigen. Entsprechend wirkt eine Aufwertung inflationsbremsend.
Für viele Unternehmen stellen Wechselkursschwankungen Unsicherheiten bzgl. ihrer **Forderungen und Verbindlichkeiten** dar. Wird zum Beispiel die Währung im Heimatland eines Unternehmens abgewertet, so werden Verbindlichkeiten in Fremdwährungen plötzlich mehr wert und schlagen in der Bilanz höher zu Buche. Forderungen dagegen sinken im Wert.

### Fragen und Aufgaben

**25.** Beschreiben Sie mögliche Auswirkungen einer Euroabwertung!
**26.** Informieren Sie sich über den Big-Mac-Index als Maßstab für einen Kaufkraftvergleich! Finden Sie Vor- und Nachteile des Big-Mac-Index und des iPad-Index heraus!
**27.** Erklären Sie die Kaufkraftparitäten- und die Zinsparitätentheorie!
**28.** Erläutern Sie mögliche Gründe dafür, dass es trotz einer Euroaufwertung nicht unbedingt zu einer sinkenden Auslandsnachfrage nach bestimmten Gütern kommen muss!

## 2.12 Flexible und feste Wechselkurse

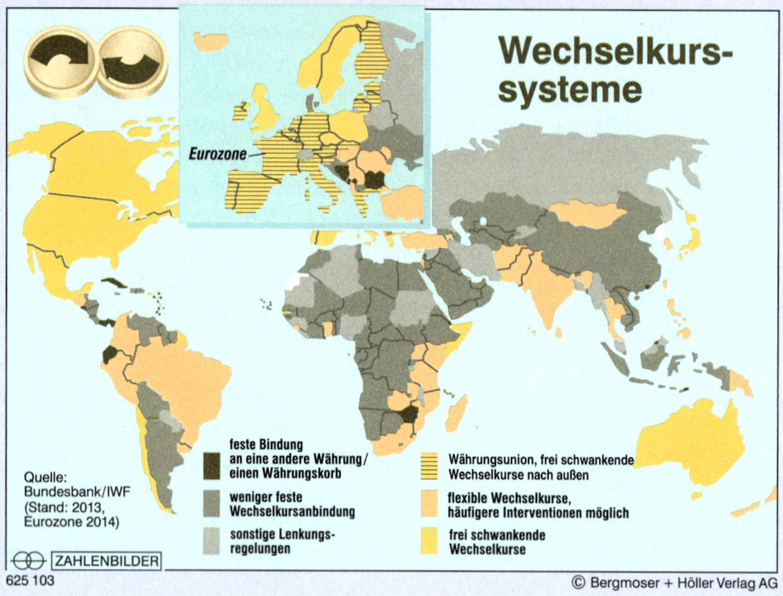


*Abb. 2.39: Wechselkurssysteme*

### Währungs- und Wechselkurssysteme

Bei Währungen unterscheidet man zunächst zwischen konvertiblen und nicht konvertiblen Währungen. **Konvertibel** bedeutet, dass die Wirtschaftssubjekte ihre Landeswährung jederzeit in fremde Währungen und umgekehrt fremde Währungen in inländische umtauschen dürfen. Dies war beispielsweise in Deutschland in Zeiten des Dritten Reichs und in der ehemaligen DDR nicht möglich. Heutzutage sind noch in manchen Entwicklungsländern die Währungen nicht frei konvertibel. Sie bilden allerdings den Ausnahmefall. Nur bei frei konvertiblen Währungen ist Freihandel und freier Kapitalverkehr überhaupt möglich.

Unter den frei konvertiblen Währungen unterscheidet man nun zwei **Wechselkurssysteme**: **feste** und **flexible Wechselkurse**. Die Realität ist oft zwischen den beiden Idealtypen angesiedelt, oft findet man Mischformen.

### Flexible Wechselkurse

Bei einem System flexibler Wechselkurse (**free floating**) bildet sich der Wechselkurs allein aufgrund von Angebot und Nachfrage am Devisenmarkt (vgl. Abb. 2.40). Durch den Marktmechanismus stellt sich stets ein Gleichgewichtspreis für die Währung ein. Der Markt führt außerdem dazu, dass unterschiedliche wirtschaftliche Entwicklungen zwischen zwei Staaten ausgeglichen werden. Exportiert Deutschland beispielsweise mehr als bisher, steigt die weltweite Nachfrage nach Euro an. In der Folge steigt der Wechselkurs des Euro (vgl. Abb. 2.40). Damit werden die deutschen Produkte im Ausland teurer und die Wettbewerbsfähigkeit Deutschlands lässt wieder nach, sodass eventuell wieder weniger exportiert wird.

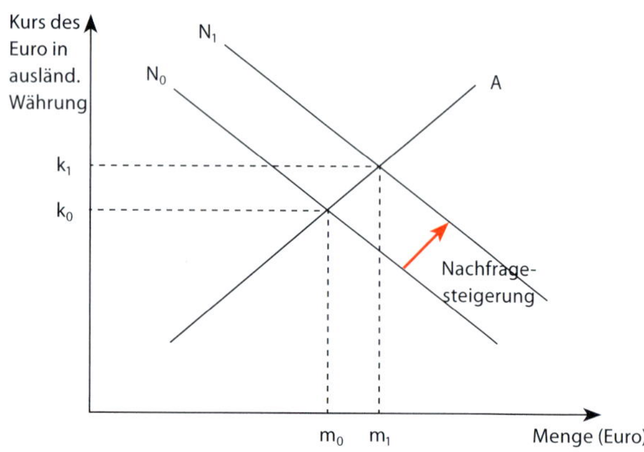


*Abb. 2.40: Nachfrageänderung bei flexiblen Wechselkursen*

Ebenso kann die Nachfrage nach Euro beispielsweise aufgrund von Währungsspekulationen oder aufgrund eines Zinsgefälles vom Ausland zum Inland sinken. Der Wechselkurs des Euro kann sich aber auch durch ein verändertes Devisenangebot ändern.

### Feste Wechselkurse

Im Gegensatz zu einem System freier bzw. flexibler Wechselkurse, in dem für die Zentralbank keine Pflicht besteht, in die Kursbildung am Devisenmarkt einzugreifen, existiert in einem System (relativ) fester Wechselkurse eine Interventionspflicht. Schwankende Wechselkurse sind mit einigen Nachteilen verbunden. So besteht für international tätige Unternehmen stets das Risiko, dass sich die Wechselkurse zu ihren Ungunsten entwickeln, wohingegen feste (fixe) Wechselkurse eine sichere Kalkulationsgrundlage bieten.

Fixe Wechselkurse im strengen Wortsinn sind fast nur in Ländern anzutreffen, in denen die Wechselkurse administrativ festgelegt werden: Sofern sich die Kursbildung aber am Markt vollzieht, handelt es sich bei „fixen" Wechselkursen um Systeme mit fast fixen bzw. kaum flexiblen Wechselkursen. Bei fixen Wechselkursen ist die Orientierungsmarke ein – autonom oder in zwischenstaatlicher Vereinbarung – festgelegtes Verhältnis zwischen zwei Währungen (Parität bzw. Leitkurs), das im Prinzip ständig gelten soll. Dies würde erfordern, dass der sich aus Angebots- und Nachfrageverhalten an den Devisenbörsen ergebende Wechselkurs *immer* der vereinbarten Parität entspricht, die nicht selten bis in die fünfte oder sechste Stelle nach dem Komma definiert ist. Es wäre unrealistisch, dies für die Praxis zu unterstellen, da sich über Nacht oder über die Wochenenden, wenn die Devisenbörsen geschlossen sind, Kauf- und Verkaufswünsche aufstauen. Daher ist es bei „fixen" Wechselkursen [...] zulässig, dass die sich am Devisenmarkt bildenden Kurse vom Leitkurs bzw. der Parität nach oben oder unten abweichen, wobei das Ausmaß der zulässigen Abweichung wiederum Vereinbarungssache zwischen den betreffenden Ländern ist. [...]
Innerhalb der Bandbreite ist der Wechselkurs flexibel. Probleme entstehen dann, wenn der Wechselkurs aus der Bandbreite auszubrechen droht. Dann müssen die beteiligten Notenbanken eingreifen (intervenieren), weshalb die entsprechenden Höchst- bzw. Mindestpreise auch als oberer bzw. unterer Interventionskurs bezeichnet werden.

Quelle: Altmann, Jörn: Wirtschaftspolitik, 2000, 7. Auflage, S. 428 f.

### Wechselkursmechanismus II

Ein Beispiel für ein System (relativ) fester Wechselkurse mit Bandbreiten ist der Wechselkursmechanismus II. Am 1. Januar 1999 trat die dritte Stufe der Europäischen Wirtschafts- und Währungsunion in Kraft und elf Mitgliedsstaaten der EU führten den Euro als gemeinsame Währung ein. Da man größere Wechselkursschwankungen zwischen dem Euro und den Währungen der restlichen EU-Staaten vermeiden wollte, schuf man den **Wechselkursmechanismus II** (WKM II). Durch dieses System werden die Währungen von EU-Mitgliedsländern, die (noch) außerhalb des Eurosystems sind, an den Euro gebunden und schrittweise an die Währungsunion herangeführt. Der Euro stellt in diesem Wechselkurssystem die Leitwährung (Ankerwährung) dar. Für die teilnehmenden Länder wurden dann Leitkurse festgelegt, gegenüber denen die Währungen innerhalb einer Bandbreite von ± 15 % schwanken dürfen. (Im Europäischen Währungssystem, dem Vorgänger des WKM II, war ursprünglich eine Bandbreite von ± 2,25 % vorgesehen, innerhalb derer die Währungen vom vereinbarten Kurs abweichen durften. Doch bereits im August 1993 ist diese Bandbreite auf ± 15 % erweitert worden.) Kommt es zu größeren Abweichungen, besteht für die nationalen Zentralbanken eine Interventionspflicht.
Erste Teilnehmerländer des WKM II waren 1999 Dänemark und Griechenland. Später folgten weitere Länder: Estland, Lettland, Litauen, Malta, Slowakei, Slowenien und Zypern. Nach Erfüllen der Konvergenzkriterien konnten mittlerweile alle Mitgliedsstaaten (mit Ausnahme von Dänemark) den Euro einführen und damit den Wechselkursmechanismus II verlassen. Dänemark hatte seinerzeit (ebenso wie Großbritannien und Schweden) aus innenpolitischen Gründen die Einführung des Euro abgelehnt, obwohl es die Konvergenzkriterien erfüllt hatte, und verbleibt momentan als einziger Staat im WKM II (Stand: April 2015).

| Land | Währung | Leitkurs (1 EUR =) | WKM-II-Beitritt |
|---|---|---|---|
| Dänemark | Dänische Krone | 7,46038 | 1.1.1999 |

*Abb. 2.41: Mitgliedsstaaten des WKM II*

### Interventionen am Devisenmarkt in einem System fester Wechselkurse

In einem System fester Wechselkurse wird es aufgrund von Angebot und Nachfrage am Devisenmarkt dennoch zu Wechselkursschwankungen kommen. Werden jedoch gewisse Grenzen überschritten, muss die Zentralbank eingreifen, um den Wechselkurs in Richtung Zielzone zu beeinflussen.
Die folgenden Beispielsfälle für Zentralbankinterventionen könnten etwa beim WKM II auftreten. Betrachtet wird hierzu stets die Währung eines Teilnehmerlandes des WKM II aus der Sicht dieses Landes. Für die Währung dieses Landes sind beim Eintritt in das Wechselkurssystem ein verbindlicher Leitkurs sowie eine zulässige Bandbreite für die Wechselkursschwankungen (z. B. 15 %) festgelegt worden.

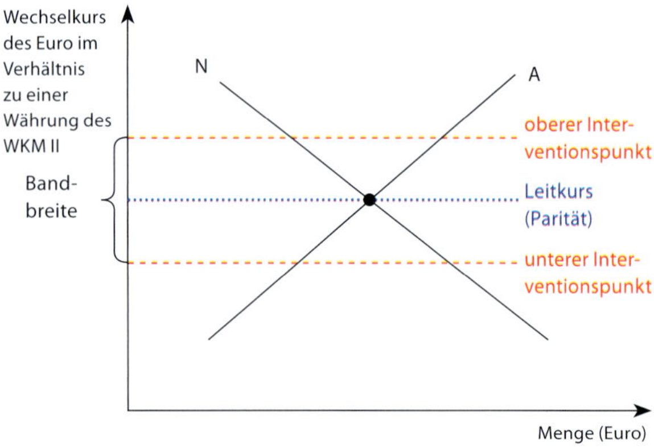


*Abb. 2.42: Leitkurs und Interventionspunkte*

Ausgehend vom Leitkurs kann es nun sein, dass die Nachfrage nach Euro zum Beispiel aufgrund hoher Exporte oder durch ein hohes Zinsniveau steigt. Dementsprechend wird sich die Nachfragekurve im Marktmodell nach rechts verschieben und es pendelt sich ein neuer, höherer Wechselkurs ein. Die Währung wertet demnach auf. (Analog würde sich ein Rückgang des Angebots, d. h. eine Linksverschiebung der Angebotskurve auswirken.)

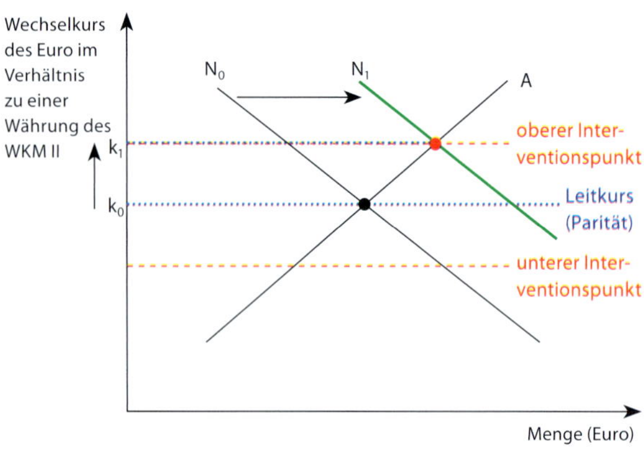


*Abb. 2.43: Nachfrageerhöhung in einem System fester Wechselkurse*

Im Beispiel aus Abb. 2.43 hat der neue Wechselkurs den oberen Interventionspunkt erreicht. Nun ist die Zentralbank verpflichtet, einzugreifen:

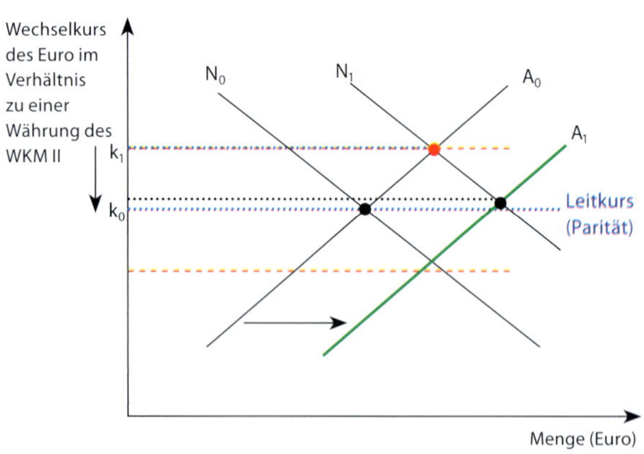


*Abb. 2.44: Zentralbankintervention bei Aufwertung*

Durch den Ankauf der Fremdwährung steigt die in Umlauf befindliche Euro-Geldmenge, die Angebotskurve verschiebt sich nach rechts und der neue Wechselkurs liegt wieder innerhalb der vorgegebenen Bandbreite um den Leitkurs.

Eine weitere Möglichkeit wäre, dass beispielsweise die Zinsen im Ausland deutlich über denen im Euroland liegen und es zu einem Kapitalexport kommt. Dies hat unter normalen Umständen ein Sinken des Wechselkurses zur Folge (Abwertung).

Ausgehend vom Leitkurs (vgl. Abb. 2.42) führt ein Kapitalexport zu einem höheren Angebot an inländischer Währung. Die Angebotskurve im Marktmodell verschiebt sich also nach rechts, der Kurs fällt:

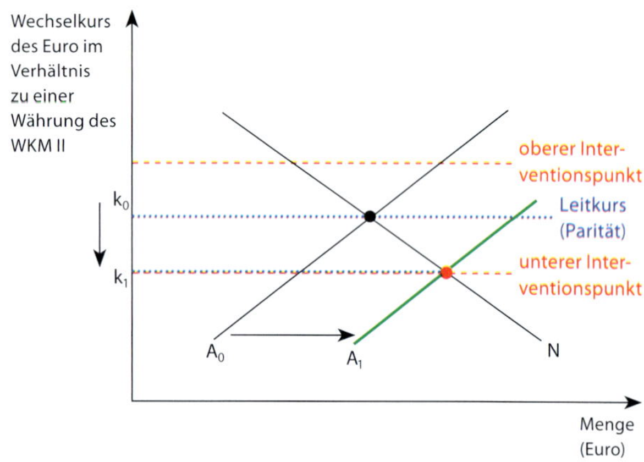


*Abb. 2.45: Nachfragerückgang in einem System fester Wechselkurse*

Folgerichtig reagiert die Notenbank bei einem Erreichen des unteren Interventionspunkts mit Stützungskäufen der eigenen Währung, um die Nachfrage nach inländischer Währung zu erhöhen. Dies bewirkt eine Rechtsverschiebung der Nachfragekurve und der Wechselkurs steigt wieder in Richtung des Leitkurses:

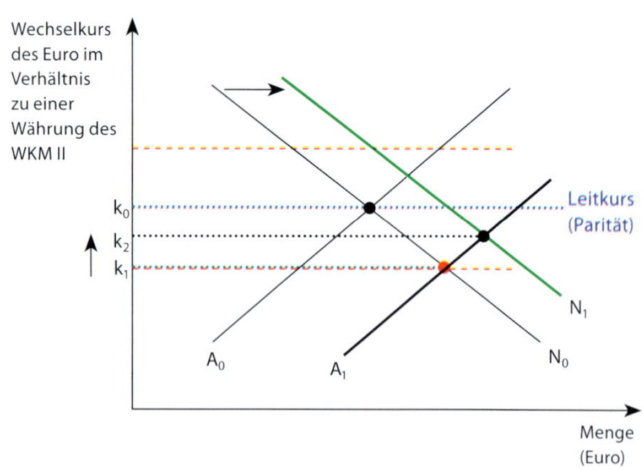


*Abb. 2.46: Zentralbankintervention bei Abwertung*

Mit diesen Interventionsmöglichkeiten kann die Zentralbank kurzfristigen Schwankungen des Wechselkurses begegnen. Droht der Wechselkurs allerdings längerfristig

die Bandbreite zu überschreiten, sind andere Maßnahmen notwendig.
Bei einer dauerhaften Annäherung an den oberen Interventionspunkt, d.h. wenn der Euro im Vergleich zur ausländischen Währung zu stark wird, muss die Zentralbank die ausländische Währung stützen. Dies geschieht dadurch, dass sie die Fremdwährung gegen Euro kauft. Als Folge steigt die Eurogeldmenge an, was auf Dauer ein Ansteigen der Inflation zur Folge haben könnte. In diesem Fall müssten daher der Leitkurs bzw. die Bandbreiten neu definiert werden. Eine Erhöhung des Leitkurses, also eine Aufwertung der inländischen Währung, wäre sinnvoll.
Liegt der Wechselkurs dagegen ständig beim unteren Interventionspunkt, müsste die Notenbank dauernd eigene Währung im Tausch gegen die Fremdwährung kaufen und ihre (begrenzten) Devisenreserven würden schrumpfen. Zugleich würde die inländische Geldmenge sinken, was deflationäre Tendenzen auslösen könnte. Um den Interventionsdruck von der Notenbank zu nehmen, wäre in dieser Situation eine Absenkung des Leitkurses sinnvoll, die inländische Währung wird folglich abgewertet.

**Vor- und Nachteile beider Wechselkurssysteme**

**Flexible Wechselkurse**

| Vorteile | Nachteile |
|---|---|
| • Automatische Wechselkursanpassungen tragen tendenziell zum Leistungsbilanzausgleich bei.<br>• Nationale Wirtschaftspolitik ist wirkungsvoller, wenn sie nicht den Leistungsbilanzausgleich im Auge behalten muss und daher unabhängig von Außeneinflüssen ihre Ziele verwirklichen kann.<br>• Der Wechselkurs gleicht unterschiedliche Preisentwicklungen zwischen In- und Ausland aus.<br>• Es kommen weniger Spekulationen und geringere Kursschwankungen vor.<br>• Importierte Inflation stellt keine große Gefahr dar. | • Wechselkursschwankungen bieten keine sichere Kalkulationsgrundlage bei Auslandstransaktionen (wichtig für Im- und Export!).<br>• Die Handelsströme können durch Kursspekulationen und Kapitalverlagerungen negativ beeinflusst werden.<br>• Die Absicherung des Wechselkursrisikos ist mit Kosten für die Akteure verbunden.<br>• Es besteht keine Notwendigkeit, die Wirtschaftspolitiken mehrerer Staaten abzustimmen. |

**Feste Wechselkurse**

| Vorteile | Nachteile |
|---|---|
| • Feste Wechselkurse sind eine verlässliche Kalkulationsgrundlage für Auslandstransaktionen.<br>• Die Kurssicherungskosten entfallen.<br>• Ständige Abwertungen als Mittel der Exportförderung entfallen (bzw. sind nur innerhalb der Bandbreiten möglich).<br>• Die Partnerstaaten des Wechselkurssystems müssen in der Wirtschaftspolitik zusammenarbeiten (z.B. bzgl. Preisniveaustabilität). | • Es besteht eine Tendenz zu Zahlungsbilanzungleichgewichten.<br>• Durch die Vergrößerung der Geldmenge beim Devisenankauf durch die Zentralbank besteht die Gefahr einer importierten Inflation.<br>• Bei einem Interventionszwang der Zentralbank ist eine autonome nationale Geld- und Konjunkturpolitik nur in beschränktem Maße möglich.<br>• Bei Ungleichgewichten sind kurzfristig starke Währungsspekulationen im Fall von erwarteten Auf- oder Abwertungen möglich.<br>• Es besteht evtl. eine Abhängigkeit von der Wirtschaftspolitik des Leitwährungslandes. |

**Fragen und Aufgaben**

**29.** Angenommen, zwischen Land A und Land B besteht ein System fester Wechselkurse. Veranschaulichen Sie die Auswirkungen für die Währung von Land A im Marktmodell, wenn
  **a)** die Importe von Land B in Land A stark zunehmen und der Wechselkurs die Bandbreite überschreitet!
  **b)** die Zentralbank von Land B massiv ihre Währungsreserven von Land A verkauft, um die eigene Währung zu stützen!

**30.** Informieren Sie sich über den aktuellen Euro-Dollar-Wechselkurs und dessen Entwicklung während der letzten zwei Jahre!

**31.** Finden Sie Beispiele für Länder, die sich freiwillig an eine ausländische Leitwährung binden und suchen Sie im Internet nach Wechselkursdiagrammen, die diese Bindung veranschaulichen!

# 3 Außenwirtschaft

3.1 Deutschlands außenwirtschaftliche Beziehungen mit der Welt

3.2 Bedeutung der Außenhandelsbeziehungen für Deutschland

3.3 Gründe für Deutschlands Aufstieg zum Exportweltmeister

3.4 Die Zahlungsbilanz

3.5 Theoretischer Leistungsbilanzausgleich bei flexiblen (freien) Wechselkursen

3.6 Freihandel und Protektionismus

3.7 Grenzen nationaler Wirtschaftspolitik in einer globalisierten Weltwirtschaft

# 3 Außenwirtschaft

## 3.1 Deutschlands außenwirtschaftliche Beziehungen mit der Welt

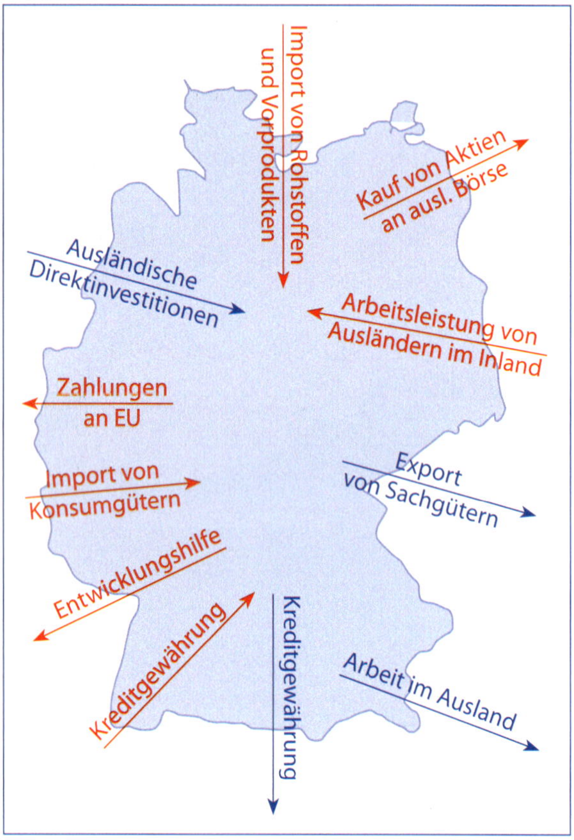


*Abb. 3.1: Deutschlands außenwirtschaftliche Beziehungen (auszugsweise)*

Deutschlands Unternehmen, Haushalte und staatliche Einrichtungen stehen mit der übrigen Welt in vielfältigen wirtschaftlichen und finanziellen Beziehungen. Lange Zeit stand dabei der klassische **Außenhandel**, also der **Export** und **Import** von Sachgütern, im Fokus öffentlichen Interesses. Die im Jahre 2007 einsetzende Finanzkrise, die sich in den folgenden Jahren zu einer Weltwirtschaftskrise entwickelte, zeigte jedoch, dass die Bedeutung und die Auswirkungen von globalen **Finanztransaktionen** weit dramatischer sein können als etwa der Rückgang der Exporte um einige Prozentpunkte. Die Finanzierung überbewerteter amerikanischer Immobilien, und nicht etwa die Finanzierung verlustreicher Exportgeschäfte, hat auch bedeutende deutsche Banken an den Rand des Ruins geführt.
Jeder einzelne von uns denkt bei Außenwirtschaftsbeziehungen zunächst an seinen importierten japanischen Fernseher oder an sein finnisches Handy, vielleicht noch an die Hotelkosten für den letzten Italienurlaub. Aber auch der Flug dorthin bedeutete unter Umständen schon die Inanspruchnahme einer ausländischen Dienstleistung, nämlich die der italienischen Fluggesellschaft, und wirkte sich auf die deutsche Zahlungsbilanz aus. Außenwirtschaftsbeziehungen werden auch unterhalten, wenn der Automechaniker aus der bayerischen Grenzstadt im benachbarten österreichischen Salzburg arbeitet. Gleiches gilt für die rumänische Krankenschwester, die in einem deutschen Altersheim ihre Dienste verrichtet. Selbstverständlich liegen auch Außenwirtschaftsbeziehungen vor, wenn türkische Gastarbeiter Geld an ihre Familie im Heimatland überweisen oder die Bundesrepublik Deutschland einem armen afrikanischen Land Entwicklungshilfe gewährt.

Alle diese Transaktionen haben einen realen wirtschaftlichen Hintergrund, und dass für den japanischen Fernseher, das finnische Handy (in Rumänien gefertigt), die Entwicklungshilfe usw. Geld über die nationalen Grenzen hinwegfließt, ist problemlos nachvollziehbar. Vorstellbar ist auch noch, dass eine Schweizer Bank einem deutschen Unternehmen einen Investitionskredit in Franken gewährt und das Geld für eine neue deutsche Fabrik in Euro ausgegeben wird. Die für die vorausgehend beschriebenen Transaktionen benötigten Devisen und Sorten (ausländisches Buchgeld bzw. ausländisches Bargeld) betragen jedoch nur einen Bruchteil der weltweit tatsächlich bewegten Gelder. So werden täglich viele Milliardenbeträge spekulativ auf steigende oder fallende Dollarkurse gesetzt und auf den Dow Jones, also nicht auf die Aktien selbst, sondern auf den zusammengefassten Index. Klassische Warentermingeschäfte, bei denen z. B. an der Chicagoer Börse auf steigende oder sinkende Preise bei Schweinehälften gesetzt wird, sind geradezu harmlos. Viele dieser Finanzinstrumente sind für den Laien nicht mehr vorstellbar, betroffen davon sind jedoch letzten Endes fast alle, wenn z. B. der Staat marode Banken retten muss, weil sie für das marktwirtschaftliche System der Bundesrepublik Deutschland als „systemrelevant" angesehen werden.

Jedoch hat Deutschland keine Alternative: Unser Land ist völlig in die Weltwirtschaft eingebunden, es ist sogar ein Vorreiter eines ständigen Globalisierungsprozesses.

Unter **Globalisierung** versteht man den seit Ende des 20. Jahrhunderts besonders dynamisch ablaufenden Prozess, in dem Produktion, Handel mit Sachgütern und Dienstleistungen, Kapital, Kommunikation und Technologie über nationale Grenzen hinweg zu einem Weltbinnenmarkt zusammenwachsen.

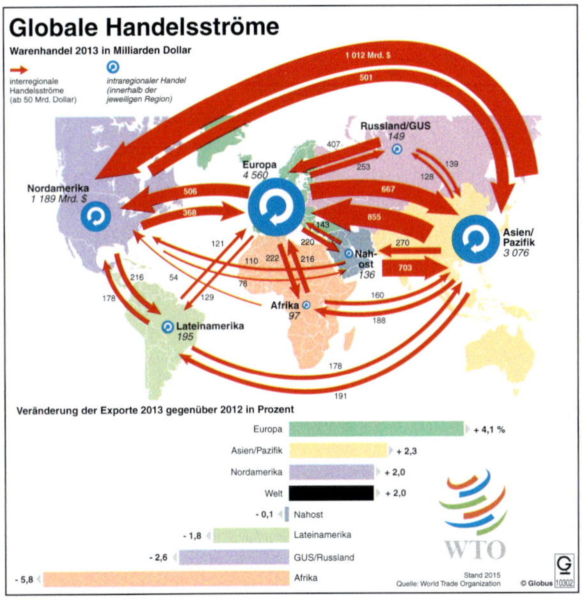


*Abb. 3.2: Deutschland im Zentrum der Welthandelstriade*

Weltweite wirtschaftliche Beziehungen sind nichts grundsätzlich Neues, da der Austausch von Gütern zwischen einzelnen Staaten oder Gebieten schon immer erfolgte (z. B. über die Seidenstraße). Neu sind jedoch die wachsende Dynamik, das Volumen und die Entfernungen, mit denen die grenzüberschreitenden Verflechtungen ablaufen. Wesentlich für die Zunahme dieses Prozesses waren die Verbesserung der Kommunikationssysteme (z. B. durch das Internet), schnellere und billigere Transportmöglichkeiten (durch den Containerverkehr) und vor allen Dingen auch der Zusammenbruch des sogenannten Ostblocks und die damit verbundene Einführung marktwirtschaftlicher Ordnungen. Die treibende Kraft der Globalisierung ist die freie Marktwirtschaft, die die Welt zum „Global Village" macht und frühere nationale Unternehmen zu „Global Playern". Der weltweite Handel ist der Kern der Außenwirtschaftsbeziehungen. Der **Welthandel** wird dabei immer noch dominiert von der sogenannten Triade: Europa, Asien/Pazifik und Nordamerika. Etwa zwei Drittel des gesamten Welthandels werden von den Industrieländern getätigt, wobei diese etwa die Hälfte des Welthandels unter sich abwickeln (zur besonderen Stellung Deutschlands vgl. das nachfolgende Kapitel). Die Gründe hierfür sind mannigfaltig. So wird die Wirtschaftsintegration in Europa durch die EU gefördert, in Nordamerika durch die NAFTA. Die Industriestaaten verfügen über eine differenziertere Wirtschaftsstruktur als die Entwicklungsländer und sind deshalb auf dem Weltmarkt stärker präsent als diese. Außerdem sind die in den Industriestaaten hergestellten Güter im Preis höher als die von den Entwicklungsländern gelieferten Rohstoffe. Insgesamt hat sich das Weltexportvolumen seit den 1970er-Jahren stark erhöht.

Ein Hauptinstrument unternehmerischer Tätigkeit über die Grenzen hinweg sind ausländische **Direktinvestitionen** (ADI). Darunter fällt z. B. die Gründung von Zweigbetrieben im Ausland oder der Erwerb von Beteiligungen an ausländischen Unternehmen. Auch der Kauf von Aktienpaketen an ausländischen Börsen ist nicht unüblich. Man will damit z. B. neue Absatzmärkte erschließen oder sich Rohstoff- bzw. Energiequellen sichern. Auch die Standortvorteile manches ausländischen Staates, wie beispielsweise niedrige Lohnkosten, sind ein Motiv für ein Investment im Ausland. Seit Mitte der 1980er-Jahre sind die ADI stärker angestiegen als z. B. die Exporte. Auch deutsche Unternehmen kaufen sich im Ausland verstärkt ein oder errichten dort eigene Niederlassungen bzw. Tochterunternehmen. Andererseits ist Deutschland schon seit längerer Zeit nicht mehr bevorzugtes Ziel ausländischer Investoren.

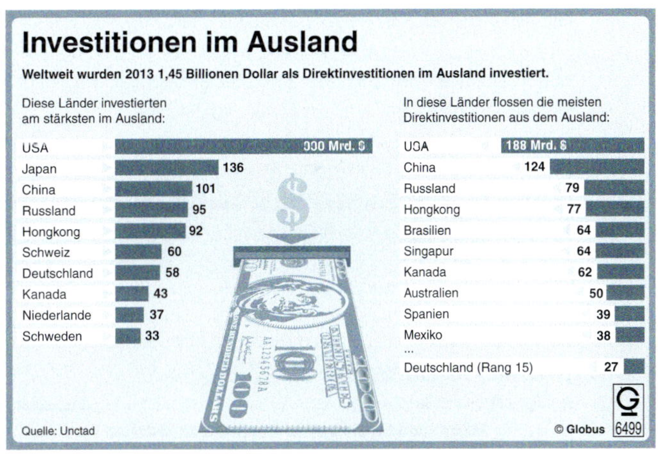


*Abb. 3.3: Deutschland als Ziel ausländischer Direktinvestitionen – nicht mit vorne dabei*

## Fragen und Aufgaben

1. Erarbeiten Sie die Wirtschaftsbeziehungen, die Sie selbst direkt oder indirekt mit dem Ausland pflegen!
2. Erörtern Sie die möglichen Folgen des zunehmenden Globalisierungsprozesses für die Wirtschaft Ihres Heimatortes!
3. Nennen Sie mögliche Gründe dafür, dass Deutschland als Ziel ausländischer Direktinvestitionen nicht an führender Stelle liegt!

## 3.2 Bedeutung der Außenhandelsbeziehungen für Deutschland

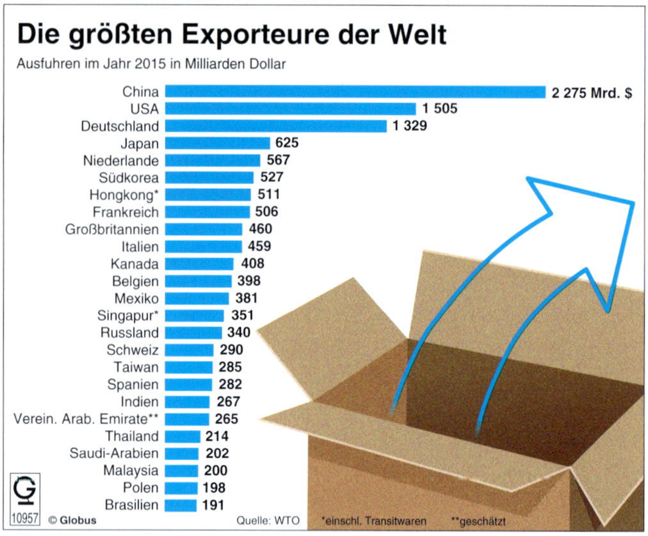


*Abb. 3.4: Drittgrößte Exportnation Deutschland*

Deutschland ist seit Jahrzehnten eine der führenden Handelsnationen der Welt. Die Spitzenposition machte es sich abwechselnd mit den USA, Japan und mit China streitig, welches seit 2009 Exportweltmeister ist. Die deutschen Ausfuhren im Wert von 1123 Mrd. Euro im Jahre 2014 reichten zum dritten Platz nach den USA. Zusammen vereint dieses „Spitzentrio des Welthandels" rund 30 % der weltweiten Ausfuhren auf sich. Dabei beträgt der Anteil der deutschen Exporte am BIP knapp 40 %.

Ein Land, das viel exportiert – noch dazu ohne bedeutende Rohstoffvorkommen – muss auch viel importieren: Roh- und andere Grundstoffe, Energie, Vorprodukte und Technologie. Aus diesem Grund ist Deutschland auch einer der ganz großen Nachfrager auf den Weltmärkten mit einem Importvolumen von 917 Mrd. Euro im Jahre 2014.

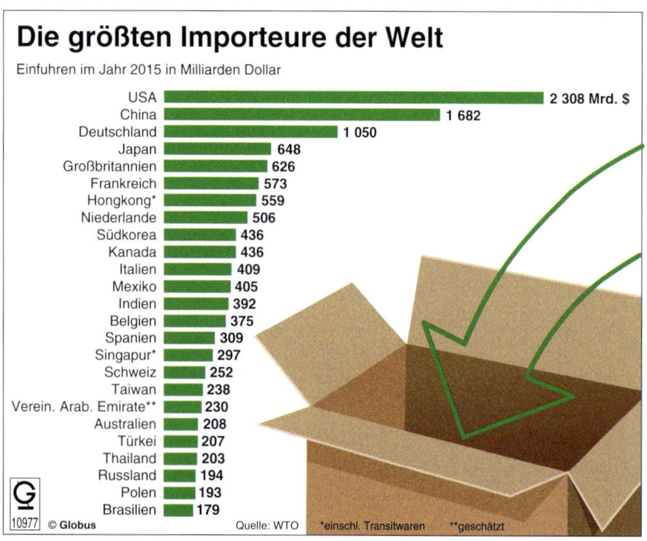


*Abb. 3.5: Deutschland als drittgrößter Importeur*

Trotz hoher Importabhängigkeit weist Deutschland traditionell Überschüsse in der **Handelsbilanz** auf, d. h. die Exporte übertreffen die Importe. Dies ist auch notwendig, da Deutschland in anderen Teilbilanzen der **Leistungsbilanz** Defizite aufweist, z. B. in der **Dienstleistungsbilanz**: Die Deutschen geben durch Reisen viel mehr Geld im Ausland aus als umgekehrt Ausländer in Deutschland. Insgesamt gesehen weist Deutschland seit Jahrzehnten – von einzelnen Jahren abgesehen – einen Überschuss in der Leistungsbilanz aus.

> Unter **Außenhandel** versteht man den Austausch von Gütern eines Landes mit den übrigen Ländern der Erde. Die Einfuhr von Gütern wird als Import, die Ausfuhr von Gütern als Export bezeichnet.

### Wachsende Ex- und Importquoten – ein Beleg für die zunehmende Abhängigkeit vom Ausland

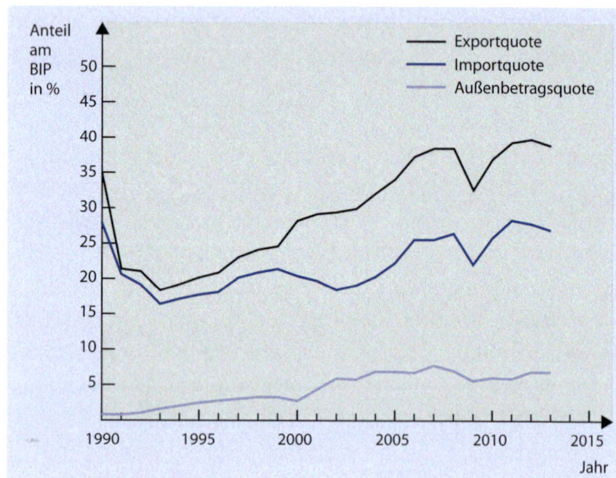


*Abb. 3.6: Zunehmende Bedeutung von Ex- und Importen für Deutschlands Volkswirtschaft*

Die hohen Export- und Importquoten (40 % bzw. 35 % im Jahre 2014) sind ein Indiz für die außerordentlich hohe Bedeutung des Außenhandels für die Volkswirtschaft der Bundesrepublik Deutschland. So ist etwa der Arbeitsmarkt in hohem Maße vom Außenhandel abhängig. Etwa jeder fünfte Arbeitsplatz ist in Deutschland direkt oder indirekt mit der Exportwirtschaft verknüpft, die Außenwirtschaft gilt als **Jobmotor**. Deutschlands Wohlstand ist unter anderem eine Folge des Außenhandels. Ohne die Exporte der deutschen Unternehmen wäre die Arbeitslosigkeit in Deutschland seit Jahrzehnten um vieles höher gewesen. Auch Importe, z. B. von Energie, ermöglichen Wirtschaftswachstum und damit ebenfalls die Sicherung von Arbeitsplätzen. So beträgt etwa die Importabhängigkeit bei Aluminium 100 %.

> Eine Volkswirtschaft mit einem hohen Außenhandelsanteil ist eine **offene Volkswirtschaft**. **Reife Volkswirtschaften** haben hohe Export- und Importquoten, da sie nicht nur Rohstoffe importieren oder exportieren, sondern auch jede Menge an komplexeren und teureren Gütern, weil die Vorteile der internationalen Arbeitsteilung auf allen Stufen genutzt werden.

Grundsätzlich ist auch der Import von Konsumgütern sinnvoll, weil sich hierdurch die **Güterversorgung** sowohl qualitativ als auch quantitativ verbessert. So können bestimmte Konsumgüter aus dem Ausland billiger oder mit höherem Standard als aus dem Inland bezogen werden. Beispiele hierfür sind Bananen aus den Tropen oder Textilien aus China.

Hohe Export- und Importquoten bedeuten jedoch auch eine starke Abhängigkeit einer Volkswirtschaft vom Ausland. So übertragen sich beispielsweise ausländische Konjunkturschwankungen auf die inländische Wirtschaft und umgekehrt. Entsprechend wurde Deutschland im Jahr 2009 besonders stark von der Weltwirtschaftskrise erfasst, was auch ein Grund für den Absturz der Wachstumsrate des BIP auf -5 % war. Andererseits wird Deutschland innerhalb der Europäischen Union als „Konjunkturlokomotive" gesehen: Ein Wirtschaftsaufschwung bei uns führt zu entsprechenden Exportsteigerungen in unseren Nachbarländern.

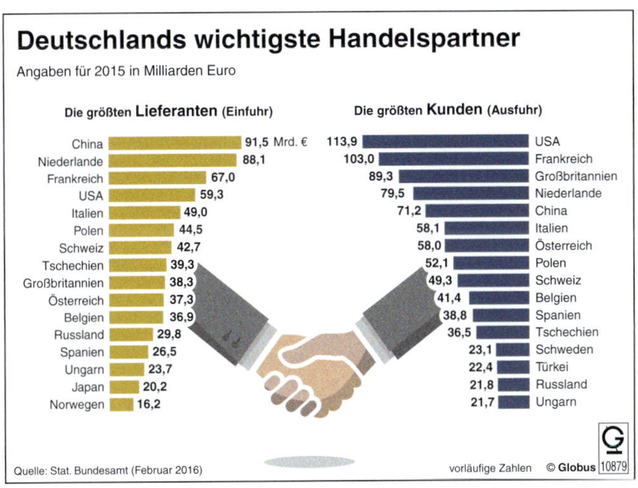


*Abb. 3.7: Deutschlands wichtigste Außenhandelspartner*

Die wichtigsten Handelspartner Deutschlands sind jedoch die EU-Länder, wie Abb. 3.7 zeigt. Fast zwei Drittel aller Exporte und Importe werden im EU-Raum abgewickelt. Außerhalb der EU sind die USA, China und die Schweiz die wichtigsten Handelspartner.

*Abb. 3.8: Deutschlands wichtigste Exportgüter*

Die Güterstruktur bei Deutschlands Ein- und Ausfuhren unterscheidet sich nur zum Teil. Kraftfahrzeuge, Maschinen und chemische Produkte sind die wichtigsten Exportgüter und stellen zusammen ca. 40 % aller Exporterlöse. Bei den Importen lag 2013 Erdöl/Erdgas gefolgt von Büromaschinen/EDV vorne. Erst an dritter Stelle lagen Automobile mit Zubehör. Dann jedoch ist das Warenspektrum ähnlich wie bei den Importen. Die Vorstellung, dass Deutschland hauptsächlich Rohstoffe und Energien importiert und dann Fertigprodukte exportiert, gilt nur teilweise. Der wichtigste deutsche Wirtschaftszweig, die Automobilindustrie, kauft viele Zulieferteile im Ausland, um anschließend die fertigen Kraftfahrzeuge zu exportieren.

> **These von der Basar-Ökonomie**
> Grundsätzlich beschreibt die Hypothese, dass die Wertschöpfung des Inlands an der Industrieproduktion zurückgeht, d. h. die Fertigungstiefe (= Anteil der Eigenfertigung in der Gütererstellung) im Inland verringert sich. Im Gegenzug dazu erhöhen sich die Vorleistungen des Auslandes, d. h. dieser Faktor steigt an.
> Quelle: http://www.finanz-lexikon.de, 08.04.2010

Die These von der deutschen Basar-Ökonomie ist umstritten. Tatsache ist, dass sich der Handelsprozess zwischen den Industrienationen verstärkt hat, dass diese jedoch immer mehr mit gleichartigen Gütern handeln.

**Fragen und Aufgaben**

4. Stellen Sie Zusammenhänge zwischen Deutschlands wichtigsten Export- und Importgütern und Deutschlands wichtigsten Handelspartnern her!
5. Begründen Sie, warum die Länder innerhalb der EU die wichtigsten Handelspartner Deutschlands sind!
6. Erörtern Sie, inwieweit die Entwicklung des Außenhandels mit der zunehmenden Globalisierung erklärbar ist!

## 3.3 Gründe für Deutschlands Aufstieg zum Exportweltmeister

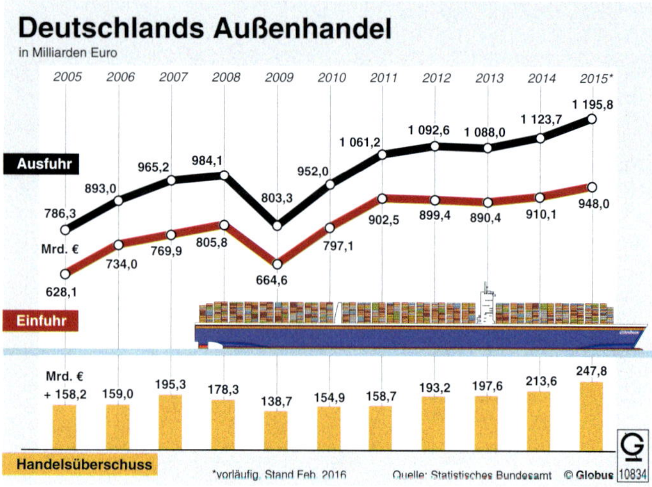


*Abb. 3.9: Deutschlands erfolgreicher Handel mit der Welt*

Deutschland ist – verglichen z. B. mit den USA oder China – ein relativ kleines Land, das noch dazu keine besonderen Rohstoffvorkommen besitzt. Was sind die Gründe dafür, dass dieser Staat mit einer nur mittelgroßen Bevölkerungszahl zum Exportweltmeister aufsteigen konnte? Deutschland nutzt sicherlich wie kaum ein anderes Land die Vorteile der internationalen Arbeitsteilung, insbesondere auch im Zuge der zunehmenden Globalisierung seit den 1990er-Jahren.
Ein entscheidender Grund für den Außenhandel – nicht nur Deutschlands – ist die unterschiedliche Höhe der Produktionskosten von Gütern und den damit verbundenen Preisunterschieden. Dies beruht

a) auf der **unterschiedlichen Ausstattung mit den Produktionsfaktoren** (z. B. Bodenschätze) und
b) auf den **Unterschieden in den Produktionsverfahren** bei der Herstellung von Gütern.

Zu a) Deutschland ist auf den Import von Erdöl, Eisenerz oder Agrarprodukten wie Bananen oder Ananas angewiesen, weil die Produkte hier nicht in genügender Menge gefunden werden bzw. aufgrund der klimatischen Bedingungen nicht produziert werden können. Auch Steinkohle wird zunehmend aus dem Ausland bezogen – trotz bedeutender Vorkommen in Deutschland –, da sie in großer Tiefe gefördert werden muss, während sie in den USA im Tagebau gefördert und somit viel billiger abgebaut werden kann.
Zu b) Demgegenüber hat Deutschland bei der Produktion zahlreicher hochwertiger Güter wie z. B. Autos, Flugzeugen und Druckmaschinen nicht nur absolute Kostenvorteile aufgrund hoher Stückzahlen, sondern viele deutsche Produkte zeichnen sich zusätzlich durch hohe Qualität aus. So ist „**Made in Germany**" ein Synonym für hochwertige, wenig reparaturanfällige Industriegüter.

Durch die Spezialisierung auf einzelne Produkte und die daraus folgende internationale Arbeitsteilung können in einem einzelnen Land mehr Güter in Massenproduktion hergestellt werden, wodurch die Produktionskosten je Stück sinken, als wenn nur für das eigene Land produziert würde. Internationaler Handel ist die Folge und am Ende stehen die beteiligten Länder besser da, als wenn jedes nur für sich produzieren würde. Spezialisierung und Außenhandel tragen somit in den beteiligten Ländern zur Mehrung des Wohlstandes bei.
Neben diesen **absoluten Kostenvorteilen** sind auch **komparative** (relative) **Kostenvorteile** eine Erklärung für den internationalen Handel.

Betrachten wir zwei Länder, z. B. die Vereinigten Staaten und die Bundesrepublik Deutschland, und zwei Güter, z. B. Autos und Weizen, zur Erläuterung der Handelsvorteile. Stellen wir uns vor, dass Autos in beiden Ländern gleich gut hergestellt werden können: Ein amerikanischer Arbeiter und ein deutscher Arbeiter können grob gerechnet ein Auto pro Monat fertigen. Im Gegensatz dazu sind die USA wegen der fruchtbareren und reichlicheren Böden bei der Weizenerzeugung besser: Eine amerikanische Arbeitskraft vermag rund zwei Tonnen Weizen zu erzeugen, während die deutsche Arbeitskraft in der Landwirtschaft nur eine Tonne Weizen schafft.
Die Regel vom komparativen Vorteil besagt, dass jedes Gut von dem Land hergestellt werden sollte, das die niedrigeren Opportunitätskosten *(Anmerkung: Unter Opportunitätskosten versteht man die für die Herstellung eines Gutes, hier ein Auto, aufgewendeten knappen Mittel, hier Arbeitszeit, die verloren gehen für die Produktion eines anderen Gutes, hier Weizen)* bei der Produktion hat. Da die Opportunitätskosten eines Autos in den USA zwei Tonnen Weizen betragen, aber nur eine Tonne Weizen in Deutschland ausmachen, hat Deutschland bei der Autoproduktion einen komparativen Vorteil. Die Bundesrepublik Deutschland sollte deshalb mehr Autos in die USA exportieren. In den USA betragen die Opportunitätskosten für eine Tonne Weizen nur ½ Auto, während sich die Opportunitätskosten für eine Tonne Weizen in der Bundesrepublik Deutschland auf ein Auto belaufen. Die USA haben einen komparativen Vorteil bei der Weizenerzeugung. Die Vereinigten Staaten sollten deshalb mehr Weizen als die zum Eigenverbrauch erforderliche Menge erzeugen und Weizen nach Deutschland exportieren. Durch Spezialisierung und Außenhandel erzielen beide Länder größere Mengen an Autos und Weizen.

Quelle: N. Gregory Mankiw: Grundzüge der Volkswirtschaftslehre, 3. Auflage, Stuttgart 2004, S. 59 f.

Natürlich sind die Außenhandelsbeziehungen zwischen Deutschland und den USA viel komplexer als in dem von *David Ricardo* (1772–1823) erstmals beschriebenen Prinzip, aber die Realität zeigt doch, dass Deutschland besonders stark im Export von Automobilen ist und die USA ein weltweit wichtiger Exporteur von Weizen sind.

Ein Grund für den Aufstieg Deutschlands zu einer der führenden Exportnationen der Erde ist sicherlich auch der **technologische Vorsprung**, den ein Teil der hiesigen Unternehmen gegenüber der ausländischen Konkurrenz hat. So ist Deutschland führend in der Medizintechnik und vor allem im Maschinenbau. Eine Reihe von Entwicklungsländern sind noch nicht in der Lage, selbst Flugzeuge oder Raffinerien zu bauen und kaufen deshalb diese Produkte bzw. Anlagen bei uns. Andererseits zeigt sich in Deutschland aber auch eine **technologische Lücke**, etwa im Vergleich zu Japan, den USA oder zu Finnland, die in der Computertechnologie, in der Unterhaltungselektronik und bei Mobiltelefonen deutschen Unternehmen überlegen sind, weshalb solche Produkte in Deutschland überwiegend importiert werden müssen.

Eine entscheidende Grundlage für die stetige Ausweitung des Außenhandels ist jedoch Deutschlands Mitgliedschaft in der **Europäischen Union**. Durch den Abbau der Handelsschranken innerhalb der EU und den gemeinsamen Markt sowie den Euro als gemeinsamer Währung haben sich die Exportmöglichkeiten grundsätzlich erhöht. Durch seine zentrale Lage innerhalb der EU ergeben sich zusätzliche Transportkostenvorteile und durch den Fall des „Eisernen Vorhangs" wurden nach 1990 neue Märkte sozusagen vor der Haustüre geöffnet. Die Transformationswirtschaften des ehemaligen Ostblocks zeigen bis heute einen hohen Investitionsbedarf, von dem die deutsche Exportwirtschaft profitiert.

Ein grundsätzlicher Vorteil des Freihandels innerhalb der EU ist, dass es **keine Wettbewerbsbeschränkungen** durch Zölle u. Ä. gibt. Durch den unbegrenzten Wettbewerb sind die Unternehmen zu ständigen Innovationen hinsichtlich neuer oder veränderter Güter und Herstellungsverfahren gezwungen. Dies nützt nicht nur den Abnehmern/Verbrauchern, sondern auch den Unternehmen selbst: Langfristig setzen sich am Weltmarkt nur wettbewerbsfähige Unternehmen durch, wie der Erfolg deutscher Unternehmen offensichtlich belegt.

In Deutschland, einem hoch entwickelten Land, hat der **intraindustrielle Handel** stark zugenommen. Man versteht darunter den Im- und Export mit ähnlichen oder fast gleichen Gütern zwischen gleich hoch entwickelten Industrieländern, z. B. zwischen Japan und Deutschland. Die gehandelten Waren (z. B. deutsche und japanische Autos) unterscheiden sich kaum in der Herstellungsweise, in der Qualität und in den Preisen. Die Ursache für die Zunahme des intraindustriellen Handels ist, dass die Wünsche der Verbraucher immer differenzierter werden, weil z. B. japanische Autokäufer ein spezielles Auto aus Deutschland erwerben wollen, obwohl es ein ähnliches Produkt auch in Japan gibt. Ähnlich verhalten sich deutsche Verbraucher hinsichtlich japanischer Autos, sodass letzten Endes Export und Import in beiden Ländern steigen.

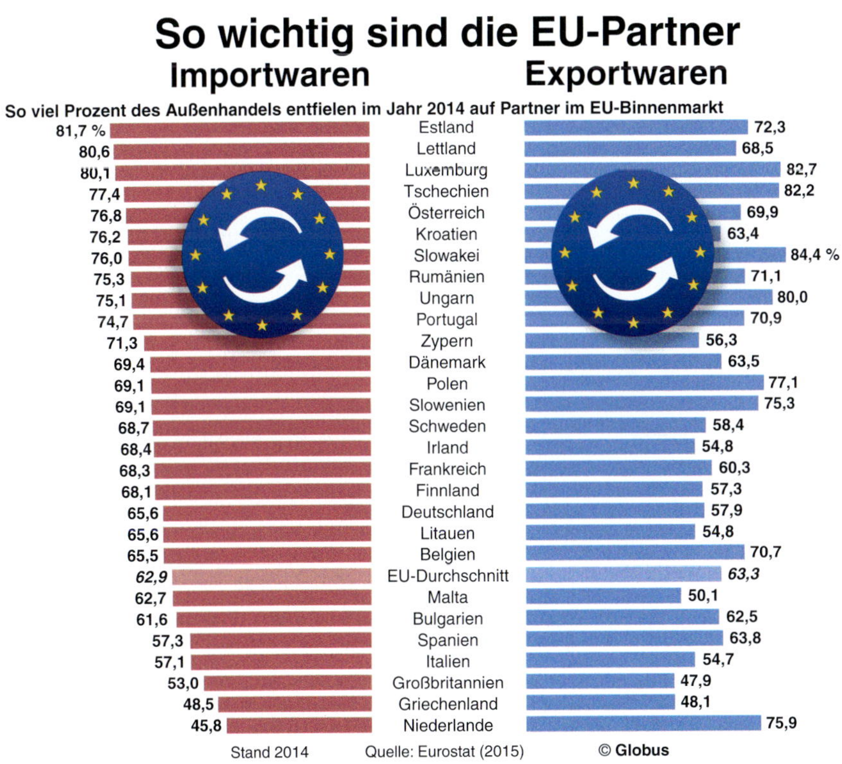


*Abb. 3.10: EU-Binnenmarkt – eine Erfolgsstory*

### Fragen und Aufgaben

**7.** Fassen Sie die Gründe für den Aufstieg Deutschlands zu einer der führenden Außenhandelsnationen zusammen und beurteilen Sie die Chancen der deutschen Exportwirtschaft für die Zukunft!

## 3.4 Die Zahlungsbilanz

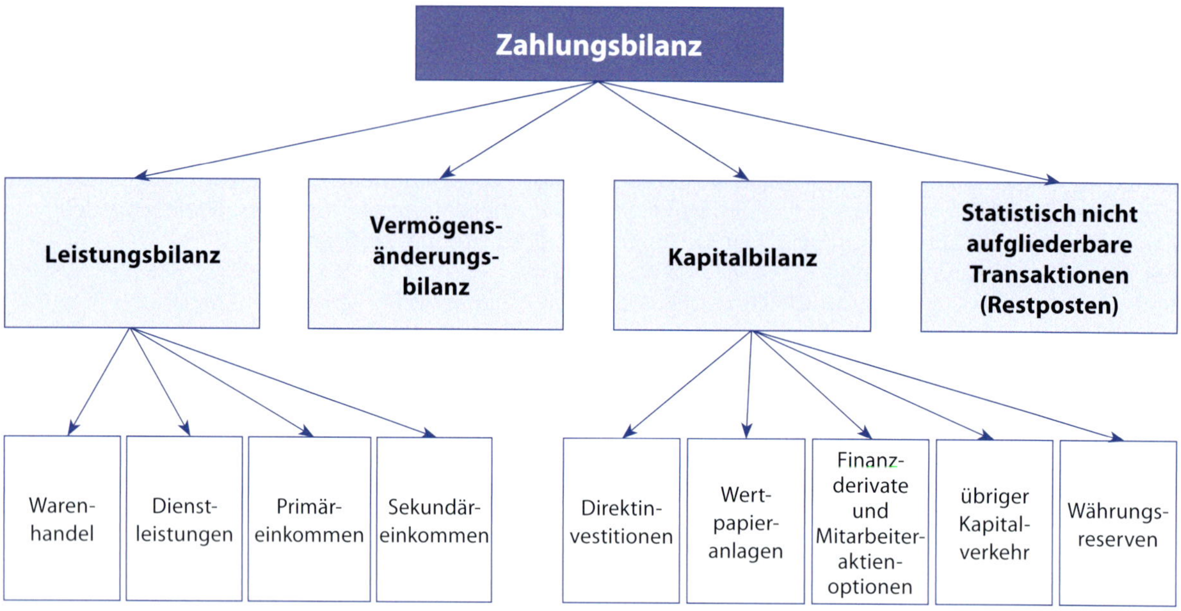


*Abb. 3.11: Der Aufbau der deutschen Zahlungsbilanz*

„Der Wohlstand eines Landes beruht auf seiner aktiven und passiven Handelsbilanz."
*Kurt Tucholsky*

Etwas Wahres ist schon dran an Tucholskys ironischer Bemerkung: Sind die Importe eines Landes größer als seine Exporte, verbraucht es Güter, die in anderen Ländern erzeugt wurden. Sind die Exporte größer als die Importe, wird der hohe Beschäftigungsstand möglicherweise auf Kosten anderer Länder gesichert. In den Medien und in der öffentlichen Diskussion werden die Begriffe **Handelsbilanz**, **Zahlungsbilanz** oder **Leistungsbilanz** usw. gelegentlich nicht richtig voneinander abgegrenzt. Deshalb ist eine genaue Begriffsklärung unerlässlich.

Die **Zahlungsbilanz** erfasst alle wirtschaftlichen Transaktionen zwischen Inländern (Haushalte, Unternehmen, staatliche Stellen) und dem Ausland in einem bestimmten Zeitraum (z. B. einem Jahr). Sie erfasst Stromgrößen (z. B. Höhe der Kreditgewährung ans Ausland innerhalb eines Jahres) und nicht Bestandsgrößen wie z. B. eine Unternehmensbilanz, die u. a. die Höhe des Anlagevermögens darstellt. Als Inländer zählen Gebietsansässige, die Nationalität spielt dabei keine Rolle. Die Zahlungsbilanz ist in **Teilbilanzen** (vgl. Abb. 3.11) gegliedert, um die verschiedenen Arten von außenwirtschaftlichen Beziehungen zu erfassen.

(Stand: 13.11.15)

Die deutsche Zahlungsbilanzstatistik richtet sich seit Juli 2014 nach dem Standard des Internationalen Währungsfonds und ist für alle Mitgliedsländer der EU verbindlich vorgeschrieben. Dadurch wird eine Vergleichbarkeit über Ländergrenzen hinweg erreicht, wie auch innerhalb der EU. Die einzelnen Teilbilanzen werden weiter untergliedert, z. B. in Exporte und Importe in der Bilanz Warenhandel, und es wird der **Saldo** zwischen beiden Größen gebildet.

Die **Leistungsbilanz** ist eine zentrale Größe der Zahlungsbilanz. Sie wird weiter aufgeteilt in:

1. **Warenhandel** (Ausfuhr und Einfuhr): Die Bezeichnung **Handelsbilanz** ist hierfür üblich.
2. **Dienstleistungen:** Einnahmen und Ausgaben aus Dienstleistungen, z. B. grenzüberschreitende Transportleistungen, Patent- und Lizenzgebühren für Computerprogramme, werden hier erfasst. Dieser Teilbereich wird auch als **Dienstleistungsbilanz** bezeichnet.
3. **Primäreinkommen:** Darunter versteht man Arbeitnehmerentgelte, aber auch Vermögenseinkommen aus Direktinvestitionen und Wertpapieranlagen sowie sonstiges Primäreinkommen (z. B. Pacht).
4. **Sekundäreinkommen** sind persönliche Übertragungen und Überweisungen von Gastarbeitern in ihre jeweiligen Heimatländer oder auch Beiträge an internationale Organisationen wie EU oder NATO.

In der **Vermögensänderungsbilanz** werden einmalige Vermögensübertragungen erfasst, denen keine erkennbaren Leistungen gegenüberstehen, z. B. grenzüberschreitende Erbschaften, Schenkungen oder Schuldenerlass für Entwicklungs- oder andere Länder.

**Entwicklung der Salden der Teilbilanzen der Leistungsbilanzen 2000–2014** (Angaben in Mrd. Euro ca.)

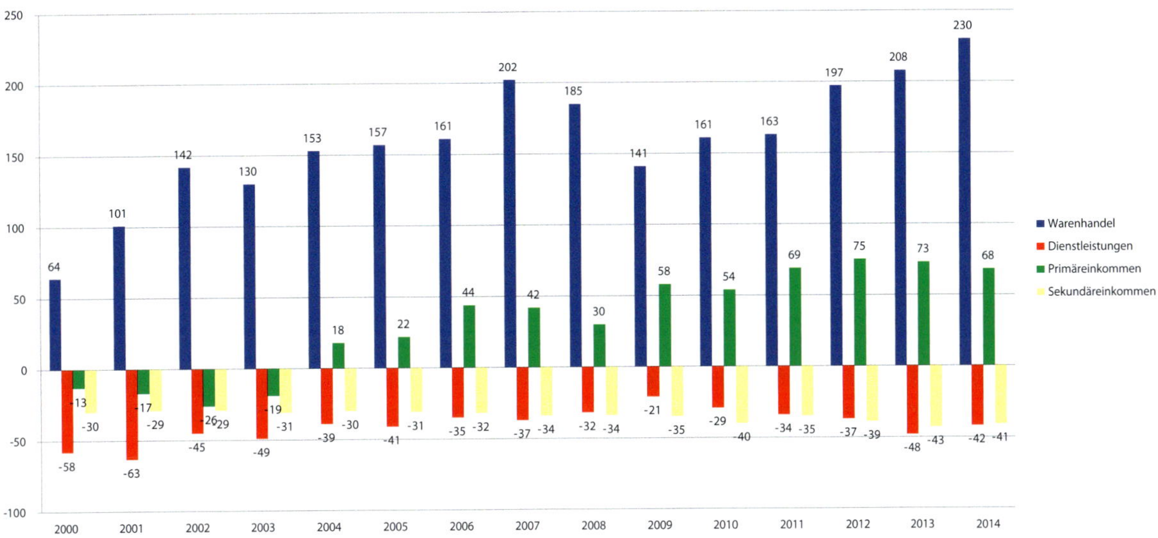


*Abb. 3.12: Die Teilbilanzen der deutschen Leistungsbilanzen*

Die **Kapitalbilanz** erfasst die Zunahme bzw. die Abnahme von Vermögen im Ausland (Auslandsvermögen). Darunter fallen:

1. Direktinvestitionen: z. B. Änderung des Auslandsvermögens wegen Erwerb oder Veräußerung von Unternehmensbeteiligungen.
2. Wertpapieranlagen: Änderung des Auslandsvermögens durch Kauf oder Verkauf ausländischer Aktien, Investmentzertifikate, Anleihen oder anderer Wertpapiere.
3. Finanzderivate und Mitarbeiteraktienoptionen: Derivate sind Finanzinstrumente, deren Preis sich z. B. nach den Kursschwankungen von Aktien richtet, wobei bei Kursschwankungen eine Hebelwirkung nach oben und unten eintreten kann. Bei den Mitarbeiteraktienoptionen hat der Beschäftigte einer Aktiengesellschaft das Recht, zu einem späteren Zeitpunkt Aktien von seinem Arbeitgeber zu einem festgelegten Preis zu kaufen, falls z. B. der Kurs der Aktie zwischenzeitlich gestiegen ist.
4. Im Saldo der Teilbilanz übriger Kapitalverkehr wird beispielsweise eine Änderung des Auslandsvermögens wegen Gewährung oder Rückzahlung langfristiger und kurzfristiger Kredite oder anderer monetärer Finanzinstrumente erfasst.
5. Währungsreserven: Hier wird die Veränderung der Währungsreserven erfasst, z. B. Devisen- oder Goldreserven der Deutschen Bundesbank, die sich teilweise bei der amerikanischen Notenbank befinden.

**Saldo der statistisch nicht aufgliederbaren Transaktionen und Restposten**

Er berücksichtigt statistisch nicht erfasste Transaktionen und Ermittlungsfehler und gleicht die Zahlungsbilanz aus. Der Restposten entsteht u. a., wenn Leistung und Gegenleistung eines Auslandsgeschäfts nicht innerhalb des gleichen Erfassungszeitraums der Zahlungsbilanz anfallen, durch Überweisungen ins Ausland unterhalb der Meldegrenzen oder durch „Koffergeschäfte", also die zumeist illegale Aus- und Einfuhr von Bargeld oder physischen Wertpapieren (effektive Stücke), die wertmäßig nur geschätzt werden können."

Quelle: Deutsche Bundesbank: Währung und internationale Zusammenarbeit. Die Zahlungsbilanz. Nach: http://www.bundesbank.de 1.3.2015)

## Zusammenhänge zwischen den Teilbilanzen

Es besteht folgender statistischer Zusammenhang zwischen den Salden (Unterschied z. B. zwischen Export und Import) der Teilbilanzen:

Saldo Kapitalbilanz = Saldo Leistungsbilanz + Saldo Vermögensänderungsbilanz + Saldo Restposten

**Deutsche Zahlungsbilanz 2014 in Mio. €**

| Salden | | Saldo | |
|---|---|---|---|
| Leistungsbilanz | +219.690 | Kapitalbilanz | +243.827 |
| Vermögensänderungsbilanz | +2.826 | | |
| Restposten | +21.311 | | |
| | +243.827 | | +243.827 |

Quelle: Monatsbericht der Deutschen Bundesbank 03/2015

Ein Plus-Zeichen vor den jeweiligen Salden bedeutet, dass z. B. im Jahr 2014 in der Leistungsbilanz ein Überschuss erzielt wurde, weil bei der Bildung des Saldos aus allen Teilbilanzen (Warenhandel, Dienstleistungen, Primär- und Sekundäreinkommen) ein Überschuss erzielt wurde. Ein Plus-Zeichen in der Kapitalbilanz bedeutet u. a., dass deutsche Unternehmen höhere Direktinvestitionen im Ausland durchgeführt haben, als sie im gleichen Jahr Beteiligungen außerhalb deutscher Grenzen aufgelöst haben. Dieser Logik entsprechend wird ein Netto-Kapitalexport als Zunahme des Netto-Auslandsvermögens verstanden und deshalb mit einem Plus-Zeichen versehen. Die statistisch nicht aufgliederbaren Transaktionen sind nur ein Restgröße, die nicht tatsächlich ermittelt wird, weshalb die Zahlungsbilanz im buchhalterischen Sinne als Ganzes immer ausgeglichen ist.

### Unausgeglichene Zahlungsbilanz?

Trotz der formell immer ausgeglichenen Zahlungsbilanz wird häufig von einer unausgeglichenen Zahlungsbilanz gesprochen. Dies ist in vielen Fällen nur eine unpräzise Ausdrucksweise. Gemeint ist hierbei oft der Saldo einer Teilbilanz, z. B. der Leistungsbilanz oder einer ihrer Unterbilanzen wie der Bilanz Warenhandel (Handelsbilanz).

### Außenwirtschaftliches Gleichgewicht

Nach dem Stabilitätsgesetz wird in der Bundesrepublik Deutschland ein außenwirtschaftliches Gleichgewicht angestrebt. Da die Zahlungsbilanz als statistische Übersicht immer ausgeglichen ist, muss man sich auf einzelne Teilbilanzen der Zahlungsbilanz beziehen. So ist etwa die Bilanz der Währungsreserven am Ende eines Jahres ausgeglichen, wenn die Höhe der Währungsreserven genauso groß ist wie am Ende des vergangenen Jahres. Die Leistungsbilanz ist ausgeglichen, wenn der Saldo aus allen Unterbilanzen wie Warenhandel, Dienstleistungen usw. gleich null ist.

### Folgen von Ungleichgewichten

Ein negativer Saldo in der Bilanz Warenhandel bedeutet, dass eine Volkswirtschaft mehr importiert, als sie sich aufgrund der Exporte leisten kann. Dies führt häufig zu einem Rückgang des Bestandes an Währungsreserven, falls nicht der Importüberschuss durch Kredite aus dem Ausland finanziert werden kann bzw. ausländische Direktinvestitionen für einen Ausgleich sorgen. Der Import hängt dann von den Verschuldungsmöglichkeiten ab: „Die Kapitalbilanz befiehlt, die Leistungsbilanz gehorcht", so ein bekannter Ausspruch. Ständige Importüberschüsse führen zu einer hohen Verschuldung, sodass irgendwann einem Land keine ausländischen Kredite mehr gewährt werden. Dies traf in der Vergangenheit beispielsweise schon einmal auf Polen, Mexiko und Argentinien zu. Ständige Importüberschüsse bedeuten aber auch, dass ein großer Teil der inländischen Nachfrage durch ausländische Güter befriedigt wird, was sich negativ auf die Beschäftigung im Inland auswirken kann. Ein langfristiges Leistungsbilanzdefizit kann also zu Unterbeschäftigung führen.

Aber auch ein Leistungsbilanzüberschuss birgt Gefahren in sich. Die durch den Export erzielten Deviseneinnahmen erhöhen die inländische Geldmenge überproportional, sodass die Preisniveaustabilität gefährdet ist (importierte Inflation).

Das Ziel „Außenwirtschaftliches Gleichgewicht" des Stabilitätsgesetzes ist damit nicht Selbstzweck, sondern dient der Verfolgung binnenwirtschaftlicher Ziele wie Preisniveaustabilität und hoher Beschäftigungsstand.

### Ursachen von Ungleichgewichten

Die Ursachen für die Nichterreichung des Ziels „Außenwirtschaftliches Gleichgewicht" sind sehr vielfältig und in jedem Land anders. So können Defizite in der Bilanz Warenhandel darauf zurückzuführen sein, dass

- Güter im Inland nicht verfügbar sind (Rohstoffe, Energien),
- die inländischen Unternehmen im internationalen Maßstab nicht wettbewerbsfähig sind (z. B. hohes Lohnniveau, veraltete Technologie),
- die eigenen Waren im Ausland nicht abgesetzt werden können, da die potenziellen Handelspartner ihren Markt durch Importzölle und andere Handelshemmnisse abschotten.

Ein entscheidender Aspekt für die außenwirtschaftlichen Beziehungen eines Landes sind auch die **Wechselkurse** (vgl. Kap. 2.11) und die **Wechselkurspolitik** der Handelsnationen. Sofern feste Wechselkurse gegeben sind, sind sie nicht selten ein wesentlicher Grund für eine unausgeglichene Leistungsbilanz. Bestes Beispiel dafür ist die Volksrepublik China, die durch die niedrige Festsetzung des Yuan-Kurses dafür sorgt, dass weltweit chinesische Waren verstärkt nachgefragt werden. Der Yuan gilt seit dem Jahr 2008 als stark unterbewertet. Der von der chinesischen Regierung festgesetzte Wechselkurs wirkt wie „Doping" für Chinas Export, sodass das Land die höchsten Exportüberschüsse überhaupt erzielt. So hatte auch Deutschland im Jahre 2014 gegenüber China ein Defizit im Außenhandel zu verkraften; dieses lag aber nur noch bei etwa 5 Mrd. Euro, während es im Jahr zuvor noch etwa 8 Mrd. Euro betrug und im Jahr 2008 über 25 Mrd. Euro. Da die Währung für alle Mitglieder der Eurozone einheitlich ist, hat aber auch die Frage, welche Zahlungsbilanz mehr aussagt, die nationale oder die der Europäischen Währungsunion, eine gewisse Berechtigung.

**Entwicklung der Salden der Teilbilanzen der Kapitalbilanzen 2000–2014** (Angaben in Mrd. Euro ca.)

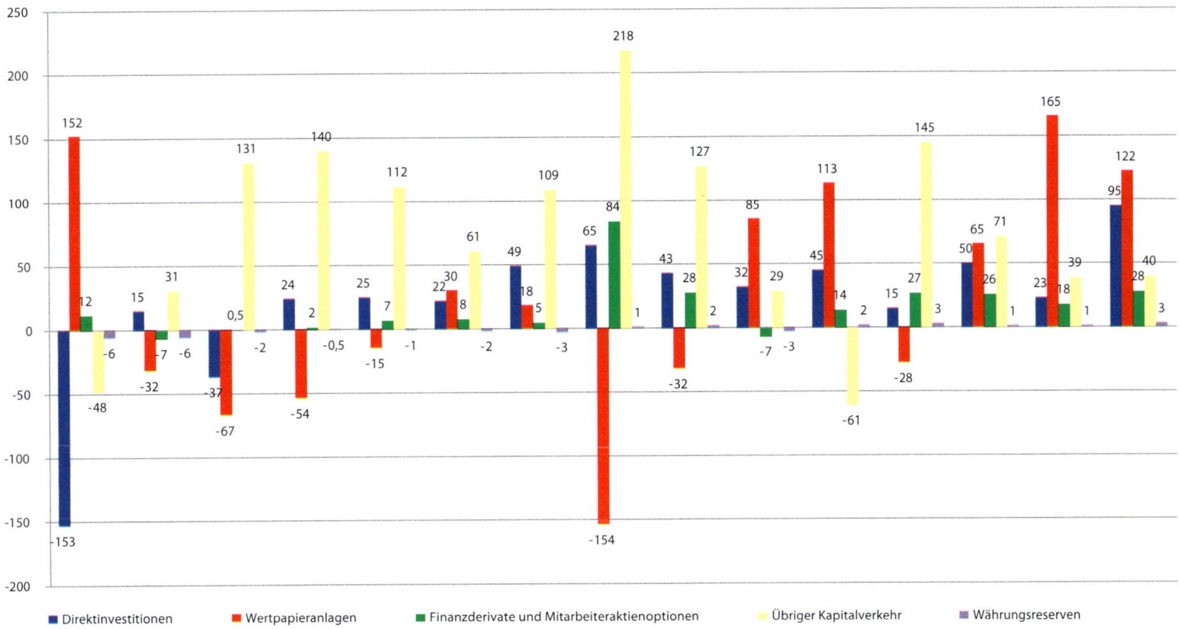


*Abb. 3.13: Die Teilbilanzen der deutschen Kapitalbilanzen*

**Aussagekraft der deutschen Zahlungsbilanz zur Wechselkursentwicklung**

Einschränkend sei aber gesagt, dass ihre Aussagekraft für die Wechselkursentwicklung mit der Einführung des Euro an Bedeutung verloren hat. Denn in unserer Zahlungsbilanz werden viele EWU-interne Transaktionen verbucht – z. B. Exporte nach Frankreich –, die in der gemeinsamen Währung Euro abgewickelt werden. Mit ihnen gehen keine Devisenbewegungen mehr einher, der Wechselkurs des Euro wird hiervon also nicht berührt. [...] Die nationalen Zahlungsbilanzen sind nun gewissermaßen nur noch von regionaler Bedeutung.

Quelle: Deutsche Bundesbank (Hrsg.): Geld und Geldpolitik, 2007, S. 130

## Fragen und Aufgaben

**8.** Nennen Sie die Teilbilanzen, die von folgenden wirtschaftlichen Transaktionen betroffen sind:
   - **a)** Eine deutsche Großbank gewährt einem spanischen Unternehmen einen Investitionskredit.
   - **b)** Im Rahmen der Entwicklungshilfe wird ein Windkraftwerk kostenlos in ein südafrikanisches Land geliefert.
   - **c)** Der deutsche Automobilzulieferer A beteiligt sich am amerikanischen Automobilkonzern B.
   - **d)** Der französische Lebensmittelkonzern R lässt dänischen Käse durch eine deutsche Spedition nach Frankreich transportieren.
   - **e)** Deutscher Hopfen wird nach China geliefert.
   - **f)** Der französische Hotelangestellte J aus Straßburg arbeitet in der deutschen Grenzstadt Kehl und bezieht deshalb sein Gehalt aus Deutschland.
   - **g)** Familie Huber verbringt ihren Skiurlaub in Österreich. Das nötige Geld nimmt die Familie bar mit ins Nachbarland.

**9.** Beschreiben Sie die tendenzielle Entwicklung des Warenhandels über die deutschen Grenzen hinweg mithilfe der Abb. 3.9 und 3.12.

**10.** Nennen Sie mögliche Gründe für die Entwicklung der Primär- und Sekundäreinkommen (vgl. Abb. 3.12).

**11.** Ermitteln Sie mithilfe aktueller Monatsberichte der Deutschen Bundesbank (über die Homepage der Bundesbank abrufbar: https://www.bundesbank.de/Navigation/DE/Veroeffentlichungen/Monatsberichte/monatsberichte.html) die Salden der verschiedenen Teilbilanzen der Zahlungsbilanz und tragen sie diese in eine Übersicht in Anlehnung an Abb. 3.11 ein.

**12.** Erklären Sie die Entstehung der negativen Salden in den Dienstleistungsbilanzen Deutschlands (vgl. Abb. 3.12).

## 3.5 Theoretischer Leistungsbilanzausgleich bei flexiblen (freien) Wechselkursen

Zu den grundlegenden Wechselkurssystemen gehören das System der festen Wechselkurse und das der flexiblen Wechselkurse (vgl. Kap. 2.12). Einer freien Marktwirtschaft adäquat sind völlig flexible Wechselkurse, da der Preis der Währung – wie sonst auch – nur durch Angebot und Nachfrage gebildet wird. So führt beispielsweise eine Erhöhung der Nachfrage nach Euro aus dem Dollarraum – bei unverändertem Angebot – zu einem Anstieg des Eurokurses. Ein solcher Anstieg des Kurses wird als **Aufwertung** bezeichnet, das Fallen des Kurses als **Abwertung**. Auf- und Abwertungen hängen eng zusammen. Falls der Kurs des Euro von 1 € = 1,40 US-$ auf 1 € = 1,30 US-$ sinkt, bedeutet dies gleichzeitig, dass der Dollar teurer wird, also aufgewertet wird. Ein Dollar ist in diesem Beispiel vor der Aufwertung 0,7142 Euro wert, nachher 0,7692 Euro.

#### Wirkungen von Auf- und Abwertungen auf die Leistungsbilanz

Angenommen, ein deutscher Exporteur bietet eine Maschine zum Preis von 100 000 Euro an. Nach der oben dargestellten Abwertung des Euro bei gleichzeitiger Aufwertung des Dollars kostet die Maschine für den amerikanischen Importeur nicht mehr 140 000 Dollar, sondern nur noch 130 000 Dollar. Die Preissenkung aufgrund der Kursentwicklung wird normalerweise zu einer Erhöhung der Nachfrage führen, die deutschen Exporte steigen. Umgekehrt werden die Importe aus den USA zurückgehen, da nun eine Maschine aus diesem Land, die dort 100 000 Dollar kostet, umgerechnet nicht mehr für 71 420 € zu haben ist, sondern für 76 920 Euro.

Die veränderten Nachfrageverhältnisse bleiben nicht ohne Auswirkungen auf die Devisenkurse. Zunehmender Export bedeutet steigendes Angebot an ausländischen Zahlungsmitteln (hier US-Dollar), abnehmender Import fallende Nachfrage nach ausländischen Zahlungsmitteln. Durch beide Vorgänge fällt der Kurs des US-Dollar bzw. steigt der Kurs des Euro. Dadurch kehren sich die Verhältnisse hinsichtlich Export und Import in beiden Ländern wieder um.

Flexible Wechselkurse sind somit theoretisch dazu geeignet, ein Gleichgewicht in der Leistungsbilanz zu erreichen. Modellhaft ist dieser Vorgang in Abb. 3.15 dargestellt (2-Länder-Modell, S. 81).

#### Modell und Realität

Auch wenn es so aussieht, als ob der **Wechselkursmechanismus** bei flexiblen Wechselkursen zu einer ausgeglichenen Leistungsbilanz führen würde, ist dies meist nur in der Theorie der Fall. Die beiden Länder stehen in der Realität mit zahlreichen anderen Ländern in Handelsbeziehungen, von denen viele feste Wechselkurse haben und deren Regierungen die Wechselkurse unabhängig von den ökonomischen Verhältnissen festlegen, z. B. künstlich niedrig halten, um Exporterfolge zu erzielen (vgl. die Volksrepublik China).

Ein anderer Aspekt ist der, dass Export- und Importüberschüsse nicht ohne Rückwirkung auf das Preisniveau im In- und Ausland bleiben. Exportüberschüsse erhöhen den **inländischen Geldumlauf**, da die Exporteure die Devisen in die einheimische Währung umtauschen, um ihre Arbeitskräfte, ihre Zulieferer usw. bezahlen zu können. Aufgrund des erhöhten Geldumlaufs ist mit **Preissteigerungen** zu rechnen. Bei Importüberschüssen kommt es wegen der sinkenden Nachfrage zu einer Stabilisierung des Preisniveaus.

Entscheidend ist jedoch auch, dass ein Teil der zu exportierenden Waren und Dienstleistungen gegen Kredit erworben wird, wodurch kein unmittelbarer Zahlungsvorgang ausgelöst wird, sodass auf dem Devisenmarkt unmittelbar keine entsprechende Nachfrage erfolgt. Ein ganz wesentlicher Aspekt ist, dass Angebot und Nachfrage nach ausländischen Zahlungsmitteln entscheidend von den **Kapitaltransfers** beeinflusst werden. Diese hängen nicht direkt mit den Vorgängen in der Leistungsbilanz zusammen, sondern erfolgen meist aus Spekulationsgründen im Zusammenhang mit der Wechselkursentwicklung. Devisengeschäfte ohne warenwirtschaftlichen Hintergrund sind weitaus häufiger als solche mit diesem. So betrug der entsprechende Tagesumsatz am internationalen Devisenmarkt 2013 durchschnittlich mehr als 5,3 Billionen US-Dollar.

Im Übrigen vernachlässigen marktwirtschaftliche Modelle häufig den Zeitfaktor. Wirtschaftssubjekte reagieren im Modell mit unendlicher Geschwindigkeit. Dies ist im realen Außenhandel nicht möglich. Viele Geschäfte ziehen sich oft über Jahre hin, etwa der Aufbau einer Fabrikanlage im Ausland.

Auch sind für Außenhandelsgeschäfte nicht nur die Wechselkurse ein Entscheidungsfaktor, sondern auch andere Faktoren wie z. B. das Kriterium „Made in Germany" oder Außenhandelsbeschränkungen.

**Zwei-Länder-Modell bei flexiblen Wechselkursen: Theoretischer Leistungsbilanzausgleich**

| **Land A** (z. B. USA) | **Land B** (z. B. Deutschland) |
| --- | --- |
| Ausgangssituation: Leistungsbilanzungleichgewicht zwischen A- und B-Land (A-Land: Defizitland | B-Land: Überschussland) |
| ↓ | ↓ |
| steigendes Angebot A-Währung, hohe Nachfrage B-Währung | hohe Nachfrage B-Währung, hohes Angebot A-Währung |
| ↓ | ↓ |
| Wechselkurs der A-Währung fällt | Wechselkurs der B-Währung steigt |
| ↓ | ↓ |
| Sachgüter und Dienstleistungen des Landes A werden für Nachfrager aus Land B billiger | Sachgüter und Dienstleistungen des Landes B werden für Nachfrager aus Land A teurer |
| ↓ | ↓ |
| Export steigt, Import nimmt ab (Leistungsbilanzdefizit wird abgebaut) | Export sinkt, Import steigt (Leistungsbilanzüberschuss wird abgebaut) |
| ↓ | ↓ |
| steigende Nachfrage nach Währung von A-Land, sinkende Nachfrage nach Währung von B-Land | sinkende Nachfrage nach Währung von B-Land, steigende Nachfrage nach Währung von A-Land |
| ↓ | ↓ |
| Wechselkurs der A-Währung steigt | Wechselkurs der B-Währung fällt |
| ↓ | ↓ |
| Sachgüter und Dienstleistungen des Landes A werden für Nachfrager aus Land B teurer | Sachgüter und Dienstleistungen des Landes B werden für Nachfrager aus Land A billiger |
| ↓ | ↓ |
| Export sinkt, Import steigt | Export steigt, Import sinkt |
| usw. | usw. |

Ausgeglichene Leistungsbilanzen in A- und B-Land bei freien Wechselkursen

*Abb. 3.15: Zwei-Länder-Modell*

**Fragen und Aufgaben**

**13.** Wiederholen Sie die Bedingungen des sogenannten „Vollkommenen Marktes", unter denen die Kursbildung bei flexiblen Wechselkursen theoretisch stattfindet!

**14.** Begründen Sie, warum es sich bei dem „Zwei-Länder-Modell" nur um ein Modell handelt!

**15.** Ermitteln Sie durch eine Internetrecherche die Kursentwicklung zwischen Dollar und Euro sowie die Entwicklung der Handelsbeziehungen (Export und Import) zwischen den USA und Deutschland und ermitteln Sie eventuelle Zusammenhänge hinsichtlich einer ausgeglichenen Bilanz Warenhandel! Untersuchen Sie, ob ansatzweise eine Erklärung nach dem Zwei-Länder-Modell möglich ist, bzw. suchen Sie nach Gründen, falls dies nicht möglich ist!

**16.** Beurteilen Sie die Relevanz der Kaufkraftparitätentheorie (vgl. Kap. 2.11) für das Zwei-Länder-Modell!

## 3.6 Freihandel und Protektionismus

**Streit um Zölle für Autoreifen**

Die Regierung von Präsident Barack Obama entschied am Freitagabend, chinesische Autoreifen von Ende September an mit einer 35-prozentigen Einfuhrsteuer zu belegen. Bisher hatte der Zoll nur fünf Prozent betragen. Ein Sprecher des Weißen Hauses begründete diesen drastischen Schritt damit, dass die amerikanische Reifenindustrie vor eindeutigen Beeinträchtigungen durch die günstige Konkurrenzware aus China geschützt werden müsse. [...]
Die neue Importbeschränkung richtet sich ausdrücklich nicht gegen andere Produktgruppen oder andere Länder. Dennoch könnte sie weltweit eine Debatte um den Freihandel auslösen [...].
Doch die Angst vor einer Rückkehr des Protektionismus ist in vielen exportorientierten Ländern groß, gerade auch in Deutschland, wo Großkonzerne und hochspezialisierte Mittelständler die ausländischen Absatzmärkte benötigen. In der deutschen Metall- und Elektroindustrie etwa hängen zwei Drittel der Arbeitsplätze am Export. Unternehmer beobachten mit Sorge, dass in vielen Ländern die Bereitschaft zur Abschottung gestiegen ist, seit die Weltkonjunktur vor einem Jahr abstürzte.

Quelle: Moritz Koch: Obama legt sich mit China an, Süddeutsche Zeitung, 14.9.2009, S. 17

**Protektionismus unter Kontrolle**

Experten und Politiker hatten mit Beginn der Wirtschaftskrise vor einer weltweiten Rückkehr des Protektionismus und seinen Folgen gewarnt. Als abschreckendes Beispiel galt die Weltwirtschaftskrise in den 1930er-Jahren. Damals hatten viele Staaten ihre Märkte mit hohen Zöllen und anderen Handelshemmnissen abgeschottet und so die globale Krise noch verschärft.
„Einige G20-Mitglieder, wie etwa Brasilien, Indien, China und Indonesien, haben sogar Einfuhrerleichterungen angekündigt beziehungsweise durchgeführt", heißt es nun in dem aktuellen Bericht. Eine Entwarnung geben die Experten jedoch nicht: Denn trotz einzelner Erleichterungen hätten zahlreiche G20-Länder Zölle auf bestimmte Produkte erhoben, etwa auf landwirtschaftliche Erzeugnisse, Eisen, Stahl, Fahrzeuge, chemische Produkte sowie Textilien.

Quelle: Hardenberg, Christiane von: Protektionismus unter Kontrolle. In: Financial Times Deutschland, 15.9.2009

### Leitbild des Freihandels

Freihandel meint, den internationalen Waren-, Dienstleistungs- und Kapitalverkehr von allen Einschränkungen und Behinderungen zu befreien. Grundlage ist die Idee des Wirtschaftsliberalismus: Im uneingeschränkten Wettbewerb setzen sich danach die besten Güter und Produktionsmethoden durch, die freie Preisbildung nach Angebot und Nachfrage sorgt für den bestmöglichen Ausgleich zwischen den Interessen der Produzenten und Konsumenten und die Arbeitsteilung erhöht den Wohlstand der Länder. Obwohl jeder sein Eigeninteresse verfolgt, gewinnen alle (vgl. Adam Smith). Ordnungspolitisch entspricht dieses Leitbild jenem der freien Marktwirtschaft, d. h. der Entscheidungsfreiheit der Wirtschaftssubjekte wird oberste Priorität eingeräumt. Der Staat gewährleistet diese Entscheidungsfreiheit durch ein Regelwerk.

### Leitbild des Protektionismus

Beim Protektionismus oder Außenhandelsmonopol wird vom Grundsatz der zentralen Planung der Außenwirtschaftsbeziehungen ausgegangen. Eine Entscheidungsfreiheit der Wirtschaftssubjekte ist nicht gegeben und nur der Staat ist berechtigt, die außenwirtschaftlichen Beziehungen abzuwickeln und zu kontrollieren. Generelles Ziel protektionistischer Maßnahmen ist der Schutz der einheimischen Wirtschaft vor ausländischer Konkurrenz. Zu diesem Zweck werden mit unterschiedlichen Instrumenten Ausfuhren erleichtert und Einfuhren erschwert.

Quelle: Kaminski, Hans (Hrsg.): Ökonomie. Braunschweig, 2005, S. 481

### Deutschlands Außenwirtschaft – zwischen Freihandel und Protektionismus

Die Realität der Außenwirtschaftsbeziehungen der Länder der Erde bewegt sich zwischen den Extremen völligen Freihandels und der vollkommenen Kontrolle des Außenhandels durch den Staat mit dem Ziel der Autarkie (völliger Unabhängigkeit der Volkswirtschaft eines Landes vom Ausland). Jene Länder, deren Volkswirtschaften hohe Exportüberschüsse erzielen, sind für den Freihandel und die völlige Öffnung der Märkte, während z. B. Entwicklungsländer, deren Unternehmen dem weltweiten Wettbewerb noch nicht standhalten können, häufig protektionistische Maßnahmen ergreifen. Zudem gibt es einzelne Wirtschaftsblöcke (wie z. B. die EU), innerhalb derer zollfrei gehandelt werden kann, die sich aber nach außen abschotten. Aus diesem Grund sieht sich die Exportwirtschaft Deutschlands einem weltweiten Mosaik von Staaten, die sich in unterschiedlichen Stadien des Freihandels oder des Protektionismus befinden, gegenüber.
Für Deutschland als grundsätzlichem Befürworter des freien Handels bedeutet dies, dass seine Unternehmen die Produktion über den Binnenbedarf hinaus ausweiten können, da deutsche Produkte weltweit wettbewerbsfähig sind. Für die Menschen hierzulande bedeutet dies umgekehrt auch, dass sie Produkte aus der ganzen Welt

konsumieren können, und zwar zu relativ niedrigen Preisen – eine Folge der internationalen Arbeitsteilung aufgrund absoluter und komparativer Kostenvorteile (vgl. Kap. 3.3), was nicht zuletzt auf dem internationalen Wettbewerb und dem daraus resultierenden Innovationsdruck beruht. Es müssen ständig neue und preisgünstige Produkte hergestellt und vertrieben werden, um auf dem Weltmarkt zu überleben.

Protektionistische Maßnahmen wie Importquoten der EU sollen die heimische Wirtschaft vor der ausländischen Konkurrenz schützen. Dies kann jedoch für das Inland von Nachteil sein, wenn

- die Handelspartner zu Vergeltungsmaßnahmen greifen, indem sie ebenfalls protektionistische Maßnahmen einführen,
- die Vorteile der internationalen Arbeitsteilung nicht mehr ausgenützt werden können,
- andere Länder ihre Importe beschränken müssen, da sie weniger exportieren können,
- durch den „außenwirtschaftlichen Schutzzaun" die Innovationsfähigkeit und -bereitschaft der inländischen Unternehmen nachlässt,
- die inländischen Verbraucher wegen des Schutzes vor der ausländischen Konkurrenz höhere Preise bezahlen müssen.

**Instrumente der Außenhandelspolitik**

**Zölle:** Beim Import eines Gutes wird auf den Wert ein bestimmter Prozentsatz als eine Art von Steuer erhoben, die an den Staat abzuführen ist. Zölle verfolgen den Zweck, dem Staat Einnahmen zu verschaffen oder die heimische Wirtschaft zu schützen (Schutzzoll).

**Kontingente (Importquoten):** Dies ist eine mengenmäßige Beschränkung beim Import bestimmter Güter. So durften zeitweise nur bestimmte Mengen von Pullovern, T-Shirts usw. aus China in die EU importiert werden.

**Nichttarifäre Handelshemmnisse:** Es handelt sich um Handelsbeschränkungen, die nicht Zölle (tarifäre Handelshemmnisse) sind. Darunter fallen insbesondere bürokratische Hemmnisse aller Art, um den Import von Gütern zu erschweren oder zu verhindern. Dazu zählen z. B. technische Vorschriften und zeit- bzw. kostenaufwendige Einfuhrformalitäten. Legendär ist folgendes Beispiel: Japan hat zeitweise den Import von ausländischen Skiern mit dem Argument verhindert, dass aufgrund der klimatischen Verhältnisse die Schneekristalle und damit der Schnee auf Japans Skipisten anders strukturiert sei als überall sonst auf der Welt und dass deshalb Japans Skifahrer vor Verletzungen durch fremde Produkte geschützt werden müssten, da diese die japanischen Verhältnisse nicht berücksichtigten. Ähnlich absurd ist der Erlass eines früheren amerikanischen Präsidenten, der den Import von Schweizer Käse davon abhängig machte, dass die Löcher darin nicht zu groß seien.

**Dumping:** Inländische Güter werden unter den Produktionskosten im Ausland verkauft.

**Exportsubventionen:** Sie dienen z. B. dazu, überschüssige Agrarprodukte im Ausland zu vermarkten (um etwa innerhalb der EU „Butterberge" oder „Milchseen" abzubauen).

**Exportbürgschaften** garantieren dem inländischen Unternehmen den Eingang der Zahlung bei Verkauf einer Ware in ein Land mit Zahlungsschwierigkeiten („Hermesbürgschaft" der Bundesrepublik Deutschland, eine Art Versicherung für Exporteure).

**Ausfuhrzölle** spielen keine große Rolle. Sie werden erhoben, wenn z. B. eine Ware im Inland knapp ist, um den Export zu verhindern und so die heimischen Verbraucher zu versorgen.

**Ausfuhrverbote:** Ganz verboten sind z. B. in Deutschland Waffenexporte in bestimmte Regionen der Erde.

**Devisenbewirtschaftung** wird von manchen Ländern mit Leistungsbilanzdefiziten praktiziert. Der Import von Gütern ist nur dann möglich, wenn eine staatliche Stelle dem Importeur vorher die benötigte Devisenmenge zugeteilt hat. Dadurch können Importe beschränkt werden.

**Überblick: Maßnahmen der Außenhandelspolitik**

| Importe | Exporte | Währung | Internationale Abkommen |
|---|---|---|---|
| • Zölle<br>• Kontingente (Quoten)<br>• nichttarifäre Handelshemmnisse | • Dumping<br>• Exportsubventionen<br>• Exportbürgschaften<br>• Ausfuhrbeschränkungen | • Wechselkurssystem (frei oder fest)<br>• Paritätsänderung<br>• Devisenbewirtschaftung | • Zollabkommen (z. B. GATT)<br>• Währungsabkommen (z. B. Internationaler Währungsfonds)<br>• Gemeinsamer Markt (z. B. EU) |

**Fragen und Aufgaben**

**17.** Stellen Sie Vor- und Nachteile des Freihandels und des Protektionismus in einer Übersicht gegenüber!

**18.** Begründen Sie die Notwendigkeit von Ausfuhrverboten!

# 3.7 Grenzen nationaler Wirtschaftspolitik in einer globalisierten Weltwirtschaft

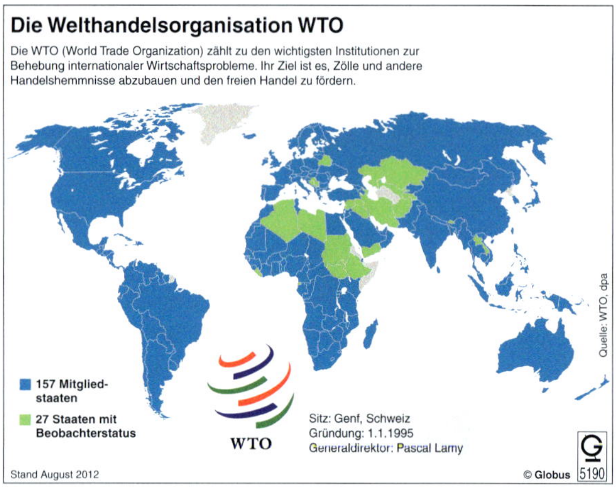


*Abb. 3.16: Die Welthandelsorganisation WTO*

In den letzten 45 Jahren ist der globale Handel viel stärker angestiegen als die weltweite Produktion von Gütern. Die **Internationalisierung der Wirtschaft** wird gemeinhin mit dem Begriff der **Globalisierung** gleichgesetzt. Die Entstehung von weltweiten Märkten für Waren und Dienstleistungen sowie Kapital ist eine Folge

- sinkender Transportkosten (z. B. Containertechnik),
- verbesserter Informations- und Kommunikationstechniken (z. B. Internet),
- des Zusammenbruchs des Sozialismus und des Endes des Kalten Krieges und des damit verbundenen Spannungsabbaus,
- der Einführung marktwirtschaftlicher Strukturen in den ehemaligen Staatshandelsländern,
- der wirtschaftlichen Liberalisierung in den meisten Ländern der Erde in den 1980er- und 1990er-Jahren
- und des weltweiten Abbaus von Zöllen und anderen (auch nichttarifären) Handelshemmnissen.

### Globalisierung von Finanzproblemen

Wie sehr der Globalisierungsprozess Grenzen überschreitet und dabei gravierende Wirkungen hat, zeigte die Finanzkrise ab dem Jahr 2008. Ausgelöst vor allem durch hohe Kredite im Immobiliensektor der USA, denen die Deckung fehlte, gerieten Hypothekenbanken und andere amerikanische Geldinstitute in große Schwierigkeiten. Der Zusammenbruch der global operierenden Investmentbank Lehman Brothers leitete schließlich eine weltweite Finanzkrise ein. Ursache hierfür war nicht nur, dass mit den USA die größte Volkswirtschaft der Welt betroffen war, sondern vor allem die globale Vernetzung des Finanzsektors. [...]

Quelle: Korby, Wilfried u. a. (Hrsg.): Fundamente. Stuttgart, 2014, S. 351

### Deutschland – Mitglied der tragenden Säulen der globalen Weltwirtschaftsordnung

Deutschland ist Mitglied der WTO und damit muss es sich in seiner Außenhandelspolitik den Regeln dieser Organisation unterwerfen. Jedoch ist mit einer weiteren Liberalisierung des Welthandels in absehbarer Zeit nicht zu rechnen. In verschiedenen Konferenzen und Verhandlungsrunden konnte keine Einigung über den weiteren Abbau von Importzöllen und Exportsubventionen von Agrargütern erzielt werden. Die Gegensätze zwischen Entwicklungs- bzw. Schwellenländern und Industrieländern waren zu groß.

Die tragenden Säulen der globalen Weltwirtschaftsordnung sind neben der WTO der **Internationale Währungsfonds** und die **Weltbank**, die Regeln und auch Hilfen für den globalen Finanzmarkt zur Verfügung stellen. Die Weltbank vergibt langfristige Darlehen an Entwicklungsländer, wobei sie das benötigte Geld auf den Kapitalmärkten aufnimmt. Die Ziele des Internationalen Währungsfonds (International Monetary Fund, IMF) sind die Förderung der internationalen Zusammenarbeit auf dem Gebiet der Währungspolitik, die Förderung des Welthandels und die Bereitstellung von finanziellen Mitteln, wenn ein Mitglied Zahlungsbilanzprobleme hat. In beiden genannten Organisationen ist Deutschland ein wichtiges Geberland.

### EU – Rahmengeber für die außenwirtschaftlichen Beziehungen Deutschlands

Die Mitgliedschaft Deutschlands in der Europäischen Union ist das entscheidende Moment für seine außenwirtschaftlichen Beziehungen. Während es einerseits etwa zwei Drittel seiner Exporte mit EU-Staaten abwickelt, kann es andererseits die institutionellen Regelungen für den Außenhandel nicht selbst bestimmen. Der freie Waren-, Kapital- und Dienstleistungsverkehr innerhalb der Wirtschaftsgemeinschaft zählt zu den tragenden Säulen der EU überhaupt. Jedoch darf nicht übersehen werden, dass die EU an ihren Grenzen einen hohen Zaun zum Schutz von Agrargütern errichtet hat. So wird bei der Einfuhr von Agrarprodukten aus dem Nicht-EU-Raum ein sogenannter Abschöpfungssatz (auch als Einfuhrabgabe bezeichnet) erhoben, um diese Produkte so teuer wie EU-Produkte zu machen. Im Grunde handelt es sich hier trotz anderer Bezeichnung um einen Schutzzoll. Umgekehrt werden z. B. im Falle des Exports von Zucker jährlich mehrere 100 Mio. Euro aufgewendet, um die Produktionsüberschüsse auf den Weltmärkten loszuwerden. Die Subventionen sind nötig, da die Erzeuger einen weit über dem Weltmarkt liegenden Preis bezahlt bekommen.

**Gemeinsame Handelspolitik in der EU**
Die Mitgliedsstaaten haben ihre gesetzgeberische Kompetenz in der Handelspolitik mit Drittstaaten an die europäische Ebene abgegeben. Art. 133 des EG-Vertrages gibt der EU das Recht, geeignete Maßnahmen zur Verfolgung einer einheitlichen europäischen Handelspolitik zu ergreifen. Die gemeinsame Handelspolitik besteht aus der **autonomen Handelspolitik** (interne Maßnahmen der EU wie z.B. die Anti-Dumping-Verordnung) und aus der **vertraglichen Handelspolitik** (externe Maßnahmen wie Außenhandelsabkommen mit Drittstaaten). Als Zollunion hat die EU einen gemeinsamen Zolltarif nach außen.

**TTIP (Transatlantic Trade and Investment Partnership) – Handels- und Investitionsfreiheit zwischen der EU und den USA?**
Seit einem Jahr verhandeln die EU und die USA über das größte Freihandelsabkommen der Geschichte – die beiden Regionen stehen für rund ein Drittel des Welthandels. [...] Für die deutsche Exportindustrie sind die USA weltweit Exportziel Nummer zwei – rund 8 Prozent der deutschen Warenexporte werden für den US-Markt hergestellt. Etwa 600 000 Arbeitsplätze hängen schätzungsweise direkt oder indirekt an den deutschen Warenexporten in die USA. [...] Die geschätzten ökonomischen Auswirkungen sind sowohl für die Verbraucher als auch für die Wirtschaft positiv. Sie ergeben sich aus einem Abbau der bereits recht niedrigen Zölle [...]. Vor allem aber winken Wohlstandsgewinne durch die kostenreduzierende Verringerung von nicht tarifären Barrieren [...], die im EU-US-Handel durchschnittlich wie ein Zoll von etwa 20% wirken.
[...] Trotz dieser Vorteile herrscht eine kontroverse öffentliche Debatte über TTIP in Deutschland [...]. Während die Forderung der Kritiker nach ausreichender Transparenz gerechtfertigt ist, machen die Skeptiker beim Thema Verbraucherschutz mit fragwürdigen Argumenten den Menschen in unverhältnismäßiger Weise Angst. Zum Beispiel ist das sog. Chlorhühnchen, das zum Symbol für den TTIP-Protest geworden ist, nach wissenschaftlichen Erkenntnissen nicht gesundheitsschädlich. [...] Beim Thema Investitionsschutz haben die TTIP-Skeptiker dagegen zu Recht auf erhebliche Unzulänglichkeiten der bislang üblichen Investor-Staat-Streitschlichtungsverfahren hingewiesen und Verbesserungen angemahnt.

Quelle: Galina Kolev: TTIP: Mehr als Handelsliberalisierung. IW policy paper, 11/2014, S. 2

*Abb. 3. 17 TTIP – ein Trojanisches Pferd?*

**Global Governance**
Die Weltwirtschaftskrise 2008/2009 stellte in aller Deutlichkeit klar, dass viele wirtschaftliche Probleme globaler Natur und auf nationaler Ebene nicht mehr zu lösen sind. So wird der Ruf nach einer Global Governance bzw. World Governance immer lauter.

**Global Governance:** In Abgrenzung zu Vorstellungen von einem Weltstaat wird mit diesem Begriff die Möglichkeit des Regierens jenseits des Staates angesprochen. Im Unterschied zum klassischen Regieren steht die Kooperation und Moderation in politischen Netzwerken im Mittelpunkt: um den globalen Problemdruck zu bewältigen, sollen Regierungen mit inter- und supranationalen Organisationen und mit Nichtregierungsorganisationen (NGOs) zusammenarbeiten [...]. Angesichts der vielfachen gegenseitigen Abhängigkeiten, etwa im Bereich der Umwelt, können Nationalstaaten alleine diese Probleme nicht mehr lösen, so das Argument. Nur mit Global Governance können sie die verloren gegangene Steuerungsfähigkeit zurückgewinnen und den Märkten wieder Zügel anlegen.

Quelle: Thomas Greven/Christoph Scherrer: Globalisierung gestalten, Weltökonomie und soziale Standards. Bonn 2005, S. 125

**Fragen und Aufgaben**

**19.** Beurteilen Sie die Möglichkeiten Deutschlands, durch gesetzliche Regelungen autonom auf seine Außenhandelsbeziehungen Einfluss zu nehmen!

**20.** Diskutieren Sie die Bedeutung der EU-Agrarpolitik für Deutschland und für die Entwicklung der Länder der Dritten Welt!

**21.** Nennen Sie die Ursachen des fortschreitenden Globalisierungsprozesses!

**22.** Führen Sie eine Internetrecherche zum Thema Global Governance durch mit dem Ziel, Vorschläge für eine gerechtere Weltwirtschaftsordnung zu erstellen, die sowohl die Interessen der Industrie- als auch der Entwicklungsländer berücksichtigt!

**23.** Interpretieren Sie die Karikatur „TTIP – ein Trojanisches Pferd?"!

Kaufvertrag
Zwischen den Parteien wird
Fahrzeug PKW
41707
Für dieses Fahrzeug

# II Recht der Leistungsstörungen

## 4 Systematik des Rechts der Leistungsstörungen

# 4 Systematik des Rechts der Leistungsstörungen

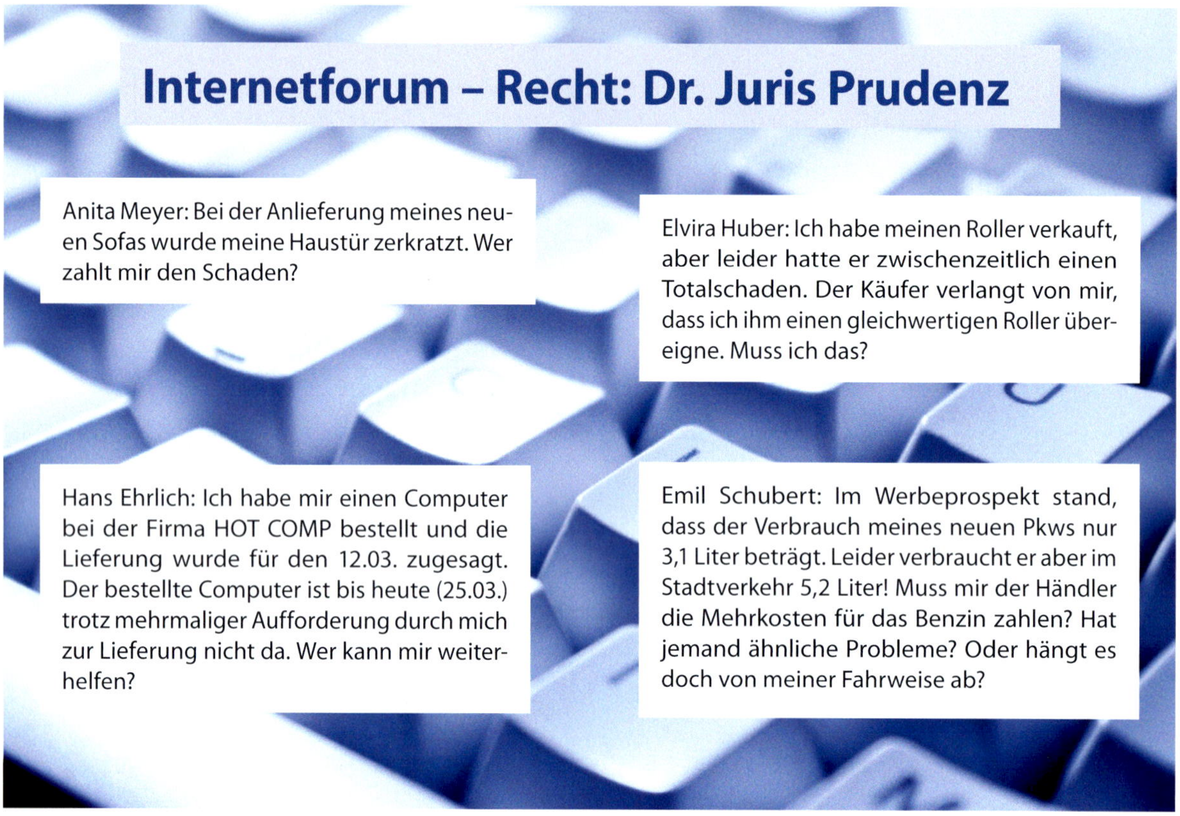


## 4.1 Leistungsstörungen im Überblick

Im alltäglichen Leben wird eine Vielzahl von Verträgen ordnungsgemäß abgewickelt. **Ordnungsgemäß** ist eine Leistung dann, wenn sie am **richtigen Ort**, zur **rechten Zeit** und in der **richtigen Art und Weise** erbracht wird. Ist dies nicht der Fall, liegt eine Leistungsstörung vor. Der Begriff **Leistungsstörung** besagt also, dass es bei der Abwicklung von Verträgen zu Störungen kommt. Möglicherweise erfüllt jemand seine Pflichten überhaupt nicht, verspätet oder nicht sorgfältig.

Ist ein Schuldverhältnis ordnungsgemäß erfüllt worden, erlischt es. Tritt aber eine Leistungsstörung ein, so stehen dem Käufer – je nach der Art der Pflichtverletzung – bestimmte Rechte zu.

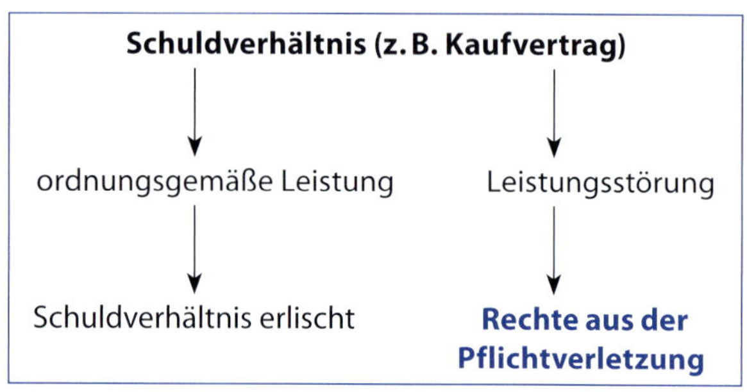


*Abb. 4.1: Schuldverhältnis und Erfüllung*

Im Wesentlichen unterscheidet man folgende vier Grundtypen von Pflichtverletzungen:

**Fall 1:** Der Schuldner erbringt seine Leistung später als von den Parteien vereinbart, also nicht rechtzeitig.

V und K schließen am 12.12. einen Kaufvertrag über ein Snowboard ab. Dieses soll am 20.12. übereignet (= Übergabe und Einigung über den Eigentumsübergang) werden. V vergisst diesen Termin völlig und liefert erst am 07.01. K muss sich deshalb im Skiurlaub ein Snowboard mieten.

**Fall 2:** Der Schuldner ist nicht in der Lage, die vertraglich vereinbarte Leistung zu erbringen.

V verkauft an K am 12.12. ein speziell für ihn angefertigtes Snowboard. Durch eine Gasexplosion wird das für K bestimmte Snowboard zerstört. V kann das Snowboard nicht mehr übereignen.

**Fall 3:** Der Schuldner erfüllt zwar seine Leistung zum vereinbarten Zeitpunkt, aber er erfüllt seine Verpflichtung nur „schlecht".

V verkauft an K Snowboardschuhe und erfüllt den Kaufvertrag, indem er dem K die Snowboardschuhe übergibt und ihm das Eigentum daran verschafft. Einer der Stiefel ist aber mangelhaft, da sich bereits nach dem ersten Tragen die Sohle löst.

**Fall 4:** Der Schuldner erbringt zwar die Leistung, aber eine nichtleistungsbezogene Nebenpflicht wird verletzt.

Beim Betreten des Ladens von V, um sich dort ein Snowboard zu kaufen, stolpert K über einen Werkzeugkasten, der achtlos von V stehen gelassen wurde.

Entsprechend den oben angeführten Beispielen teilt man die Leistungsstörungen in vier Gruppen auf:

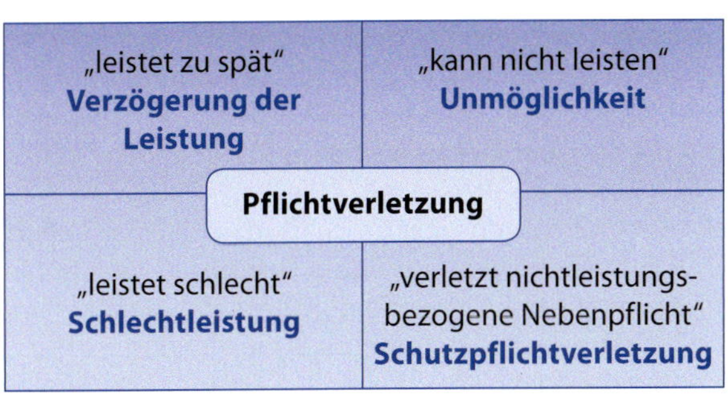


*Abb. 4.2: Übersicht Pflichtverletzungen*

**Verzögerung der Leistung**: Die Leistung könnte erbracht werden, wird aber nicht rechtzeitig erbracht.

**Unmöglichkeit**: Die Leistung kann überhaupt nicht mehr erbracht werden.

**Schlechtleistung**: Die Leistung wird erbracht, aber mangelhaft (**mangelhafte Leistung**).

**Schutzpflichtverletzung**: Neben den vertraglichen Haupt- und Nebenleistungspflichten hat der Schuldner auch Informations-, Beratungs-, Sorgfalts- und Obhutspflichten, die verletzt werden können.

**Hauptpflichten – Nebenpflichten – Schutzpflichten**

Der Verkäufer ist aufgrund eines Kaufvertrages verpflichtet, die Kaufsache dem Käufer zu übergeben und zu übereignen (§ 433 I BGB). Dem entspricht der Anspruch des Käufers, vom Verkäufer die Erfüllung dieser Pflichten zu verlangen.
Die Leistungspflichten kann man weiter unterteilen in Hauptleistungspflichten und Nebenleistungspflichten. So sind etwa im Kaufvertrag die Pflichten zur Übergabe und Übereignung einerseits und zur Zahlung des Kaufpreises andererseits Hauptleistungspflichten. Als Nebenleistungspflicht kommt etwa die Pflicht zur ordnungsgemäßen Verpackung der Sache in Betracht.
Eine andere Art von Pflichten sind die Schutzpflichten. Der Verkäufer des Snowboards aus obigem Beispiel ist so etwa verpflichtet, im Verkaufsraum keine Gegenstände achtlos herumstehen zu lassen, bei denen sich der Käufer verletzen könnte.

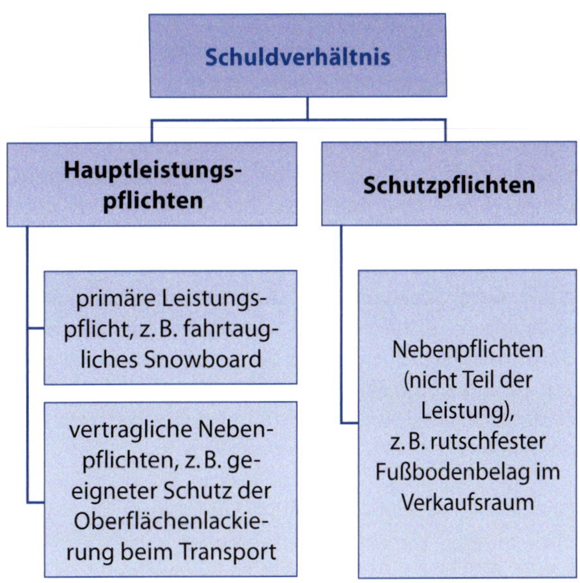


*Abb. 4.3: Übersicht Hauptleistungs- und Schutzpflichten*

## 4.2 Grundlegende Tatbestände

Im Folgenden werden die **grundlegenden Tatbestandsmerkmale** für alle Arten von **Pflichtverletzungen** dargestellt. Diese müssen gegeben sein, wenn Ansprüche aus Pflichtverletzungen geltend gemacht werden sollen. Weitergehende Voraussetzungen, die speziell für die Verzögerung der Leistung oder eine mangelhafte Leistung gelten, werden im jeweiligen Kapitel eingeführt.

**§ 280 I BGB** ist die **zentrale Anspruchsgrundlage** bei Leistungsstörungen. In der Regel können aus einer Pflichtverletzung alleine noch keine Ansprüche geltend gemacht werden. Der Schuldner ist erst dann zum „Ersatz des Schadens" verpflichtet, wenn man ihm grundsätzlich die Pflichtverletzung zurechnen kann, er sie also zu **vertreten** hat. Darüber hinaus gilt der Rechtsgrundsatz „pacta sunt servanda", d.h. man gibt dem Schuldner die Möglichkeit einer zweiten Chance (zweite Andienung), also die bestehende Leistungspflicht doch noch ordnungsgemäß zu erfüllen. Dazu bedarf es in der Regel einer **angemessenen Fristsetzung** durch den Gläubiger

**§ 280 BGB Schadensersatz wegen Pflichtverletzung**

**(1)** Verletzt der Schuldner eine Pflicht aus dem Schuldverhältnis, so kann der Gläubiger Ersatz des hierdurch entstandenen Schadens verlangen. Dies gilt nicht, wenn der Schuldner die Pflichtverletzung nicht zu vertreten hat.

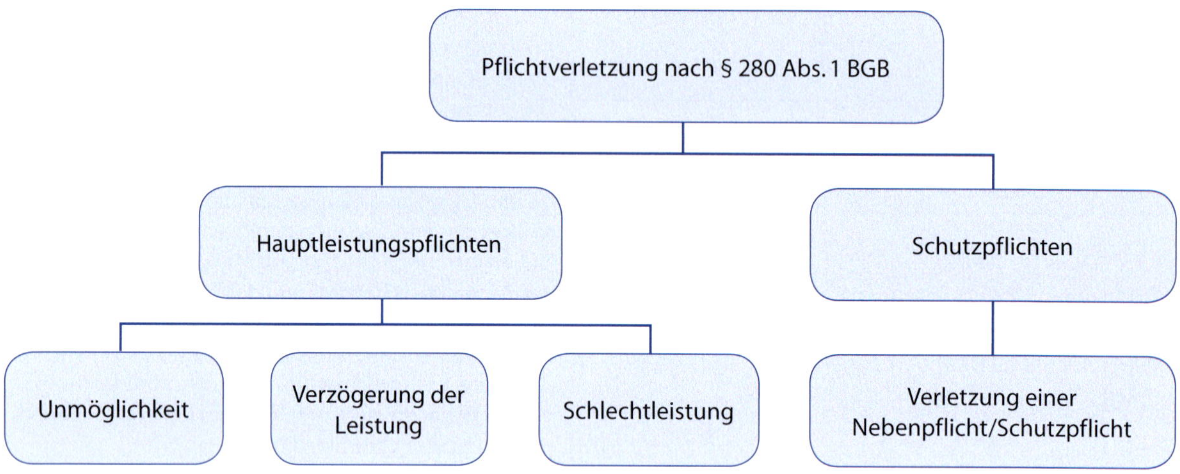


*Abb. 4.4: Übersicht Pflichtverletzungen*

### Vertretenmüssen

Eine Voraussetzung für weitergehende Ansprüche ist also, dass der Schuldner die Pflichtverletzung zu vertreten hat. Das **Vertretenmüssen** ist in § 276 I Satz 1 BGB geregelt. Der Schuldner haftet für **Vorsatz** (Wissen und Wollen, d.h. man rechnet ernsthaft mit dem Eintritt eines Schadens, nimmt dies in Kauf und verändert sein Verhalten nicht) und für **Fahrlässigkeit** (d.h. Wissen und Vertrauen auf das Nichteintreten eines Schadens, vgl. § 276 II BGB). So ist z.B. das Verhalten von V als fahrlässig einzustufen, wenn er meint, es reiche aus, das Snowboard auch noch am 07.01. zu liefern, da er gerade so viel zu tun hat, obwohl der 20.12. vereinbart war. Vorsatz wäre dagegen, wenn er ganz bewusst, weil er sich über den K geärgert hat, nicht liefert.

Der Schuldner kann eine Pflichtverletzung aber auch ohne eigenes Verschulden zu vertreten haben. Im § 276 II BGB wird bestimmt, dass sich eine strengere oder mildere Haftung aus anderen Bestimmungen oder auch aus dem Inhalt des Schuldverhältnisses, insbesondere aus der Übernahme einer **Garantie** oder eines **Beschaffungsrisikos** durch den Schuldner, ergeben kann. Eine Übernahme einer Garantie bedeutet, dass der Schuldner bestimmte Eigenschaften einer Sache garantiert. Fehlt eine solche zugesicherte Eigenschaft, hat der Schuldner diese immer zu vertreten, egal ob er davon Kenntnis hatte oder nicht. Wenn V dem K ausdrücklich zusichert, dass das Snowboard mit einem absolut kratzfesten Oberflächenbelag versehen ist und dann trotzdem die Lackierung beim ersten Fahren abgeht, muss er dies vertreten, auch wenn er nur die Angaben des Herstellers weitergegeben hat.

Bei der Übernahme eines Beschaffungsrisikos versichert V dem K, ein bestimmtes Board, welches er momentan nicht vorrätig hat, zu besorgen. Kann er dies nicht liefern, haftet er unabhängig davon, ob er die Nichtbeschaffbarkeit kannte oder nicht.

Gemäß § 278 BGB haftet der Schuldner auch für ein Verschulden seines gesetzlichen Vertreters und seiner Erfüllungsgehilfen (z. B. eines Angestellten).

Aus dem Wortlaut des § 280 I Satz 2 BGB folgt, dass die Beweislast für das Vertretenmüssen umgekehrt wird, d. h. der Schuldner muss, um die Schadensersatzpflicht abzuwenden, beweisen, dass er die Pflichtverletzung nicht zu vertreten hat. So muss V z. B. nachweisen, dass er das Ablösen der Sohle nicht zu vertreten hat.

## Fristsetzung

Der Gesetzgeber gewährt dem Schuldner die Möglichkeit, das Schuldverhältnis doch noch ordnungsgemäß erfüllen zu können, die sogenannte **zweite Andienung**. Dazu muss der Gläubiger dem Schuldner eine angemessene Frist setzen, in der der Schuldner leisten oder noch erfüllen kann, falls die Sache z. B. mangelhaft war.

**§ 281 BGB Schadensersatz statt der Leistung …**

(1) Soweit der Schuldner die fällige Leistung nicht oder nicht wie geschuldet erbringt, kann der Gläubiger unter den Voraussetzungen des § 280 Abs. 1 Schadensersatz statt der Leistung verlangen, wenn er dem Schuldner erfolglos eine **angemessene Frist** zur Leistung oder Nacherfüllung bestimmt hat.

**§ 323 Rücktritt …**

(1) Erbringt bei einem gegenseitigen Vertrag der Schuldner eine fällige Leistung nicht oder nicht vertragsmäßig, so kann der Gläubiger, wenn er dem Schuldner erfolglos eine **angemessene Frist** zur Leistung oder Nacherfüllung bestimmt hat, vom Vertrag zurücktreten.

Welche Frist als angemessen angesehen wird, hängt vom Einzelfall ab. Eine unangemessene Frist ist aber nicht wirkungslos, sondern wird grundsätzlich in eine angemessene Frist umgewandelt.
Der Gesetzgeber sieht aber auch Fälle vor, bei denen eine Fristsetzung entbehrlich ist, da sie sinnlos wäre oder unbillig für den Gläubiger ist.

**§ 323 II BGB Rücktritt wegen …**

Eine Fristsetzung ist entbehrlich, wenn:

- der Schuldner die Leistung ernsthaft und endgültig verweigert.

V gibt dem K deutlich zu verstehen, dass er das Snowboard nicht mehr liefern wird: „Mit dir mache ich keine Geschäfte mehr!“

- der Schuldner die Leistung bis zu einem im Vertrag bestimmten Termin oder innerhalb einer im Vertrag bestimmten Frist nicht bewirkt, obwohl die termin- oder fristgerechte Leistung nach einer Mitteilung des Gläubigers an den Schuldner vor Vertragsschluss oder auf Grund anderer den Vertragsabschluss begleitenden Umstände für den Gläubiger wesentlich ist (relatives Fixgeschäft).

K benötigt das Snowboard bis spätestens zum 28.02. für eine einmalig stattfindende Skisafari. Dies ist dem V mündlich bekannt gegeben worden (übliche Klauseln: genau, fix präzis, prompt mit Angabe des Leistungszeitpunkts etc.).

- im Falle einer nicht vertragsgemäß erbrachten Leistung besondere Umstände vorliegen, die unter Abwägung der beiderseitigen Interessen den sofortigen Rücktritt rechtfertigen.

V verschweigt arglistig einen Mangel.

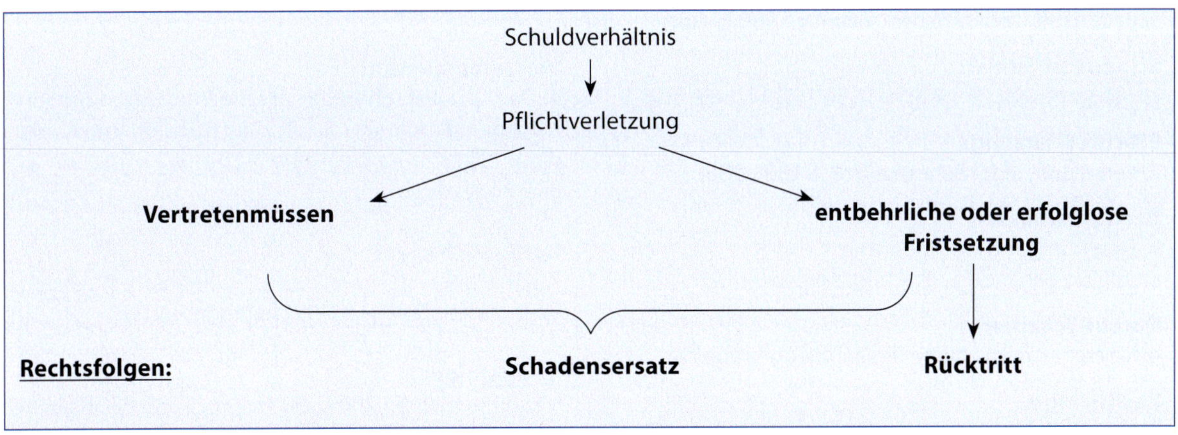


*Abb. 4.6: Grundlegende Tatbestände bei Pflichtverletzungen*

## 4.3 Rechtsfolge: Schadensersatz

Wenn eine Leistungsstörung vorliegt, geht es im Wesentlichen um die Frage, ob die ursprüngliche geschuldete Leistung noch erbracht werden kann. Kann diese Leistung nicht mehr erbracht werden, tritt im Allgemeinen an diese Stelle die **Schadensersatzleistung**.
Wenn der Schuldner die Pflichtverletzung zu vertreten hat, lassen sich je nach Art des Schadens folgende Schadensersatzleistungen unterscheiden:

- Schadensersatz neben der Leistung
- Schadensersatz statt der Leistung

Der **Schadensersatz neben der Leistung** bezieht sich auf alle Schäden, die nicht an der Leistung selbst, sondern im **Umfeld** entstehen und auch nicht mehr durch eine ordnungsgemäße Leistungserbringung ungeschehen gemacht werden können. Die zentrale Anspruchsgrundlage ist der § 280 I BGB. Damit die Voraussetzungen des § 280 I BGB gegeben sind, bedarf es eines Schuldverhältnisses, es muss darüber hinaus eine Pflichtverletzung vorliegen, der Schuldner muss die Pflichtverletzung zu vertreten haben und ein Schaden ist im Umfeld der Leistung entstanden.

Weiterführung von Fall 1, S. 89: V lädt das Snowboard in das Auto von K und verkratzt dabei die Heckscheibe des Fahrzeugs. Kann K von V Schadensersatz nach § 280 I BGB verlangen?

K ist dabei ein Schaden an einem **anderen Rechtsgut** (Heckscheibe) entstanden. Die vertraglich geschuldete Leistung (hier: Snowboard) wurde ordnungsgemäß erbracht.

Schadensersatz neben der Leistung § 280 I BGB:

**Schuldverhältnis?**
1. wirksamer Kaufvertrag nach §§ 145, 147, 433 BGB

**Pflichtverletzung?**
2. Verletzung einer Schutzpflicht (§ 280 I BGB)

**Vertretenmüssen?**
3. Beschädigung des Eigentums von K. V hat nicht sorgfältig gehandelt, also fahrlässig nach § 276 II BGB

**Daraus Schaden?**
4. Kratzer an der Scheibe des Fahrzeuges von K

**Rechtsfolge:**
Schadensersatz neben der Leistung nach § 280 I i. V. m. §§ 249 ff. BGB

Die §§ 249 ff. BGB regeln dem Umfang des Schadenersatzes. Für die beschädigte Scheibe nach § 249 I BGB (Beseitigung der Kratzer) oder nach § 249 II S. 1 BGB (Zahlung des erforderlichen Geldbetrages).

Im Falle des **Schadensersatzes statt der Leistung** gemäß §§ 280 I und III, 281 I BGB kann der Gläubiger nur Ansprüche geltend machen, **soweit** der Schuldner die Leistung nicht wie geschuldet erbracht hat. Voraussetzung ist also, dass die **Leistung an sich nicht ordnungsgemäß** erbracht wurde. Dazu ist es aber nötig, dass der Gläubiger dem Schuldner eine angemessene Frist zur Leistung oder Nacherfüllung einräumt (zweite Andienung).

K benutzt zum ersten Mal das Snowboard und bemerkt, dass sich an einigen Stellen der Belag löst, da V den Belag aus Versehen mit falschem Wachs gepflegt hat. K verlangt eine Nachbesserung innerhalb einer Woche, aber nichts geschieht. K möchte Schadensersatz, weil er nun ein „löchriges" Board hat. Welchen Anspruch hat K gegen V?

K könnte Schadensersatz statt der Leistung nach §§ 280 I und III i. V. m. § 281 I BGB verlangen:

**Schuldverhältnis?**
1. wirksamer Kaufvertrag nach §§ 145, 147, 433 BGB

**Pflichtverletzung?**
2. V hat seine Leistung nicht wie geschuldet erbracht. Es löst sich nach nur einmaliger Fahrt an einigen Stellen der Belag und V hat somit eine Pflichtverletzung i. S. v. § 280 I S. 1 BGB begangen. (Sachmangel, s. Kap. 6)

**Fristsetzung? Fristsetzung ohne Erfolg?**
3. K hat die Nachbesserung innerhalb einer Woche verlangt, somit eine angemessene Frist nach § 281 I S. 1 BGB gesetzt, allerdings ohne Erfolg.

**Vertretenmüssen?**
4. Da V aus Versehen das falsche Wachs genommen hat, hat er fahrlässig i. S. v. § 276 II BGB gehandelt und diese Pflichtverletzung gem. § 280 I S. 2 i. V. m. § 276 I BGB zu vertreten.

**Daraus Schaden?**
5. K hat einen Schaden, da das Snowboard durch den fehlerhaften Belag im Wert herabgesetzt ist.

**Rechtsfolge:**
K kann gemäß §§ 280 I, 281 I i. V. m. § 249 I BGB Schadensersatz statt der Leistung in Höhe der Wertherabsetzung verlangen.

Der Schadensersatz statt der Leistung wird nicht immer den Interessen des Gläubigers gerecht. Daher muss der Gläubiger auch die Möglichkeit haben, **Schadensersatz statt der ganzen Leistung** (§ 280 III BGB) zu verlangen.

Das heißt, der Anspruch auf Erfüllung erlischt (§ 281 IV BGB). Selbstverständlich bedarf es hier strengerer Anforderungen, da die Belastung des Schuldners erheblich sein kann. Daher kann Schadensersatz statt der ganzen Leistung nur verlangt werden, wenn es sich um **eine erhebliche Pflichtverletzung** des Schuldners handelt (§ 281 I BGB) oder der Gläubiger kein Interesse mehr an einer bereits geleisteten Teilleistung hat (§ 281 I BGB). Eine Fristsetzung ist nur dann nicht erforderlich, wenn der Schuldner die Leistung ernsthaft und endgültig verweigert oder wenn besondere Umstände vorliegen, die einen sofortigen Schadensersatzanspruch unter Abwägung beider Seiten rechtfertigen (§ 281 II BGB). Verlangt der Gläubiger Schadensersatz statt der ganzen Leistung, so muss alles bisher Geleistete nach § 281 V i. V. m. §§ 346 bis 348 BGB zurückgegeben werden.

Beispiel für Schadensersatz statt der ganzen Leistung:
K kauft aus einem Sonderangebot bei V das letzte Set mit sechs zusammengehörenden Computerspielen. Wenn eines dieser Computerspiele nicht mehr läuft, kann K das gesamte Set zurückgeben und als Schadensersatz statt der ganzen Leistung von V die eventuell höheren Kosten einer Ersatzbeschaffung verlangen.

## Aufwendungsersatz

Anstelle von Schadensersatzansprüchen statt der Leistung aufgrund einer Pflichtverletzung kann der Gläubiger auch nach § 284 BGB **Ersatz der Aufwendungen** verlangen, die er im Vertrauen auf den Erhalt einer ordnungsgemäßen Leistung gemacht hat und billigerweise machen durfte. Der Gläubiger ist also so zu stellen, als ob es nie zu Verhandlungen gekommen wäre. Auf unser Beispiel bezogen würde dies bedeuten, dass V das Snowboard nicht liefert, aber K sich extra einen Snowboardträger gemietet hätte. Dieser wäre somit eine vergebliche Aufwendung.

| **Anspruchs-grundlage** | **Schadensersatz neben der Leistung: § 280 I BGB** | **Schadensersatz statt der Leistung: §§ 280 I u. III, 281 I BGB** | **Schadensersatz statt der ganzen Leistung: §§ 280 I u. III, 281 I BGB** |
|---|---|---|---|
| Voraussetzungen | 1. wirksames Schuldverhältnis (§ 280 I BGB) | 1. wirksames Schuldverhältnis (§ 280 I BGB) | 1. wirksames Schuldverhältnis (§ 280 I BGB) |
| | 2. Pflichtverletzung, die nicht die Hauptleistung betrifft | 2. Pflichtverletzung – Leistung erfolgt nicht wie geschuldet (§ 281 I BGB) | 2. Pflichtverletzung – Leistung erfolgt nicht wie geschuldet oder nur Teilleistung (§ 281 I BGB) |
| | 3. Vertretenmüssen (§ 280 I i. V. m. § 276 oder § 278 BGB) | 3. Angemessene und erfolglose Fristsetzung (§ 281 II BGB) | 3. Angemessene und erfolglose Fristsetzung (§ 281 II BGB) |
| | 4. daraus Schaden beim Gläubiger | 4. Vertretenmüssen (§ 280 I i. V. m. § 276 oder mit § 278 BGB) | 4. Erheblichkeit der Pflichtverletzung oder kein Interesse des Gläubigers an der Teilleistung (§ 281 I BGB) |
| | | 5. daraus Schaden beim Gläubiger | 5. Vertretenmüssen (§ 280 I i. V. m. § 276 oder mit § 278 BGB) |
| | | | 6. daraus Schaden beim Gläubiger |
| **Rechtsfolge** | Schadensersatz neben der Leistung (§ 280 I BGB) | Schadensersatz statt der Leistung (§§ 280 I u. III, 281 I BGB) | Schadensersatz statt der ganzen Leistung (§§ 280 I u. III, 281 I BGB) |
| | Umfang nach § 249 ff. BGB | Umfang nach § 249 ff. BGB | Umfang nach § 249 ff. BGB |

## 4.4 Rechtsfolge: Rücktritt

Der Rücktritt ist eine einseitige, empfangsbedürftige Willenserklärung (§ 349 BGB), durch die das Vertragsverhältnis beendet und für die Zukunft (*ex nunc*) in ein Rückgewährschuldverhältnis bezüglich der bereits ausgetauschten Leistungen umgewandelt wird. Die Vertragspflichten bestehen in Bezug auf die schon getauschten Leistungen in umgekehrter Richtung als gesetzliche Pflichten.
Im Unterschied dazu führt ein Schadensersatzanspruch das alte Schuldverhältnis fort, wobei an die Stelle der Leistungspflicht eine Schadensersatzpflicht tritt.
Durch den Rücktritt wird der Gläubiger also so gestellt, als ob er sich mit dem Schuldner nie eingelassen hätte. Die Erklärung des Rücktritts ist dem Gläubiger daher anzuraten, wenn er ein schlechtes Geschäft gemacht hat, d.h. mit einem Gewinn nicht zu rechnen ist, und er im Grunde froh sein kann, von dem Vertrag wieder loszukommen.
Quelle: nach Rainer Wörlen, Schuldrecht AT, 9. Auflage, Köln 2008, S. 84

Ein Rücktritt nach § 323 I BGB ist nur ausnahmsweise möglich; grundsätzlich sind Verträge wie vereinbart zu erfüllen (pacta sunt servanda). Wenn allerdings die Durchführung eines Vertrages auf besondere Schwierigkeiten stößt, lässt der Gesetzgeber den Rücktritt zu.
Das Rücktrittsrecht setzt einen **gegenseitigen Vertrag**, z.B. einen Kaufvertrag, voraus. Beim Rücktritt ist es unerheblich, ob der Schuldner die Pflichtverletzung zu vertreten hat, allerdings muss eine Frist gesetzt werden. Der **Rücktritt** wird über die §§ 346 ff. BGB abgewickelt. Der Rücktritt führt zu einer Rückabwicklung des Vertrages, sodass empfangene Leistungen zurückzugewähren sind (§ 346 I BGB). Grundsätzlich müssen dabei alle bereits empfangenen Leistungen zurückgewährt oder es muss Wertersatz geleitet werden, wenn die Sache durch Verschulden des Rücktrittsberechtigten nicht mehr zurückgegeben werden kann. Alle noch nicht erfüllten Ansprüche erlöschen. Generell besteht die Möglichkeit, zusätzlich zum Rücktritt vom Vertrag noch Schadensersatz zu verlangen (§ 325 BGB).

**Voraussetzungen für den Rücktritt**

**Schuldverhältnis?**
1. wirksamer gegenseitiger Vertrag

**Pflichtverletzung?**
2. Pflichtverletzung des Schuldners

**Fristsetzung? Fristsetzung ohne Erfolg?**
3. angemessene Fristsetzung zur Leistung oder Nacherfüllung, erfolgloser Fristablauf

**Erhebliche Pflichtverletzung?**
4. Erheblichkeit der Pflichtverletzung (§ 323 V BGB)

**Ausschluss?**
5. kein Ausschluss gem. § 323 VI BGB

**Fragen und Aufgaben**

1. In § 280 III BGB sind die weiteren Voraussetzungen für Schadensersatz statt der Leistung aufgeführt. Stellen Sie diese in einer Tabelle übersichtlich dar!
2. Für den Rücktritt muss ein gegenseitiger Vertrag vorliegen. Fassen Sie in einer sinnvollen Übersicht zusammen, welche Arten von Verträgen es generell gibt und geben Sie jeweils ein Beispiel an!
3. Legen Sie dar, welche generellen Ansprüche ein Gläubiger in den Fällen 1 bis 4 (Seite 89) geltend machen kann!

## 4.5 Zusammenfassung grundlegender Tatbestände und Rechtsfolgen (beim gegenseitigen Vertrag)

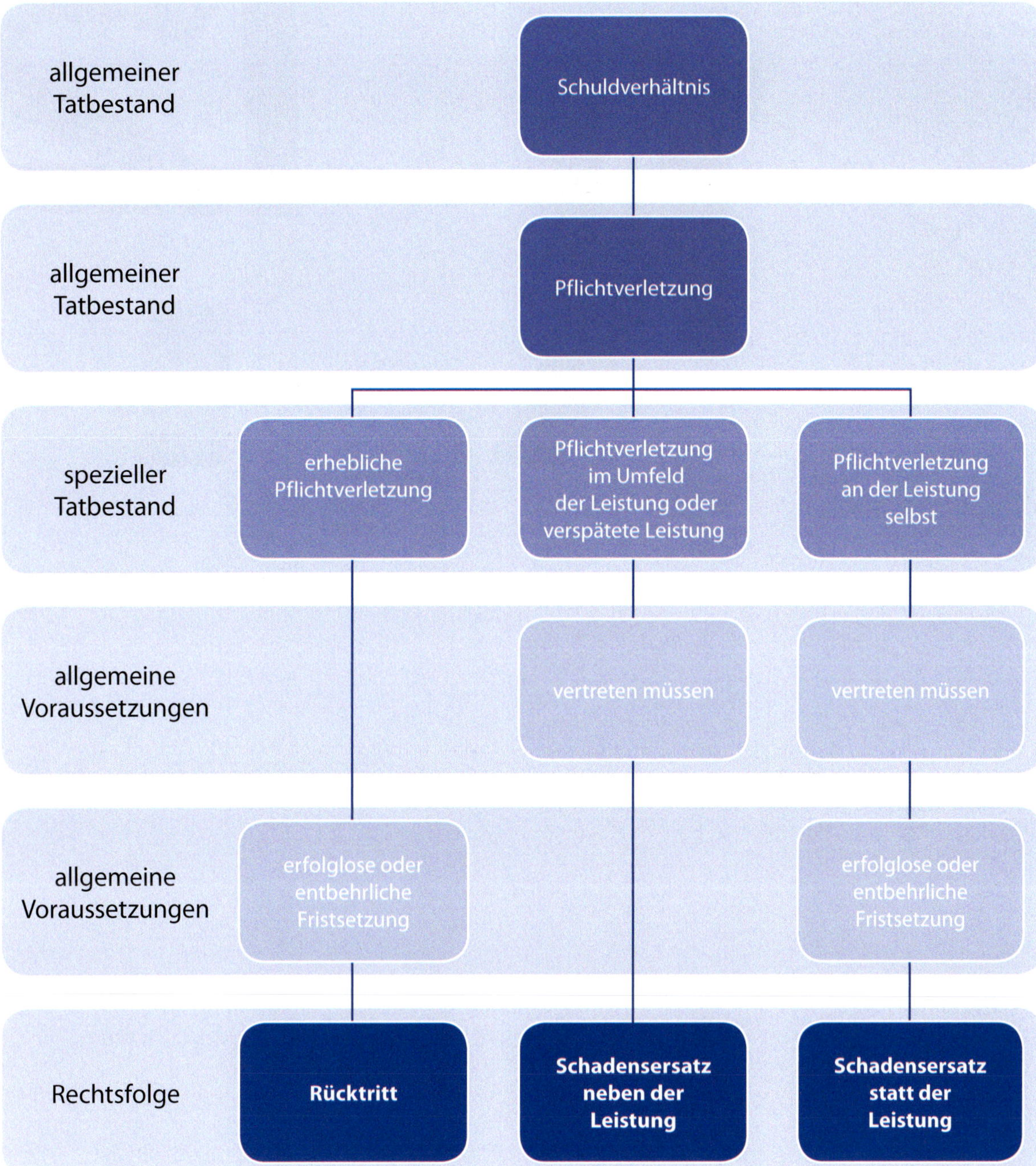

# 5 Verspätung der Leistung beim Kauf

5.1 Verzug als zusätzliche Anspruchsgrundlage

5.2 Rechtsfolgen

5.3 Die Prüfung eines Rechtsfalls

# 5 Verspätung der Leistung beim Kauf

**Das Problem der schlechten Zahlungsmoral**

Schuldner können sich im geschäftlichen Verkehr mit der Zahlung fälliger Schulden nicht Monate Zeit lassen.
Insbesondere kleine und mittlere Unternehmen, die wenig Eigenkapital haben und sich zwischenfinanzieren müssen, sind nachteilig betroffen von einer zögerlichen Zahlungsweise.
Manche Unternehmen können sich die teure Zwischenfinanzierung auch gar nicht leisten und geraten durch die verzögerte Zahlung fälliger Geldforderungen in wirtschaftliche Existenznot.

Quelle: IHK, Frankfurt am Main

*Abb. 5.1: In Verzug*

## 5.1 Verzug als zusätzliche Anspruchsgrundlage

**Verzug** liegt dann vor, wenn der Schuldner die Leistung schuldhaft trotz Mahnung nicht rechtzeitig, d.h. später als vereinbart oder gesetzlich vorgeschrieben, erbringt. Dies bedeutet aber auch, dass die Leistung generell noch erbracht werden kann.

V verkauft K am 15.03. einen Laptop. Die beiden haben vereinbart, dass der Laptop am 18.03. übereignet werden soll. V vergisst den Liefertermin und so muss sich K für einen Vortrag einen Laptop für 50 Euro mieten. V liefert doch noch am 22.03.

**Frage:** Kann K von V den Ersatz der Mietkosten verlangen?

K möchte von V den Ersatz der Mietkosten in Höhe von 50 Euro für den Computer, den er sich ausleihen musste, da V nicht rechtzeitig geliefert hat. Es handelt sich also um einen Verzögerungsschaden. V hat eine Pflichtverletzung (Verzug) nach § 280 I BGB begangen.

K könnte gegen V einen Anspruch auf Ersatz der Mietkosten gem. §§ 280 I BGB und II i.V.m. § 286 BGB wegen Verzugs haben.

In § 280 II BGB wird auf § 286 BGB verwiesen, der die Voraussetzungen beschreibt, unter denen ein Schuldner in Verzug gerät.
Prinzipiell ist eine Leistung nach § 271 I BGB **sofort fällig,** wenn von den Vertragspartnern nichts anderes bestimmt wird. Im Verbrauchsgüterkauf (vgl. Kapitel 7.2) gilt dagegen die Regel, dass bei fehlendem Leistungszeitpunkt die Leistung nicht sofort fällig ist, sondern „unverzüglich", also ohne schuldhaftes Zögern, zu erbringen ist (vgl. § 474 III BGB). Der Zeitraum bis zur Übergabe kann sich bis auf 30 Tage erstrecken (§ 474 III S. 2 BGB). Die Fälligkeit allein führt aber noch nicht zum Verzug (§ 286 I S. 1 BGB). Erst durch eine **Mahnung**, d.h. eine an den Schuldner gerichtete eindeutige Aufforderung des Gläubigers, die Leistung zu erbringen, kommt der Schuldner in Verzug.

In § 286 II Nr. 1–4 BGB werden die Ausnahmen von dieser Grundregel aufgezählt: Eine Mahnung ist nicht nötig, wenn
- für die Leistung eine Zeit nach dem Kalender bestimmt ist (§ 286 II Nr. 1 BGB).

- am 29.03.
- Ende Januar
- Mitte des Monats
- achte Kalenderwoche
- im August

– eine Anknüpfung an ein vorausgehendes Ereignis möglich ist (§ 286 II Nr. 2 BGB).

- bezahlbar 14 Tage nach Rechnungseingang
- zahlbar innerhalb von drei Tagen nach Zugang der Ware
- ein Monat nach Abrechnung
- 160 Tage nach Arbeitsbeginn

– der Schuldner die Leistung ernsthaft und endgültig verweigert (§ 286 II Nr. 3 BGB) oder
– bei besonderen Gründen unter Abwägung der beiderseitigen Interessen der sofortige Verzug gerechtfertigt ist (§ 286 II Nr. 4 BGB).

- Reparatur eines Wasserrohrbruchs
- der Schuldner verhindert durch sein Verhalten den Zugang einer Mahnung
- vertragliche Zusicherung einer unverzüglichen Ausführung

Verzug setzt voraus, dass der Schuldner die Pflichtverletzung i. S. v. §§ 276, 278 BGB zu vertreten hat (vgl. auch § 286 IV BGB). Dies ergibt sich bereits aus dem grundlegenden Anspruch auf Schadensersatz nach § 280 I BGB. Die Folge von Schadensersatzansprüchen soll nur denjenigen Schuldner treffen, der für die Pflichtverletzung im Sinn von § 276 BGB verantwortlich ist. Der Schuldner muss sich selbst entlasten und beweisen, dass er die Pflichtverletzung nicht zu vertreten hat.

### Verzug bei Entgeltforderungen

Ein Zahlungsverzug liegt immer dann vor, wenn der Rechnungsschuldner nach Fälligkeit der Rechnungsforderung und Mahnung zu spät oder gar nicht leistet. Nach § 286 III BGB kommt der Schuldner einer Entgeltforderung (Forderungen aus Lieferung und Leistung von Waren und Dienstleistungen) spätestens auch dann in Verzug, wenn er nicht innerhalb von 30 Tagen nach Fälligkeit und Zugang der Rechnung oder einer gleichwertigen Zahlungsaufstellung leistet.
Die 30-Tage-Regelung gilt gegenüber einem Verbraucher (siehe dazu § 13 BGB und S. 103) nur, wenn er auf diese Folgen in der Rechnung oder Zahlungsaufstellung hingewiesen worden ist.

Ich weise Sie ausdrücklich darauf hin, dass Sie gemäß § 286 III BGB ohne weitere Mahnung in Verzug geraten, wenn Sie diese Rechnung nicht binnen 30 Tagen begleichen.

Generell begründet der Verzug einen Anspruch auf Ersatz des Verzögerungsschadens. Eine **Geldschuld** ist nach § 288 I BGB während des Verzugs zu verzinsen. Bei einem Verbraucher beträgt der Verzugszins nach § 288 I für das Jahr 5 Prozentpunkte über dem jeweiligen Basiszinssatz. Bei einem Unternehmer beträgt dieser 8 Prozentpunkte über dem jeweiligen Basiszinssatz (§ 288 II BGB). Der Rechnungsgläubiger kann aber auch einen höheren Zinssatz verlangen, wenn er z. B. nachweisen kann, dass er einen Bankkredit aufnehmen musste (§ 288 III BGB) oder den Nachweis weiterer Schäden führen kann (§ 288 IV BGB).

### Basiszinssatz (Exkurs)

Der **Basiszinssatz** verändert sich zum 1. Januar und 1. Juli eines jeden Jahres um die Prozentpunkte, um welche der Zinssatz für Hauptrefinanzierungsgeschäfte der Europäischen Zentralbank (EZB) seit der letzten Veränderung des Basiszinssatzes gestiegen oder gefallen ist. Die Deutsche Bundesbank veröffentlicht den jeweils geltenden Basiszinssatz im Bundesanzeiger (§ 247 II BGB). Auf den Basiszinssatz beziehen sich u. a. die **Verzugszinsen**, die dadurch variabel sind.

| Geltungszeitraum | Basiszinssatz | Verbrauchergeschäfte |
|---|---|---|
| 01.01.2002 → 30.06.2002 | 2,57 % | 7,57 % |
| 01.07.2002 → 31.12.2002 | 2,47 % | 7,47 % |
| 01.01.2003 → 30.06.2003 | 1,97 % | 6,97 % |
| 01.07.2003 → 31.12.2003 | 1,22 % | 6,22 % |
| 01.01.2004 → 30.06.2004 | 1,14 % | 6,14 % |
| 01.07.2004 → 31.12.2004 | 1,13 % | 6,13 % |
| 01.01.2005 → 30.06.2005 | 1,21 % | 6,21 % |
| 01.07.2005 → 31.12.2005 | 1,17 % | 6,17 % |
| 01.01.2006 → 30.06.2006 | 1,37 % | 6,37 % |
| 01.07.2006 → 31.12.2006 | 1,95 % | 6,95 % |
| 01.01.2007 → 30.06.2007 | 2,70 % | 7,70 % |
| 01.07.2007 → 31.12.2007 | 3,19 % | 8,19 % |
| 01.01.2008 → 30.06.2008 | 3,32 % | 8,32 % |
| 01.07.2008 → 31.12.2008 | 3,19 % | 8,19 % |
| 01.01.2009 → 30.06.2009 | 1,62 % | 6,62 % |
| 01.07.2009 → 31.12.2009 | 0,12 % | 5,12 % |
| 01.01.2010 → 30.06.2010 | 0,12 % | 5,12 % |
| 01.07.2010 → 31.12.2010 | 0,12 % | 5,12 % |
| 01.01.2011 → 30.06.2011 | 0,12 % | 5,12 % |
| 01.07.2011 → 31.12.2011 | 0,37 % | 5,37 % |
| 01.01.2012 → 30.06.2012 | 0,12 % | 5,12 % |
| 01.07.2012 → 31.12.2012 | 0,12 % | 5,12 % |
| 01.01.2013 → 30.06.2013 | -0,13 % | 4,87 % |
| 01.07.2013 → 31.12.2013 | -0,38 % | 4,62 % |
| 01.01.2014 → 30.06.2014 | -0,63 % | 4,37 % |
| 01.07.2014 → 28.07.2014 | -0,73 % | 4,27 % |
| 29.07.2014 → 31.12.2014 | -0,73 % | 4,27 % |
| 01.01.2015 → 30.06.2015 | -0,83 % | 4,17 % |

*Abb. 5.2: Basiszinssatz (Quelle: http://basiszinssatz.info, aufgerufen am 29.03.15)*

## 5.2 Rechtsfolgen

**Ersatz des Verzögerungsschadens**
Der Schuldner muss den Gläubiger so stellen, als ob er rechtzeitig geliefert hätte. Davon werden insbesondere Aufwendungen umfasst, die der Gläubiger treffen musste, weil die Leistung durch den Schuldner nicht rechtzeitig erbracht wurde. Dazu gehören z. B. Mietaufwendungen, Fahrtkosten, Kosten für einen Rechtsanwalt oder ein entgangener Gewinn (§ 252 BGB). Dies betrifft aber nur die Kosten, die nach Mahnung oder bei deren Entbehrlichkeit nach dem ausschlaggebenden Zeitpunkt entstanden sind.
Darüber hinaus können bei Geldschulden auch Verzugszinsen als Verzögerungsschaden anfallen (§ 288 BGB).

Zurück zum Eingangsfall (Seite 98): Hier müssen nun neben den generellen Voraussetzungen auch die speziellen Voraussetzungen für den Verzug geprüft werden:

**Schuldverhältnis?**
1. V und K haben am 15.03. einen Kaufvertrag nach §§ 145, 147, 433 BGB abgeschlossen.

**Pflichtverletzung?**
2. Pflichtverletzung durch V, hier: Verzögerung der Leistung (§§ 280 I und II i. V. m. 286 BGB).
   V hat zum vereinbarten Termin (18.03.) nicht geleistet.

3. Voraussetzungen des Verzugs:
   Nichtleistung trotz Fälligkeit, Mahnung und Möglichkeit der Leistung
   a) Fälligkeit der Leistung (§ 271 BGB)
   b) Mahnung (§ 286 I oder § 286 II Nr. 1–4 BGB)
   c) Nichtleistung (§ 286 I BGB)

   } zusätzliche Voraussetzungen für den Verzug

   V und K haben einen Termin für die Leistung bestimmt (18.03.). Damit ist eine Mahnung nach § 286 II Nr. 1 entbehrlich. V hat zu diesem Termin nicht geleistet.

**Vertretenmüssen?**
4. Vertretenmüssen des Schuldners (§ 280 I i. V. m. § 276 oder 278 BGB).
   V hat den Liefertermin vergessen. Damit hat er die im Verkehr erforderliche Sorgfalt außer Acht gelassen und fährlässig gehandelt (§ 276 II BGB).

**Daraus Schaden?**
5. Durch den Verzug muss ein Schaden entstanden sein.
   Wenn V pünktlich geliefert hätte, wären die Mietkosten für den Laptop nicht nötig gewesen.

**Rechtsfolge:**
K hat einen Anspruch auf Ersatz der Mietkosten für den Laptop in Höhe von 50 Euro als Verzögerungsschaden gem. § 280 I und II i. V. m. § 286 und § 249 I.

Johann Muster, Kulanzstr. 3, 90210 Irgendwo, Tel. 1234-5678. Fax 1234-5670, E-Mail: JoMuster@xyl.de

**1. Mahnung**

Sehr geehrter Herr Säumig,

leider konnte ich bis zum heutigen Datum keinerlei Einzahlungen Ihrerseits für März 2015 auf meinem Konto feststellen. Hiermit fordere ich Sie nachdrücklich auf, bis zum 30.04. die für März 2015 noch ausstehende Miete in Höhe von XXX,– Euro aus dem seit dem 01.06.2007 zwischen Ihnen und mir bestehenden Mietverhältnis auf untenstehendes Konto zu überweisen.

Mit freundlichen Grüßen
Johann Muster

Quelle: 123recht.net, http://www.123recht.net/Die-erste-Mahnung-_a329_p2.html, 3.12.2009 (bearbeitet)

## Schadensersatz statt der Leistung

In der Regel ist der Gläubiger an einer Erfüllung der verspäteten Leistung noch interessiert. Es kann aber auch Fälle geben, wo der Gläubiger sein Interesse an der Leistung verloren hat und eine verspätete Leistung für ihn somit sinnlos erscheint.

Der volljährige Schüler Alfons und die volljährige Schülerin Nicole vereinbaren am 22.10., dass Alfons Nicole sein Handy verkauft. Das Handy hat in seinem jetzigen Zustand einen Wert von ca. 150 Euro. Alfons soll am 10.11. das Handy an Nicole übergeben. Als das Handy am 10.11. abends immer noch nicht in den Händen von Nicole ist, setzt diese Alfons eine letzte Frist bis zum 13.11. Endlich bringt Alfons am 20.11. das Handy bei Nicole vorbei und räumt ein, dass er den Termin völlig vergessen habe. Nicole verweigert aber die Abnahme, da sie sich inzwischen ein absolut gleichwertiges Handy für 200 Euroals Ersatz beschaffen musste, denn sonst hätte sie nicht auf eine mehrtägige Exkursion mitfahren können, was Alfons wusste.

**Aufgabe:** Prüfen Sie, ob Nicole Schadensersatz in Höhe von 50 Euro statt der Leistung von Alfons verlangen kann!

Als Anspruchsgrundlage käme § 280 I und III i. V. m. § 281 I BGB in Frage:

**Schuldverhältnis?**
1. Zwischen A und N muss ein Schuldverhältnis bestehen (§ 280 I BGB).
→ A und N haben am 22.10. einen Kaufvertrag nach §§ 145, 147, 433 BGB geschlossen.

**Pflichtverletzung?**
2. Pflichtverletzung durch A, hier: Nichterbringung einer fälligen Leistung (Übergabepflicht nach § 433 BGB, fällige noch mögliche Leistung § 281 I BGB)
→ A hat den vereinbarten Übergabetermin (10.11.) nicht eingehalten, sodass eine Pflichtverletzung vorliegt.

**Fristsetzung? Fristsetzung ohne Erfolg? Entbehrlichkeit?**
3. Leistungsaufforderung mit angemessener Frist (§ 281 I BGB, falls nicht nach § 281 II BGB entbehrlich)
→ N hat eine angemessene Nachfrist zur Leistung (13.11.) gestellt, allerdings ohne Erfolg, da auch dieser Termin von A nicht eingehalten wurde.

**Vertretenmüssen?**
4. Vertretenmüssen des Schuldners (§ 280 I i. V. m. § 276 oder 278 BGB)
→ A hat den Übergabetermin vergessen. Damit hat er die im Verkehr erforderliche Sorgfalt außer Acht gelassen und fährlässig gehandelt (§ 276 II BGB).

**Daraus Schaden?**
5. Durch die Nichterbringung der Leistung muss ein Schaden entstanden sein.
→ Wenn A pünktlich das Handy übergeben hätte, hätte sich N die zusätzliche Ausgabe von 50 Euro erspart.

**Rechtsfolge:**
N hat einen Anspruch auf Schadensersatz statt der Leistung nach § 280 I und III i. V. m. § 281 I und § 249 I BGB in Höhe von 50 Euro.

Für den Umfang des zu ersetzenden Schadens gilt § 249 I BGB; danach ist der Gläubiger so zu stellen, als ob das schädigende Ereignis nicht eingetreten wäre. In diesem Falle hätte sich Alfons kein zweites Handy kaufen müssen. Somit ist der Preis für den Ersatzkauf als Schadensersatz statt der Leistung anzusetzen.

## Rücktritt beim gegenseitigen Vertrag

Im Falle eines Schuldnerverzugs beim gegenseitigen Vertrag (Schuldverhältnis mit beiderseitigen Rechten und Pflichten) kann auch § 323 BGB angewendet werden. Wird nach § 323 I BGB eine fällige Leistung nicht erbracht und es wurde eine erfolglose angemessene Fristsetzung durch den Gläubiger bestimmt, kann dieser vom Vertrag zurücktreten. Nach dem Wortlaut des § 323 I BGB muss die Leistung lediglich fällig und zum vertraglich vereinbarten Zeitpunkt nicht erbracht worden sein.
Damit hat der Gläubiger beim gegenseitigen Vertrag also ferner die Möglichkeit, von diesem Vertrag zurückzutreten, wenn eine Pflichtverletzung vorliegt. Im Gegensatz zum Schadensersatzanspruch ist das Rücktrittsrecht unabhängig vom Vertretenmüssen des Schuldners. Dem Gesetzgeber genügt es, dass eine Leistung nicht rechtzeitig erbracht wurde und eine dem Schuldner gesetzte angemessene Frist erfolglos verstrichen ist.

§ 323 V S. 1 BGB besagt, dass der Gläubiger auch dann vom Vertrag zurücktreten kann, wenn er bereits eine Teillieferung erhalten hat und an dieser kein Interesse mehr vorliegt und die Pflichtverletzung erheblich ist. Die Einschränkung, dass der Gläubiger bei unerheblicher Pflichtverletzungen nicht zum Rücktritt berechtigt ist (§ 323 V S. 2), trifft nicht für die Verzögerung der Leistung zu, außer es handelt sich um eine sogenannte Nebenpflicht (z. B. Fotograf kommt der vernommenen Pflicht, das Porträtbild mindestens zwei Wochen in seinem Schaufenster auszustellen, nicht nach). Ein Rücktritt vom Vertrag ist allerdings dann ausgeschlossen, wenn der Gläubiger allein oder überwiegend für den Verzug verantwortlich ist (§ 323 VI BGB).

Am 12.02. verkauft der volljährige Schüler Alfons sein Handy der gleichaltrigen Schülerin Karla für 100 Euro, die diese sofort bezahlt. Die Übereignung soll vertragsgemäß am 15.02. stattfinden. Nachdem Alfons den Liefertermin vergessen hat und auch nach Aufforderung durch Karla am 20.02. nicht liefert, erwirbt Karla bei einem Versteigerer ein gleichwertiges Handy für 80 Euro und fordert die 100 Euro von Alfons zurück.

**Aufgabe:** Prüfen Sie, ob Karla die 100 Euro zu Recht von Alfons fordert!

Der Rücktritt ist eine einseitige **empfangsbedürftige Willenserklärung** (§ 349 BGB), durch die das (ursprüngliche) Vertragsverhältnis beendet und in ein **Rückgewährschuldverhältnis** (§ 346 I BGB), bezogen auf alle bisher schon erbrachten Leistungen, umgewandelt wird. Durch einen Rücktritt wird der Gläubiger so gestellt, als ob das Vertragsverhältnis nie bestanden hätte.

Der Anspruch auf Rückzahlung der 100 Euro gegen Alfons könnte sich aus § 346 I BGB ergeben, wenn Karla wirksam vom Vertrag zurücktreten kann.

**Schuldverhältnis?**
1. Wirksamer gegenseitiger Vertrag
→ Es besteht ein wirksamer Kaufvertrag zwischen A und K nach §§ 145, 147, 433 BGB.

**Pflichtverletzung?**
2. Pflichtverletzung durch den Schuldner wegen Verzögerung der fälligen Leistung
→ A hat das Handy nicht wie vereinbart am 15.02. geliefert, also liegt eine Nichterfüllung einer fälligen Leistung vor.

**Fristsetzung? Fristsetzung ohne Erfolg? Entbehrlichkeit der Fristsetzung?**
3. angemessene Frist zur Nacherfüllung der Leistung, erfolgloser Fristablauf
→ K hat eine angemessene Nachfrist bis zum 20.02. gesetzt. Dieser Termin wurde ebenfalls von A nicht eingehalten.

**Ausschluss?**
4. kein Ausschluss nach § 323 VI BGB, da K keine Verantwortlichkeit für den Verzug hat
Alle Voraussetzungen für den gesetzlichen Rücktritt (§ 323 I BGB) liegen damit vor.

**Rechtsfolge:**
Nach Erklärung des Rücktritts (§ 349 BGB) hat Alfons die bereits empfangene Leistung (100 Euro) zurückzugewähren (§ 346 I BGB).

### Haftungsverschärfung während des Verzugs

§ 287 BGB bestimmt eine erweiterte Haftung des Schuldners während des Verzugs. Er haftet dann nicht nur für jede Fahrlässigkeit, sondern auch für den Zufall. **Zufall** bedeutet, dass weder der Gläubiger noch der Schuldner den Leistungsgegenstand zerstört haben, sondern „höhere Gewalten" im Spiel sind.

Viktor verkauft Adrian seine Jacht für 200 000 Euro und dieser möchte die Jacht wie vereinbart am 15.06 abholen. Allerdings steht er an diesem Datum vergebens am Pier, da Viktor nicht erscheint. In der darauffolgenden Nacht wird die Jacht von einem schweren Sturm heimgesucht und havariert.

Die Jacht wurde durch einen unglücklichen Zufall zerstört, den der Schuldner eigentlich nicht zu vertreten hat. Aber nach § 287 S. 2 BGB haftet er während des Verzugs auch für den Zufall.
Anders verhielte es sich, wenn sich Viktor nicht im Verzug befunden hätte. In diesem Fall würden die Wirkungen des § 287 S. 2 BGB nicht eintreten.

Daran lässt sich ersehen, dass der Gesetzgeber einen gerechten Interessenausgleich schafft. Wer sich freiwillig zu einer Leistung verpflichtet und diese nicht ordnungsgemäß erbringt, unterliegt einer schärferen Haftung als derjenige, der nicht so handelt.

**Ein zweiter Blick lohnt sich**
Die meisten Bürger haben bereits einmal eine Zahlungsfrist versäumt und dafür vom Gläubiger eine Mahnung erhalten. Häufig ist dies mit erhöhten Mahnkosten, Säumniszuschlägen, Strafgebühren oder Ähnlichem verbunden. Nicht alle diese Aufschläge sind aber gerechtfertigt.

**Begrenzte Kosten**
Voraussetzung für die Berechnung von Mahnkosten ist der Schuldnerverzug. Grundsätzlich gilt: ohne Verzug keine Verzugskosten. Zur kostspieligen Verspätung kann es auf verschiedene Arten kommen – etwa wenn ein

Verbraucher trotz einer Mahnung nicht bezahlt. Gleiches gilt, wenn ihm auf einer Rechnung bereits ein konkretes Zahlungsdatum vorgegeben wird und er bis dahin die Forderung nicht begleicht. Zudem kommt ein Schuldner wegen einer Entgeltforderung in Verzug, wenn er nicht innerhalb von 30 Tagen nach Fälligkeit und Zugang einer Rechnung bezahlt – allerdings nur, wenn er auf diesen Automatismus auf der Rechnung besonders hingewiesen wurde. Fehlt ein solcher Hinweis, können Mahnkosten nicht automatisch in Rechnung gestellt werden.

Befindet sich ein Verbraucher in Verzug, so hat er grundsätzlich den dadurch entstandenen Schaden zu ersetzen. Jedoch sind auch hier Grenzen gesetzt. So dürfen für ein zweites Mahnschreiben nur die tatsächlich angefallenen Kosten für Porto und Papier in Rechnung gestellt werden. Alternativ kann ein Pauschalbetrag von höchstens 2,50 Euro berechnet werden. Arbeits- oder Bearbeitungsgebühren dürfen hingegen nicht angesetzt werden. Auch die Kosten für ein Inkassobüro sind nach oben hin begrenzt. Die Rechtsprechung hat anerkannt, dass diese nicht höher sein dürfen als die Kosten für einen Rechtsanwalt, dessen Gebühren gesetzlich vorgegeben sind.

Quelle: Alexander Heinrich: http://www.fazfinance.net/Aktuell/Steuern-und-Recht/Ein-zweiter-Blick-lohnt-sich-5610.html?print=1

**Verzug ist …** **schuldhafte Nichtleistung trotz Fälligkeit und Mahnung.**

Der Wortlaut dieser Definition entspricht nicht zu 100 Prozent dem Wortlaut des BGB, ist aber als eingängiger Merksatz tauglich!

**Verzug ist …** **eine pflichtwidrige Verzögerung einer noch möglichen Leistungshandlung zum Zeitpunkt der Fälligkeit und nach Mahnung aus einem durch den Schuldner zu vertretenden Grund.**

Eine exakte Definition, aber schwer zu merken!

### Fragen und Aufgaben[1]

1. Lesen Sie den obigen Text von Alexander Heinrich und erstellen Sie ein Prüfungsschema zum Verzug einer Entgeltforderung!
2. Veit ist Fahrradhändler, der dem 17-jährigen Konstantin ein Trekkingfahrrad für 150 Euro verkauft. Da sich Konstantin die Summe aus seinem Taschengeld zusammengespart hatte, hielt er es nicht für nötig, seine Eltern zu fragen, ob er sich das Fahrrad kaufen darf. Veit kann erst am 12.05. liefern, weil das Fahrrad noch mit einem besonderen Lenker ausgestattet wird. Konstantin zahlt sofort und weist Veit darauf hin, dass er am 13.05. nachmittags zu einer einwöchigen Klassenfahrt nach Südtirol aufbrechen wird und dort das Fahrrad unbedingt benötigt. Als Konstantin das Rad am Nachmittag des 12.05. telefonisch anmahnt, meint Veit, er sei leider noch nicht dazu gekommen, es fertig zu montieren. Konstantin solle doch in zehn Tagen vorbeischauen. Im Übrigen solle er froh sein, wenn er überhaupt das Fahrrad bekäme, schließlich sei Konstantin erst 17 Jahre alt und somit könne er (Veit) jederzeit vom Vertrag zurücktreten. Konstantin muss sich nun ein gleichwertiges Trekkingfahrrad für 180 Euro bei einem anderen Händler kaufen, um an der Klassenfahrt teilnehmen zu können. Erläutern Sie, ob Konstantin von Veit Schadensersatz verlangen kann!
3. Kohl ist Obst- und Gemüsehändler und bestellt bei Voll zehn Kisten Bananen für 100 Euro. Voll soll am 15.03. liefern, vergisst den Termin aber völlig. Daraufhin tritt der glückliche Kohl vom Vertrag zurück, da er nun die gleiche Menge und Güte an Bananen bei Hafer bestellen kann. Am 16.03. bringt Voll abends die Bananen bei Kohl vorbei. Prüfen Sie, ob Voll die Zahlung verlangen kann!
4. Der Buchhändler Vinke und die volljährige Schülerin Katrin schließen Ende März einen Kaufvertrag über das neue Buch „Abiturvorbereitung im Fach Wirtschaft und Recht" über 19,90 Euro ab. Es wird vereinbart, dass das Buch am 4. April geliefert wird, da Katrin umgehend mit den Abiturvorbereitungen beginnen muss. Vinke liefert nicht, deshalb setzt Katrin ihm eine Frist bis zum 8. April. Als Vinke am 15. April liefern will, lehnt Katrin dies ab, da sie sich schon in einer anderen Buchhandlung das Werk beschafft hat. Legen Sie dar, ob Katrin sich vom Vertrag entbinden kann!

[1] Zur Methodik der Falllösung vgl. Wirtschaft und Recht 11

## 5.3 Die Prüfung eines Rechtsfalls

### Prüfungsschema: Verzögerung der Leistung

**Anspruch auf Ersatz von Verzögerungsschaden: § 280 I und II i. V. m. § 286 BGB**

1. Schuldverhältnis (z. B. § 433 BGB)

2. Pflichtverletzung des Schuldners durch Verzögerung der möglichen Leistung (§ 280 I BGB)

3. Voraussetzungen des Verzugs – Nichtleistung trotz Fälligkeit, Mahnung und Möglichkeit der Leistung (§ 286 I BGB)

   a) Fälligkeit der Leistung (§ 271 BGB)
   b) Mahnung (§ 286 I BGB oder § 286 II Nr. 1–4 BGB)
   c) Nichtleistung (§ 286 I BGB)

4. Vertretenmüssen (§ 280 I BGB i. V. m. § 276 BGB oder § 278 BGB)

5. daraus Verzögerungsschaden beim Gläubiger (§ 280 I BGB)

Rechtsfolge: § 280 I i. V. m. §§ 249 ff., Leistungspflicht besteht weiter (Schadensersatz neben der Leistung)

**Anspruch auf Schadensersatz statt der Leistung: § 280 I und III i. V. m. § 281 I BGB**

1. Schuldverhältnis (z. B. § 433 BGB)

2. fällige noch mögliche Leistung des Schuldners (§ 281 I BGB)

3. Pflichtverletzung des Schuldners durch Nichterbringung der fälligen Leistung (§§ 280 I und III, 281 I BGB)

4. Leistungsaufforderung mit angemessener Fristsetzung (§ 281 I BGB) oder nach § 281 II BGB entbehrlich, erfolgloser Fristablauf (§ 281 I BGB)

5. Vertretenmüssen (§ 280 I i. V. m. § 276 oder § 278 BGB)

6. daraus Schaden beim Gläubiger

Rechtsfolge: § 281 I i. V. m. §§ 249 ff., Erlöschen der Leistungspflicht, § 281 IV BGB

**Gesetzlicher Rücktritt: § 323 I BGB**

1. wirksamer gegenseitiger Vertrag (z. B. § 433 BGB)

2. Pflichtverletzung des Schuldners durch Verzögerung der möglichen Leistung (§ 280 II BGB)

3. angemessene Fristsetzung zur Leistung oder Nacherfüllung (falls nicht entbehrlich § 323 Abs. 2 bis 4 BGB), erfolgloser Fristablauf

4. kein Ausschluss nach § 323 VI BGB

Rechtsfolge: Erklärung des Rücktritts (§ 349 BGB) und Umwandlung in ein Rückgewährsschuldverhältnis, Herausgabe der empfangenen Leistungen (§ 346 I BGB)

## Ausformulierte Fallanalyse im Gutachtenstil

Die volljährige Adelheid kauft beim volljährigen Bert einen gebrauchten Motorroller für 500 Euro. Sie bezahlt sofort. Adelheid weist Bert ausdrücklich darauf hin, dass sie den Roller unbedingt am Montagmorgen für eine Fahrt zur Universität benötigt. Als Übergabetermin wird deshalb Montag 8 Uhr vereinbart. Bert übergibt das Fahrzeug aber bewusst erst am folgenden Mittwoch, da er es noch für diverse Fahrten benötigt. Aus diesem Grund musste sich Adelheid für die Hin- und Rückfahrt zur Universität eine Buskarte für je 2,50 Euro kaufen.

**Aufgabe:** Prüfen Sie, ob Adelheid (A) die Kosten in Höhe von 5 Euro von Bert (B) verlangen kann!

Ein Anspruch auf Ersatz der Kosten der Busfahrten könnte sich aus §§ 280 I, II, 286 BGB ergeben.

**1. Schuldverhältnis?**
B hat an A einen Motorroller verkauft. Damit schlossen sie einen Kaufvertrag, dessen rechtliche Behandlung sich nach §§ 145, 147, 433 BGB richtet. A hat den vereinbarten Kaufpreis in Höhe von 500 Euro sofort beglichen. Als Liefertermin war der kommende Montag, 8 Uhr ausgemacht (§ 271 BGB).

**2. Pflichtverletzung?**
B müsste eine aus dem Schuldverhältnis resultierende Pflicht verletzt haben.
Eine Pflichtverletzung nach § 280 I BGB liegt dann vor, wenn ein Verhalten objektiv nicht dem Schuldverhältnis entspricht.
§ 433 I S. 1 BGB verpflichtet den Verkäufer zur Übergabe der Sache. A hat klar zum Ausdruck gebracht, dass die Übergabe des Motorrollers am Montag erfolgen soll. Somit begeht B mit der verspäteten Übergabe eine Pflichtverletzung nach § 280 I S. 1 BGB.
Zusätzliche Voraussetzungen für Schadensersatz entstehen wegen Verzögerung der Leistung nach §§ 280 II, 286 BGB.

A kann jedoch nach § 280 II BGB nur Schadensersatz wegen der Verzögerung der Leistung unter den zusätzlichen Voraussetzungen des § 286 BGB verlangen.
B müsste sich daher im Schuldnerverzug nach § 286 BGB befunden haben.

**3. Voraussetzungen des Verzugs?**
Unter Schuldnerverzug versteht man die schuldhafte Nichtleistung trotz Möglichkeit, Fälligkeit und Mahnung.

a) Fälligkeit der Leistung
B war nach § 433 I BGB zur Übergabe bis spätestens Montagmorgen verpflichtet.

b) Mahnung
Darunter versteht man die eindeutige und ernsthafte Aufforderung, die Leistung zu erbringen. A hat B nicht gemahnt.
Die Mahnung könnte aber entbehrlich sein.
Nach § 286 II Nr. 1 BGB bedarf es keiner Mahnung, wenn ein kalendermäßig bestimmter Leistungstermin vereinbart wurde.
Entscheidend für das Eingreifen von § 286 II Nr. 1 BGB ist, dass der Leistungszeitpunkt allein durch den Kalender bestimmbar ist, eine bloße Berechenbarkeit genügt hier nicht.
Die Übergabe des Motorrollers sollte am Montagmorgen um 8 Uhr erfolgen. Damit ist dem Erfordernis der kalendermäßigen Bestimmung Genüge getan, eine zusätzliche Mahnung ist entbehrlich.

c) Nichtleistung zum Fälligkeitszeitpunkt
B hatte während des Wochenendes den Motorroller in Besitz. Ihm wäre es daher möglich gewesen, den Motorroller zum vereinbarten Zeitpunkt zu übergeben.

**4. Vertretenmüssen?**
Das Vertretenmüssen wird im § 280 I BGB vermutet. Aus dem Sachverhalt ergibt sich keine widerlegende Vermutung. B hat damit vorsätzlich gehandelt (§ 276 I BGB). Damit ist die Voraussetzung des § 280 I BGB erfüllt.

**5. Daraus Schaden?**
A musste sich ein Busticket für insgesamt 5 Euro kaufen.

**Rechtsfolge:**
Die zusätzlichen Erfordernisse, die § 286 BGB i. V. m. 280 II BGB an einen Schadensersatzanspruch wegen Verzögerung der Leistung stellt, sind erfüllt. Der Umfang des Schadens ergibt sich aus §§ 249 ff. BGB. Danach ist der Gläubiger so zu stellen, als wäre das schädigende Ereignis nicht eingetreten. Das heißt im konkreten Fall: A ist so zu stellen, als hätte B den Motorroller rechtzeitig übergegeben.
A kann folglich die für die Busfahrkarten aufgewendeten fünf Euro von B verlangen.

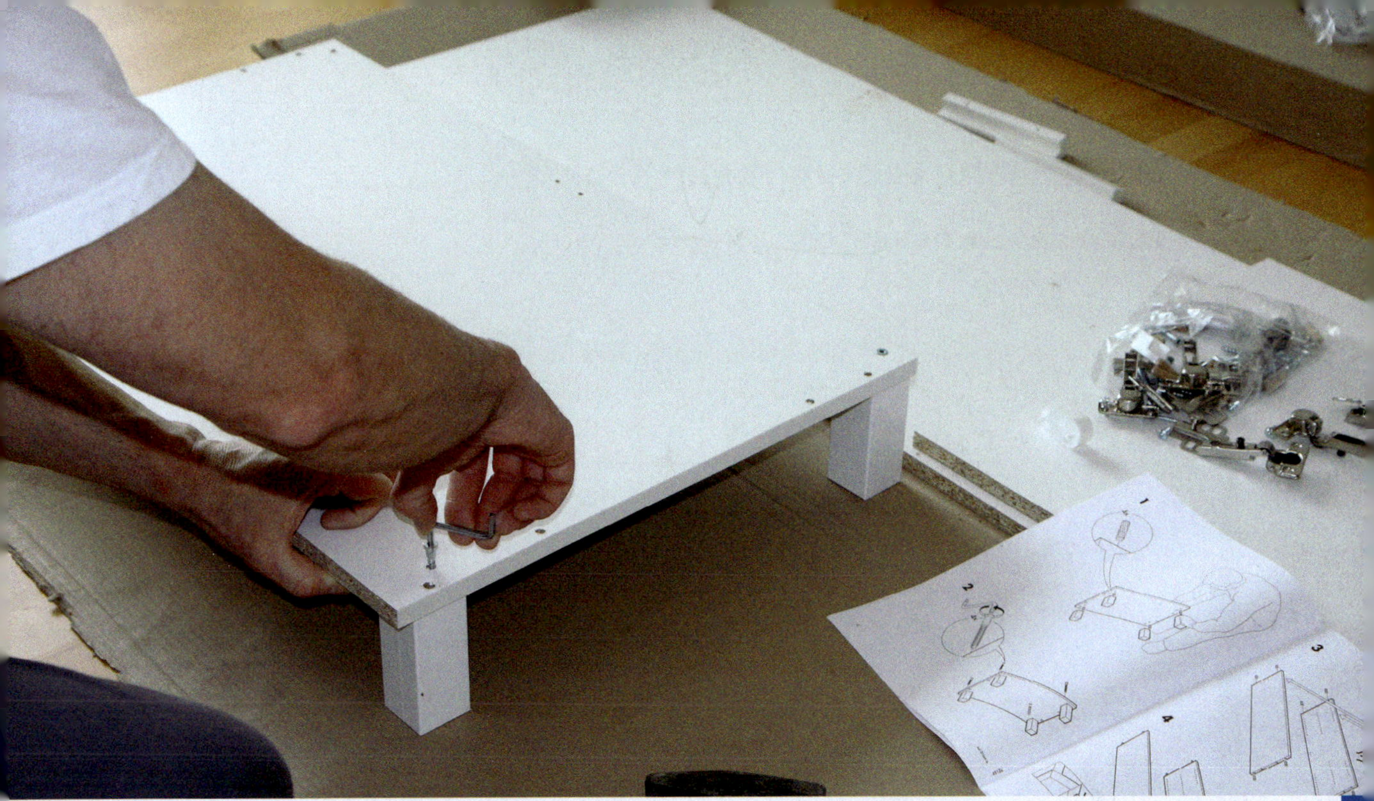

# 6 Mangelhafte Leistung beim Kauf

# 6 Mangelhafte Leistung beim Kauf

## 6.1 Arten des Sachmangels

Der Kauf ist wohl das wichtigste Umsatzgeschäft, bei dem Gegenstände gegen Geld ausgetauscht werden. Der Verkäufer hat nach dem Vertrag die Pflicht, dem Käufer [das Eigentum an] eine[r gekauften] Sache zu verschaffen, also zu übergeben und zu übereignen. Beanstandet der Käufer an dem betreffenden Gegenstand einen Mangel, stellt sich für die Vertragspartner die Frage nach möglichen Gewährleistungsansprüchen. [...] Neben Gewährleistungsansprüchen gegen den eigentlichen Vertragspartner (= Verkäufer) können in bestimmten Fällen noch Ansprüche gegen den Hersteller nach einem besonderen Gesetz, dem Produkthaftungsgesetz, treten.
Häufig wird behauptet, der Verkäufer müsse die Ware innerhalb eines bestimmten Zeitraums auch bei bloßem Nichtgefallen zurücknehmen. [...] Dies trifft jedoch nur dann zu, wenn der Verkäufer die Rücknahme für diesen Fall zugesagt hat oder das Gesetz dem Kunden ein Widerrufsrecht einräumt.

Quelle: IHK Frankfurt am Main, bearbeitet

*Abb. 6.1: Sachmangel*

Nach § 433 I S. 2 BGB ist es beim Kaufvertrag eine vertragliche Pflicht des Verkäufers, dem Käufer die Sache **frei von Sach- und Rechtsmängeln zu übergeben**. Dies heißt, ein Mangel darf zum Zeitpunkt des Gefahrübergangs (§ 446 BGB), in der Regel bei der Übergabe, nicht vorhanden sein. Somit stellt die Lieferung einer mangelhaften Sache eine Pflichtverletzung dar. Ein Rechtsmangel liegt nach § 435 BGB dann vor, wenn die Sache nicht frei von Rechten Dritter ist (z. B. Eigentumsrecht eines Dritten, Nießbrauch, Hypothek). Wann ein **Sachmangel** vorliegt, ist umfangreich in § 434 BGB definiert. Maßstab für das Vorliegen eines Sachmangels ist zunächst, was im Kaufvertrag über die **Beschaffenheit** der Kaufsache vereinbart wurde. Dies führt zur Anwendung eines subjektiven Fehlerbegriffs (§ 434 I BGB).

Aus Energiespargründen kauft sich Familie Emsig einen neuen Kühlschrank. Im Kaufvertrag wird festgehalten, dass der Stromverbrauch nur 64 kWh im Jahr beträgt.

Die Parteien vereinbaren eine 100-prozentige Wasserundurchlässigkeit einer Garagenabdeckung.

Die Traglast eines Kranes wird ausdrücklich Gegenstand eines Kaufvertrages.

Im Kaufvertrag steht, dass die tatsächliche Laufleistung eines gebrauchten Pkw mit dem Kilometerstand übereinstimmt.

Zur Beschaffenheit gehören alle natürlichen Eigenschaften wie Material, Qualität, Zustand, Leistung und Fähigkeiten einer Sache. Die Vertragspartner können auch beliebige Merkmale einer Kaufsache zur Soll-Beschaffenheit erklären.

Wenn keine Beschaffenheit vereinbart wurde, kommt als nächste Stufe der vertraglich vorausgesetzte **Verwendungszweck** (§ 434 I Nr. 1 BGB), also der Gebrauchszweck einer Sache, in Frage. Entscheidend ist hier, was sich die Vertragsparteien als Verwendungszweck vorgestellt haben. Dies geschieht in der Regel dadurch, dass der Käufer dem Verkäufer mitteilt, wozu er den Vertragsgegenstand benötigt. So wird z. B. bei einer Computernutzung hauptsächlich für Spiele im Verkaufsgespräch deutlich, dass ein Computer mit entsprechender Speicherkapazität gewünscht wird.

Verwendungszweck und Beschaffenheit lassen sich nicht immer scharf voneinander trennen. Entspricht die Beschaffenheit einer Kaufsache voll den Vereinbarungen, kann dennoch ein Mangel vorliegen, wenn es an der Verwendungseignung fehlt. So entspricht die Traghöhe eines Krans der Vereinbarung, nicht aber die für den vertraglichen Verwendungszweck erforderliche Tragkraft.

Ist eine bestimmte vertragliche Verwendung nicht vorausgesetzt, dann ist entscheidend, ob die Sache für die **gewöhnliche Verwendung** geeignet ist und ob sie eine Beschaffenheit aufweist, die bei **Sachen gleicher Art üblich** ist und deshalb vom Käufer erwartet werden kann (§ 434 I Nr. 2 BGB). So muss sich beispielsweise ein Geländewagen für Fahrten abseits befestigter Straßen eignen. Darüber hinaus kann ein Käufer auch davon ausgehen, dass der Geländewagen über alle Eigenschaften verfügt, die in der **Werbung** für diesen Geländewagen oder in seiner Produktbeschreibung (z. B. technische Daten) aufgeführt werden (§ 434 I S. 3 BGB).

Von einem Sachmangel spricht man aber auch, wenn die **Montage** durch den Verkäufer oder dessen Erfüllungsgehilfen **unsachgemäß** durchgeführt wurde oder die **Montageanleitung** (*sogenannte Ikeaklausel*) **mangelhaft** ist (§ 434 II BGB).

> Für die Bewertung einer **unsachgemäßen Montage** ist es nicht entscheidend, ob die fehlerhafte Montage auch zu einer Qualitätsminderung geführt hat. Baut beispielsweise der Verkäufer die Schränke einer von ihm verkauften Küche völlig schief ein, dann liegt darin auch ein Sachmangel, selbst wenn die Schränke ohne Weiteres genutzt werden können.
>
> Quelle: nach: Musielak, Grundkurs BGB, München 2007, S. 310

Liefert ein Verkäufer „falsch", d. h. eine **andere Sache** (*aliud*), oder **zu wenig** von einer Sache, so liegt ebenfalls ein Sachmangel vor (§ 434 III BGB).

**Systematik Sachmangel § 434 BGB**

§ 434 **I** BGB
- § 434 I S. 1 BGB: fehlende vertraglich vereinbarte Beschaffenheit
- oder → § 434 I S. 2 Nr. 1 BGB: ungeeignet zur vertraglich vorausgesetzten Verwendung
- oder → § 434 I S. 2 Nr. 2 und S. 3 BGB: ungeeignet zur gewöhnlichen Verwendung
- oder → § 434 I S. 3 BGB: fehlende Eigenschaften nach öffentlicher Äußerung

§ 434 **II** BGB
- § 434 II S. 1 BGB: unsachgemäße Montage
- oder → § 434 II S. 2 BGB: mangelhafte Montageanleitung

§ 434 **III** BGB
- § 434 III Alt. 1 BGB: andere Sache
- oder → § 434 III Alt. 2 BGB: zu geringe Menge

## 6.2 Behebbarer Sachmangel: Voraussetzungen und Rechtsfolgen

### Kenntnis des Käufers

Der Käufer einer Sache hat dann keine weiteren Rechte, wenn er den Mangel bei Vertragsschluss kannte (§ 442 I BGB). Hat der Käufer wegen grober Fahrlässigkeit den Mangel nicht erkannt, haftet der Verkäufer nur, wenn er den Mangel arglistig verschwiegen hat (§ 442 I S. 2 BGB). Ist ein Ausstellungsstück unter dem Hinweis darauf, dass es Kratzer hat, herabgesetzt, kann ein Käufer sich nicht darauf berufen, er hätte das Schild nicht bemerkt. Wenn allerdings ein Verkäufer die Kratzer des Ausstellungsstücks arglistig verschweigt, könnte der Käufer trotzdem Ansprüche geltend machen.

### Überblick über mögliche Rechtsfolgen

Die Rechte des Käufers bei einem behebbaren Sachmangel ergeben sich aus § 437 BGB, der auf weitere Paragrafen (Rechtsgrundverweisung) verweist. Er stellt damit eine Art „Spickzettel" zur Verfügung, da die Rechtsnormen, die als weitere Anspruchsgrundlagen in Frage kommen, aufgelistet sind.

*Abb. 6.2: Überblick: Rechte des Käufers aus § 437 BGB*

### Vorrangigkeit der Nacherfüllung

Karl kauft sich bei Voll ein neues Mountainbike und stellt gleich bei der ersten Fahrt fest, dass die hintere Federung kaputt ist. Da ihm aber das Fahrrad gut gefällt, möchte er nur den Einbau einer neuen Federung.

Wenn eine Sache mangelhaft ist, hat der Käufer gegen den Verkäufer einen Anspruch auf **Nacherfüllung** nach § 437 Nr. 1 BGB. Die Vorrangigkeit dieses Anspruches ergibt sich aus der Hauptleistungspflicht der Erfüllung beim Kaufvertrag. Sowohl für den Käufer als auch für den Verkäufer soll die Möglichkeit zur Nacherfüllung erhalten bleiben (zweite Andienung = pacta sunt servanda). Nacherfüllung bedeutet, dass der Käufer ein **Wahlrecht** zwischen der Beseitigung eines Mangels (**Nachbesserung**) oder der Lieferung einer mangelfreien Sache (**Ersatzlieferung**) hat (§ 439 I BGB). Karl hätte damit auch die Möglichkeit, gegen Rückgabe des defekten ein neues Mountainbike zu verlangen (§ 439 IV BGB).

Allerdings kann dem Verkäufer auch für die durch den Käufer gewählte Nacherfüllung nach § 439 III S. 1 BGB ein **Verweigerungsrecht** zustehen, wenn

- nach § 275 II BGB der Aufwand unangemessen ist oder
- diese nach § 275 III BGB unzumutbar ist und
- mit unverhältnismäßig hohen Kosten verbunden ist.

Entscheidend für die Einzelfallentscheidung ist insbesondere der Wert der Sache im mangelfreien Zustand, die Bedeutung des Mangels und die Frage, ob auf eine Art der Nacherfüllung ohne Nachteile für den Käufer zurückgegriffen werden kann (§ 439 III S. 2 BGB). So kann ein Käufer von einem Paar Schuhe, bei dem die Schnürsenkel fehlen, nicht darauf bestehen, ein neues Paar zu erhalten. Da der Verkäufer sicherlich die Schnürsenkel problemlos nachliefern kann, wäre der Anspruch auf ein neues Paar Schuhe unverhältnismäßig.
Der Verkäufer kann also nicht die Nachbesserung an sich verweigern, sondern nur die durch den Käufer gewählte Art. Alle mit der Nachbesserung verbundenen Kosten hat der Verkäufer zu tragen (§ 439 II BGB).

Karl könnte somit einen Anspruch aus § 437 Nr. 1, 439 I i. V. m. 434 I Nr. 2 BGB geltend machen:

**Schuldverhältnis?**
1. wirksamer Kaufvertrag
→ Zwischen Karl und Voll wurde ein wirksamer Kaufvertrag nach § 145, 147, 433 BGB geschlossen.

**Pflichtverletzung?**
2. Lieferung einer mangelhaften Sache nach § 434 BGB
→ Es liegt ein Sachmangel nach § 434 I Nr. 2 BGB vor, da die hintere Federung nicht funktioniert. Üblich ist, dass beide Federungen funktionieren.

**Fehler bei Gefahrübergang?**

zusätzliche Voraussetzung beim Sachmangel

3. Gefahrübergang §§ 446, 447 BGB
→ Da das Nichtfunktionieren der hinteren Federung bereits bei der ersten Fahrt festgestellt wurde, ist davon auszugehen, dass der Fehler bereits bei Gefahrübergang nach § 446 BGB vorlag.

**Kenntnis des Käufers?**

zusätzliche Voraussetzung beim Sachmangel

4. Kenntnis § 442 BGB
→ Es ist davon auszugehen, dass der Käufer den Fehler nicht kannte.

**Rechtsfolge:**
Anspruch auf Nacherfüllung nach § 437 Nr. 1 i. V. m. § 439 BGB
→ Der Käufer hat prinzipiell ein Wahlrecht zwischen Nachbesserung und Ersatzlieferung. Karl kann nach § 439 I Var. 1 BGB Nachbesserung verlangen. Ein Verweigerungsrecht des Verkäufers besteht bei diesem Fall nicht, da die Voraussetzungen des § 439 III BGB nicht gegeben sind. Der Verkäufer muss alle erforderlichen Aufwendungen tragen.

Ist die Nacherfüllung fehlgeschlagen, kann der Käufer ohne weitere Fristsetzung vom Vertrag zurücktreten, den Kaufpreis mindern oder Schadensersatz verlangen. Generell gilt eine Nachbesserung nach § 440 BGB grundsätzlich nach dem zweiten vergeblichen Versuch als fehlgeschlagen. Diese Vorschrift dient den Interessen des Käufers.

**Anspruch des Käufers auf Nacherfüllung (vorrangiges Recht)**

§ 437 Nr. 1 i. V. m. § 439 BGB

Rechtsfolge **nach Wahl** des Käufers

↓

Nacherfüllung

**Nachbesserung**
Beseitigung des Mangels

oder

**Ersatzlieferung**
einer mangelfreien Sache

Verkäufer hat die zur Nacherfüllung erforderlichen Aufwendungen zu tragen (§ 439 II BGB)

Der Verkäufer kann gem. § 439 III BGB die vom Käufer gewählte Nachbesserung verweigern, wenn

- die Voraussetzungen des § 275 II und III BGB gegeben sind oder
- die Nacherfüllung unverhältnismäßig ist.

## Rücktritt

Sehr geehrter Herr Valentin,

am 02.03. habe ich bei Ihnen einen Pkw der Marke „Definitiv" gekauft und auch sofort bar bezahlt.

Dieser Wagen wurde in Ihrer Ausstellung als „fabrikneu" bezeichnet. Bereits bei meiner ersten Fahrt musste ich aber feststellen, dass der Motor deutliche Geräusche erzeugte und das Getriebe mehrmals krachte. In einer nahegelegenen Werkstatt stellte man dann, wohlgemerkt bei einem fabrikneuen Fahrzeug, einen Motorschaden fest, der nur behelfsmäßig repariert werden konnte.

Ich bin nicht gewillt, mit dieser „Schrottkiste" weiterzufahren und verlange deshalb die Rückzahlung des Kaufpreises. Den Wagen gebe ich selbstverständlich zurück!

Hochachtungsvoll,

Karl Kant

Valentin antwortet darauf, dass er das Vorbringen von Kant nicht nachvollziehen könne und er das Fahrzeug auf keinen Fall zurücknehme und auch den Kaufpreis nicht zurückerstatten werde.
Kant möchte den Wagen aber zurückgeben und den Kaufpreis zurückgezahlt haben.[1] Die Rechte des Käufers bei Mängeln sind in § 437 BGB beschrieben. Danach muss der Verkäufer dem Käufer zunächst ein Recht auf Nacherfüllung (§ 437 Nr. 1 BGB) einräumen.

Allerdings ergibt sich aus § 437 Nr. 2 BGB ein Rücktrittsrecht. Dort wird auf den § 440 BGB und § 323 BGB verwiesen. Der § 323 I BGB räumt dem Verkäufer im Rahmen angemessener Fristsetzung ein prinzipielles Recht zur Nacherfüllung gemäß § 439 I BGB ein. In Absatz 2 des § 323 BGB werden Fälle beschrieben, die eine **Fristsetzung entbehrlich** machen:

- endgültige und ernsthafte Leistungsverweigerung durch den Schuldner (§ 323 II 1 BGB),
- Nichteinhaltung eines festen Termins oder einer Frist für die Leistung, deren genaue Einhaltung dem Gläubiger wesentlich ist, was dieser entweder vor Vertragsschluss dem Schuldner mitteilt oder aus den Umständen der Vertragsschließung zu erkennen ist (§ 323 II 2 BGB),
- Umstände, die (bei Schlechtleistung) bei Abwägung der beiderseitigen Interessen einen sofortigen Rücktritt rechtfertigen (Beispiel: Täuschung des Gläubigers durch Falschangaben). (§ 323 II 3 BGB).

§ 440 BGB stellt die speziellere Vorschrift zum Rücktritt dar. Darin wird sichergestellt, dass ein Rücktritt ohne Fristsetzung möglich ist, wenn

- der Verkäufer beide Arten der Nacherfüllung ablehnt (439 III BGB),
- die dem Käufer zustehende Nacherfüllung fehlgeschlagen oder
- unzumutbar ist.

[1] Bei diesem Fall handelt es sich um einen Verbrauchsgüterkauf (vgl. Seite 124 f.). Für die Falllösung zum Sachmangel ist dieser Umstand jedoch nicht entscheidend.

Ausgeschlossen ist der Rücktritt nach § 323 V und VI BGB bei einer unerheblichen Pflichtverletzung oder wenn der Gläubiger für den Umstand, der ihn zum Rücktritt berechtigt, allein oder überwiegend verantwortlich ist.

Damit könnte im Eingangsfall ein Rücktritt nach §§ 323 I, 346 I BGB möglich sein.
Ein Anspruch auf Rückzahlung des Kaufpreises verbunden mit der Rückgabe des Fahrzeugs könnte sich damit aus § 346 I i. V. m. § 437 Nr. 2 und § 434 I S. 2 Nr. 2 BGB ergeben.

### Schuldverhältnis?

1. wirksamer Kaufvertrag
→ Valentin und Kant haben am 02.03. einen wirksamen Kaufvertrag (§§ 145, 147, 433 BGB) geschlossen.

### Pflichtverletzung?

2. Lieferung einer mangelhaften Sache nach § 434 BGB
→ Nach § 433 I BGB muss der Verkäufer das Auto frei von Sachmängeln übergeben. Nach § 434 I Nr. 2 BGB hat Valentin nicht die vertragsmäßige Leistung erbracht, die ein fabrikneues Auto erwarten lässt.

### Fehler bei Gefahrübergang?

zusätzliche Voraussetzung beim Sachmangel

3. Gefahrübergang § 446 BGB
→ Es ist davon auszugehen, dass der Mangel schon bei der Übergabe vorlag, § 446 BGB.

### Kenntnis des Käufers?

zusätzliche Voraussetzung beim Sachmangel

4. Kenntnis § 442 BGB
→ Kant hatte keine Kenntnis vom Mangel des Autos. Er ist gesetzlich zu keiner Probefahrt verpflichtet und muss sich auch auf die Angaben von Valentin verlassen können.

**Fristsetzung? Fristsetzung ohne Erfolg? Entbehrlichkeit der Fristsetzung?**
5. angemessene und erfolglose Fristsetzung zur Nacherfüllung
→ Eine Nacherfüllung durch die Lieferung eines neuen Autos wäre zwar möglich, aber da Valentin ein angeblich „fabrikneues" Auto ungeprüft mit erheblichem Mangel an Kant verkauft hat, ist das Vertrauensverhältnis der beiden gestört, sodass eine Nacherfüllung gem. § 440 BGB unzumutbar ist. Damit liegen auch besondere Umstände vor, die unter Abwägung beiderseitiger Interessen den sofortigen Rücktritt nach § 323 II Nr. 3 BGB rechtfertigen.

**Erhebliche Pflichtverletzung?**
6. kein Ausschluss nach § 323 V BGB
7. Wenn ein als fabrikneu ausgegebenes Auto einen schweren Motorschaden hat, ist auch eine Erheblichkeit des Mangels bzw. der Pflichtverletzung gegeben (§ 323 V BGB).

**Ausschluss?**
8. Kant hat weder den Sachmangel des Autos zu vertreten noch befand er sich im Annahmeverzug (§ 323 VI BGB).

**Rechtsfolge:**
Nach § 346 Abs. 1 BGB hat Valentin dem Kant den Kaufpreis herauszugeben.

## Gewährleistung und Garantie

**Gewährleistung**: Sie definiert eine Verpflichtung aufgrund des Gesetzes zur Haftung für Mängel, die zum Zeitpunkt des Gefahrübergangs bereits vorhanden waren. Der Gewährleistungszeitraum beträgt nach § 438 I BGB für neue Waren allgemein 24 Monate und kann bei Gebrauchtwaren in den allgemeinen Geschäftsbedingungen (AGB) auf zwölf Monate verkürzt werden. Zugunsten des Verbrauchers wird im Verbrauchsgüterkauf in den ersten sechs Monaten nach Gefahrübergang vermutet, dass die Ware schon zum Zeitpunkt des Gefahrübergangs mangelhaft war (siehe dazu S. 124 f.).
In einer Erklärung oder in der Werbung werden gegenüber dem Verbraucher zusätzlich zu der gesetzlichen Mängelhaftung weitere **Garantien** eingeräumt, die entweder vor oder während des Abschlusses eines Kaufvertrags verfügbar sind. Der Garantiegeber sollte sich nach § 443 BGB mindestens zu einer der folgenden Leistungen verpflichten:
- Erstattung des Kaufpreises,
- Austausch oder Nachbesserung der verkauften Sache,
- Erbringung von Dienstleistungen im Zusammenhang mit der verkauften Sache.

Garantiegeber können sein:
- der Hersteller,
- der Verkäufer oder
- weitere Personen, die am Vertrieb der Sache beteiligt oder interessiert sind.

Die Haftung des Verkäufers aufgrund der gesetzlichen Mängelhaftung darf durch die Garantie nicht ersetzt oder eingeschränkt werden. Die Garantie besteht immer neben bzw. zusätzlich zu den gesetzlichen Gewährleistungsansprüchen.
Durch die Garantie wird die Mangelfreiheit der Kaufsache insgesamt oder das Nichtvorhandensein einzelner Mängel (z. B. „Fahrradlenker – 5 Jahre-Anti-Rost-Garantie") gewährleistet. Darüber hinaus werden auch weitere Anforderungen erfasst, wie eine Garantieübernahme über zukünftige Umstände, z. B. die Zusage eines Verkäufers über den Erlass eines Bebauungsplans.
Bei einer Haltbarkeitsgarantie (§ 443 II BGB) wird dem Käufer zugesichert, dass eine Sache für einen bestimmten Zeitraum eine bestimmte Beschaffenheit behält.
Damit stehen dem Käufer im Garantiefall unbeschadet der gesetzlichen Ansprüche die Rechte aus der Garantie zu.

Sehr geehrte Herr Kunde,

die Power GmbH gewährt Ihnen hiermit Garantie für das Produkt „TFT Farbmonitor XLS 8" für den Zeitraum von 12 Monaten. Der Garantiezeitraum beginnt ab Kaufdatum. Tritt innerhalb des genannten Zeitraums ein Problem mit dem Produkt auf, das auf fehlerhaftes Material oder die Verarbeitung zurückzuführen ist, können Sie das Produkt bei uns einschicken. Unser Reparatur-Service wird das beschädigte Produkt prüfen und gegebenenfalls reparieren. Sollte die Reparatur voraussichtlich mehr als 7 Tage in Anspruch nehmen oder unangemessene Kosten verursachen, stellen wir Ihnen ein Ersatzprodukt zur Verfügung.

## Minderung

Kant kauft sich nun bei seinem Bekannten Vollgas einen gebrauchten „Definitiv" mit Heckspoiler zum günstigen Preis von 2 000 Euro. Normalerweise besitzt ein solches Auto noch einen Wert von 2 500 Euro. Vollgas liefert das Auto allerdings ohne Heckspoiler, den er abmontiert hat. Der Wagen ist ohne Spoiler objektiv 2 000 Euro wert. Kant setzt ihm darauf eine Frist zur Montage eines Spoilers, die Vollgas verstreichen lässt. Kant möchte den Wagen zwar behalten, fordert aber Rabatt für den fehlenden Spoiler.

**Frage:** Prüfen Sie, ob und wie viel Geld Kant von Vollgas verlangen kann!

Dieses Mal will Kant nicht vom Kaufvertrag zurücktreten, sondern das Auto behalten. Allerdings möchte er dafür weniger bezahlen, da das Auto nicht so übergeben wurde, wie er es gekauft hat. Nach § 437 Nr. 2 BGB hat er das Recht, den Kaufpreis zu mindern, wenn die Sache mangelhaft ist. § 437 Nr. 2 BGB verweist neben den §§ 440, 323 und 323 V BGB auf § 441 BGB. Dies bedeutet, dass die Voraussetzungen für den Rücktritt auch für die Minderung vorliegen müssen. Danach kann der Käufer nur mindern, wenn er eine Frist zur Nacherfüllung gesetzt hat, sofern diese nicht entbehrlich ist. § 441 I BGB lässt eine Minderung ***statt*** des Rücktritts zu, allerdings muss der Fehler bei einer Minderung des Kaufpreises **nicht erheblich** sein (§ 441 I S. 2 BGB und § 323 V S. 2 BGB).

**Minderung**: § 437 Nr. 2, 2. Var. i. V. m. § 441 BGB

**Schuldverhältnis?**

1. wirksamer Kaufvertrag nach §§ 145, 147, 433 BGB

**Pflichtverletzung?**

2. Lieferung einer mangelhaften Sache nach § 434 BGB

**Fehler bei Gefahrübergang?**

(zusätzliche Voraussetzung beim Sachmangel)

3. Gefahrübergang § 446 BGB

**Kenntnis des Käufers?**

(zusätzliche Voraussetzung beim Sachmangel)

4. Kenntnis nach § 442 BGB

**Fristsetzung? Fristsetzung ohne Erfolg? Entbehrlichkeit der Fristsetzung?**

5. angemessene Fristsetzung § 440 BGB, erfolgloser Ablauf, Fristsetzung entbehrlich, § 323 I, II BGB

**Ausschluss?**

6. kein Ausschluss nach § 323 VI BGB

Die Rechtsfolge der Minderung ist die Herabsetzung des Kaufpreises (§ 441 III BGB).

**Berechnung des geminderten Wertes (Exkurs)**

$$\text{Geminderter Wert} = \frac{\text{vereinbarter Kaufpreis} \times \text{Wert der mangelhaften Sache}}{\text{Wert der mangelfreien Sache}}$$

$$\text{Hier: } \frac{2\,000\,€ \times 2\,000\,€}{2\,500\,€}$$

Der Begriff Minderung drückt den **herabgesetzten Kaufpreis** aus. Der geminderte Wert muss sich zu dem vereinbarten Kaufpreis verhalten wie der wirkliche Wert mit Mangel zu dem Wert ohne Mangel. In unserem Beispielsfall ergäbe sich ein neuer, herabgesetzter Kaufpreis von 1 600 Euro.

## Schadensersatz

Der volljährige Faschingsnarr Klaus kauft bei seinem ebenfalls volljährigen Freund Volker eine originale Gefängniskleidung eines ehemaligen Häftlings von Alcatraz mit einer Kappe für den bevorstehenden Faschingsball in seiner ehemaligen Schule. Nachdem Volker die Sachen an Klaus übergeben hat, erklärt er, er habe leider nur noch eine verschmutzte und leicht durchnässte Kappe, da ihm die Kappe versehentlich in eine Pfütze gefallen sei. Er habe nun aber auch keine Zeit und Lust mehr, eine saubere, trockene Kappe zu besorgen. Aufgrund des besonderen Materials ist die Kappe zudem weder waschbar noch zu reinigen. Klaus näht sich nun mühsam, da er eine durchnässte und vor allem dreckige Kappe nicht möchte, eine eigene Kappe und verlangt deshalb von Volker die Materialkosten in Höhe von 45 Euro.

§ 437 III BGB verweist bei Schadensersatz wegen Lieferung einer mangelhaften Sache außer auf § 440 BGB auch auf die Vorschriften des allgemeinen Leistungsstörungsrechts (§§ 280, 281 BGB). Die Pflichtverletzung durch den Verkäufer bezieht sich nach § 280 I BGB auf die Rechtsfolgen des § 433 I BGB, die Sache frei von Sachmängeln zu liefern. Der Verkäufer muss jeden Mangel der Kaufsache vertreten und daraus folgt seine Schadensersatzhaftung. Die Verantwortlichkeit des Verkäufers folgt – wie bereits bei den allgemeinen Voraussetzungen erwähnt – aus § 276 BGB.

Klaus könnte von Volker **Schadensersatz statt der Leistung**, und zwar in Höhe der Materialkosten nach §§ 437 Nr. 3, 440, 280 I und III, 281 I BGB, verlangen.

**Schuldverhältnis?**

1. wirksamer Kaufvertrag

→ Zwischen Klaus und Volker kam ein wirksamer Kaufvertrag nach §§ 145, 147, 433 BGB zustande.

**Pflichtverletzung?**

2. Pflichtverletzung des Verkäufers durch Lieferung einer mangelhaften Sache

→ Es liegt eine Pflichtverletzung durch Lieferung einer mangelhaften Sache nach § 434 I Satz 1 BGB vor: Abweichung der Ist-Beschaffenheit von der Soll-Beschaffenheit.

**Fehler bei Gefahrübergang?**

zusätzliche Voraussetzung beim Sachmangel

3. Gefahrübergang

→ Nach § 446 BGB war dieser Mangel bereits bei Übergabe (Gefahrübergang) vorhanden.

**Kenntnis des Käufers?**

zusätzliche Voraussetzung beim Sachmangel

4. Der Käufer hatte keine Kenntnis vom Sachmangel, § 442 BGB.

**Fristsetzung? Fristsetzung ohne Erfolg? Entbehrlichkeit der Fristsetzung?**

5. Fristsetzung

→ Grundsätzlich muss der Gläubiger dem Schuldner nach § 281 I BGB eine angemessene Frist zur Nacherfüllung setzen und diese müsste ohne Erfolg verstrichen sein. Allerdings erfolgt durch Klaus keine Fristsetzung.

Sie könnte aber nach § 281 II oder § 440 BGB entbehrlich sein. Zunächst kommt § 440 BGB als die für die Nacherfüllung speziellere Vorschrift in Betracht. Danach müsste Volker beide Arten der Nacherfüllung nach § 439 III BGB verweigert haben. Zwar war Volker nicht mehr bereit, für Ersatz zu sorgen. Allerdings darf nach § 439 III BGB Volker die Nacherfüllung nur verweigern, wenn sie mit unverhältnismäßigen Kosten verbunden wäre. Dies trifft hier nicht zu. Damit liegen die Voraussetzungen für eine Entbehrlichkeit der Fristsetzung nach § 440 BGB nicht vor.

Die Fristsetzung könnte aber nach § 281 II BGB entbehrlich gewesen sein. Dazu müsste Volker die Leistung ernsthaft und endgültig verweigert haben. Volker hat hier die Nacherfüllung insgesamt verweigert. Damit liegen die Voraussetzungen des § 281 II BGB vor und eine Fristsetzung ist entbehrlich.

**Vertretenmüssen?**

6. Vertretenmüssen

→ Da Volker die Mütze aus Versehen in eine Pfütze fiel, handelte er nach § 276 II BGB fahrlässig und hat damit die Verschmutzung und Durchnässung der Kappe zu vertreten.

**Daraus Schaden?**

7. Schaden beim Gläubiger

→ Klaus musste sich selbst eine Kappe basteln und benötigte dafür 45 Euro. Sein Schaden beträgt hiermit 45 Euro.

Da alle Voraussetzungen vorliegen, kann Klaus von Volker Schadensersatz statt der Leistung (§ 281 I BGB) verlangen. Für den Umfang des Schadens gelten die §§ 249 ff. BGB. Danach muss der Schuldner, der zum Schadensersatz verpflichtet ist, den Zustand wiederherstellen, der bestehen würde, wenn der zum Ersatz verpflichtende Umstand nicht eingetreten wäre. Für unseren Fall bedeutet dies: Wenn Volker eine mangelfreie Kappe geliefert hätte, hätte Klaus nicht die unmittelbar durch den Mangel verursachten Materialkosten in Höhe von 45 Euro aufwenden müssen.

**Rechtsfolge:**
Klaus hat gegen Volker einen Anspruch auf Schadensersatz statt der Leistung in Höhe von 45 Euro nach §§ 437 Nr. 3, 440 und 281 I BGB.

## Rücktritt und Schadensersatz

Die Rechte aus § 437 Nr. 2 BGB Rücktritt oder Minderung können neben dem Schadensersatzanspruch geltend gemacht werden. Dies ergibt sich schon aus dem letzten Wort „und" von § 437 Nr. 2 vor Nr. 3 BGB. Das Rücktrittsrecht und der Schadensersatzanspruch bestehen also nicht nebeneinander, sondern kumulativ:

K kauft sich ein fabrikneues Auto, das bereits bei der ersten Fahrt erhebliche Mängel aufweist. Damit er überhaupt noch nach Hause kommen kann, lässt er es notdürftig reparieren.

Der Käufer hat damit Schadensersatzansprüche statt der Leistung, und zwar für die Reparaturkosten, die er für die mangelhafte Sache aufwenden musste. Außerdem kann er vom Vertrag zurücktreten, da ein fabrikneues Auto erhebliche Mängel aufweist. Eine Fristsetzung zur Nacherfüllung ist hier entbehrlich, da das Vertrauensverhältnis bei Verkauf eines als „fabrikneu" angepriesenen Fahrzeugs mit so schwerwiegenden Mängeln stark gestört ist.

## Schadensersatz neben der Leistung

Dieser Anspruch greift immer dann, wenn es sich nicht um einen Schaden an der Leistung selbst, sondern einen Schaden im Umfeld der Leistung handelt. Dies bedeutet, die Schäden treten an anderen Rechtsgütern des Käufers als der Kaufsache selbst auf. Es handelt sich um sogenannte **Begleitschäden**.

Aufgrund eines fahrlässig verursachten Fehlers tritt aus der Waschmaschine Wasser aus und der gesamte Keller wird geflutet.

Pferde gehen an gekauftem, vergiftetem Pferdefutter zugrunde.

Ein Schaden tritt bei einer Notlandung wegen einer fehlerhaften Tankanzeige ein.

Den Ersatz solcher Begleitschäden kann der Käufer als Schadensersatz neben der Leistung wegen einer Pflichtverletzung nach den §§ 437 Nr. 3 BGB i. V. m. § 280 I BGB verlangen. In § 280 III BGB ist der Schadensersatz statt der Leistung geregelt, also der reine **Mangelschaden** unter den zusätzlichen Voraussetzungen von § 281 BGB. Also muss § 280 I BGB gerade andere Schäden als den reinen Mangelschaden erfassen.

Verkäufer sagt: Geld zurück geht leider nicht, aber Sie bekommen eine Gutschrift. Suchen Sie sich einfach etwas anderes Hübsches aus!

Verkäufer meint: Reparieren oder ersetzen kann ich das Ding nicht und das Geld will ich nicht wieder rausrücken. Also drehe ich dir eine Gutschrift an, damit die Kohle wenigstens im Laden bleibt.

Quelle: Höcker, Ralf: Anwalt-Deutsch/Deutsch-Anwalt: Wir verstehen uns vor Gericht, Langenscheidt 2009, S. 95

## Rechte bei Mängeln einer Kaufsache beim behebbaren Mangel

| Vorrangiges Recht | Nachrangige Rechte | | |
|---|---|---|---|
| **Nacherfüllung** | **Rücktritt** | und/oder (§ 325 BGB) | **Schadensersatz** |
| ↓ | ↓ | | ↓ |
| § 437 Nr. 1 BGB | § 437 Nr. 2 BGB | | § 437 Nr. 3 BGB |
| → § 439 BGB | → § 323 BGB | | → §§ 280, 281 BGB |
| ↓ | ↓ | | ↓ |
| | oder | | |
| **Nachbesserung** oder **Ersatzlieferung** | **Minderung** (§ 437 Nr. 2, 441 BGB) | | **Schadensersatz statt der Leistung** und/oder **Ersatz des Mangelfolgeschadens** |

## Ausgewählte Verjährungsfristen (Exkurs)

| Paragraf | Frist | Gegenstand | Beginn |
|---|---|---|---|
| § 438 Abs. 1 Nr. 2 BGB | 5 Jahre | Bauwerk, Baumaterialien | Ablieferung bzw. bei Übergabe |
| §§ 438 Abs. 3, 195 BGB | 3 Jahre | arglistig verschwiegener Sachmangel | Ablieferung bzw. Übergabe |
| § 438 Abs. 1 Nr. 3 BGB | 2 Jahre | Gewährleistung bei sonstigen Sachmängeln | Ablieferung bzw. Übergabe |

Da Rücktritt und Minderung keine Ansprüche, sondern Gestaltungsrechte sind, findet § 218 BGB Anwendung (siehe Verweis in § 438 IV und V BGB).

### Fragen und Aufgaben

1. Ordnen Sie die folgenden Mängel den in § 434 BGB beschriebenen Mängelarten zu!
   a) Der Bauunternehmer Xaver benötigt für sein Büro einen neuen Drucker. Er vereinbart mit den Druckerlieferanten, dass die Druckgeschwindigkeit zehn Blatt pro Minute sein soll. Nach Inbetriebnahme des Druckers kann der neue Drucker aber nur sechs Blatt in der Minute drucken.
   b) Der neue Lastwagen des Bauunternehmens Xaver wird in der Farbe Blau bestellt. Der Autohändler liefert den Lkw aber in der Farbe Gelb.
   c) Für eine Firmenfeier bestellt Xaver Weizenbier. Sehr schnell stellt sich heraus, dass dieses nicht schäumt.
   d) Die neu bestellte blaue Arbeitskleidung für die Bauarbeiter erweist sich als untauglich. Bereits beim ersten Körperkontakt zeigt sich, dass die Kleidung abfärbt und die Haut der Bauarbeiter blau färbt.
2. Legen Sie knapp dar, welche Rechte der Käufer bei Mangelhaftigkeit der Sache geltend machen kann!
3. Der Inhaber eines Getränkemarktes, Knut, einigt sich mit dem T-Shirt-Hersteller Veit über die Lieferung von T-Shirts mit dem Logo des örtlichen Burschenvereins. Als die T-Shirts geliefert werden, stellt sich heraus, dass anstelle des Logos des Burschenvereins das Logo des örtlichen Radsportvereins aufgedruckt ist. Noch am gleichen Tag reklamiert Knut bei Veit und drängt darauf, dass die Lieferung der Shirts mit dem passenden Logo bis spätestens zum 28. April erfolgt, da er diese für die Maifeierlichkeiten benötigt. Veit lässt die Frist ohne Angaben von Gründen verstreichen. Zeigen Sie auf, welche Rechte Knut zustehen!
4. Lesen Sie den Fall auf Seite 116 (Gutschrift) und erörtern Sie, ob und gegebenenfalls warum der Verkäufer dort berechtigt ist, nur eine Gutschrift anzubieten!
5. Der Gärtner Kraut kauft im Gartencenter des Voll eine elektrische Heckenschere. Als Kraut diese bei einem Kunden einsetzen möchte, bemerkt er, dass der Automatikstarter nicht funktioniert. Die Schere lässt sich nicht in Betrieb nehmen. Überprüfen Sie, welche Rechte Kraut gegenüber Voll geltend machen kann!
6. Fassen Sie die rechtlichen Voraussetzungen zusammen, auf denen das folgende Urteil gründet!

### URTEIL

SACHMANGEL: Kann ein Auto nicht mit dem im Verkaufsprospekt des Herstellers genannten Kraftstoff (hier: bleifreies Normal oder Super von mindestens 91 ROZ), sondern nur mit Super- oder Superplus ab 95 ROZ betankt werden, so kann der Käufer des Wagens den Kauf rückgängig machen. Die Tatsache, dass nur ein wesentlich teurerer Kraftstoff verwendet werden kann als versprochen, stellt einen Sachmangel dar. (Oberlandesgericht München, 18 U 2176/04)

Quelle: http://www.berlinonline.de/berliner-zeitung/archiv/.bin/dump.fcgi/2005/0604/sonderbeilagen/0132/index.html, 29.1.2010

## 6.3 Die Prüfung eines Rechtsfalls

**Prüfungsschema: Behebbarer Sachmangel**

**Anspruch auf Nacherfüllung (Ersatzlieferung oder Mangelbeseitigung) bei einer mangelhaften Kaufsache gemäß §§ 437 Nr. 1, 439, 433 I Satz 2 BGB**

1. wirksamer Kaufvertrag §§ 145, 147, 433 BGB
2. Pflichtverletzung (Lieferung einer mangelhaften Sache) § 434 BGB
3. Gefahrübergang § 446 BGB
4. Kenntnis § 442 BGB

Rechtsfolge: Nacherfüllung

**Rücktritt wegen behebbar mangelbehafteter Kaufsache gemäß §§ 437 Nr. 2, 323, 346 I, 434, 433 I BGB**

Wie bei Anspruch auf Nacherfüllung (1. und 2. und 3. und 4.), zusätzlich:

5. Fristsetzung und Fristablauf § 440 BGB und § 323 I, II BGB
6. erhebliche Pflichtverletzung § 323 V BGB
7. Ausschluss § 323 VI BGB

Rechtsfolge: Rücktritt

**Minderung wegen behebbar mangelbehafteter Kaufsache gemäß §§ 323, 441, 437 Nr. 2 Var. 2, 434 BGB**

Wie bei Anspruch auf Nacherfüllung (1. und 2. und 3. und 4.), zusätzlich:

5 Fristsetzung und Fristablauf § 440 BGB und § 323 I, II BGB

6. kein Ausschluss nach § 323 VI BGB

Rechtsfolge: Minderung

**Schadensersatz statt der Leistung wegen behebbar mangelbehafteter Kaufsache gemäß §§ 437 Nr. 3, 434, 280 I, III, 281 I S. 1 Var. 2, 440 BGB**

Wie bei Anspruch auf Nacherfüllung (1. und 2. und 3. und 4.), zusätzlich:

5. Fristsetzung und Fristablauf, § 281 I S. 1 bzw. §§ 440, 281 II BGB
6. Vertretenmüssen, §§ 276, 278 BGB
7. Daraus Schaden?

Rechtsfolge: Schadensersatz statt der Leistung

**Ersatz des Mangelfolgeschadens (neben der Leistung) gemäß §§ 437 Nr. 3, 434, 280 I BGB**

Wie bei Anspruch auf Schadensersatz statt der Leistung wegen behebbarer mangelhafter Kaufsache, aber: Fristsetzung (5.) ist entbehrlich (1. und 2. und 3. und 4. und 6. und 7.).

Rechtsfolge: Ersatz des Mangelfolgeschadens

## Ausformulierte Analyse im Gutachtenstil

Der Waschsalonbetreiber Kurt kauft bei Volker eine Waschmaschine. Infolge eines fahrlässigen Montagefehlers ist die Fronttür der Maschine undicht, sodass Wasser ausläuft, welches den Plüschteppichboden seines Salons zerstört. Kurt fordert Volker auf, ihm eine neue Waschmaschine zu liefern. Dieser meint, es müsse nur die Dichtung ausgewechselt werden. Kurt könne doch nicht deshalb gleich eine neue Maschine verlangen. Kurt setzt eine Frist zum Auswechseln der Dichtung, die Volker verstreichen lässt. Nun will Kurt die Maschine nicht mehr, verlangt Rückzahlung des Kaufpreises, Erstattung des entgangenen Gewinns und Ersatz für den beschädigten Teppich.

**Aufgabe:** Prüfen Sie im Gutachtenstil, welche Ansprüche Kurt geltend machen kann!

Kurt könnte einen Anspruch auf Schadensersatz statt der Leistung gemäß §§ 437 Nr. 3, 434, 440, 281 I, III, 281 I S. 1, 2. Alt BGB haben.

**1. Schuldverhältnis?**
Kurt und Volker haben nach §§ 145, 147, 433 BGB einen Kaufvertrag geschlossen.

**2. Pflichtverletzung?**
Es liegt ein Pflichtverletzung durch die Lieferung einer mangelhaften Sache vor. Die Maschine erweist sich aufgrund eines fahrlässigen Montagefehlers als undicht. Damit liegt nach § 434 II BGB ein Sachmangel vor.

**3. Gefahrübergang?**
Nach § 434 BGB müsste dieser Sachmangel bereits bei Gefahrübergang vorhanden sein. Dies trifft zu, da dieser durch die unsachgemäße Montage entstand.

**4. Fristsetzung? Fristsetzung ohne Erfolg?**
Gemäß § 281 I BGB müsste Kurt eine Frist zur Nacherfüllung gesetzt haben und diese müsste fruchtlos verstrichen sein. Nacherfüllung bedeutet Mangelbeseitigung oder Neulieferung. Kurt hat Volker aufgefordert, eine neue Maschine zu liefern. Er hat also Nacherfüllung in Form einer Neulieferung gefordert (§ 439 I BGB). Volker könnte jedoch das Recht gehabt haben, die Neulieferung zu verweigern. Dies ist gemäß § 439 III BGB der Fall, wenn die Nacherfüllung einen unverhältnismäßigen Aufwand bedeutet. Der Mangel an der Maschine ist leicht zu beheben und daher war das Verlangen nach einer neuen Maschine unverhältnismäßig. Folglich kann Volker die Neulieferung verweigern. Gemäß § 439 II BGB beschränkt sich der Anspruch von Kurt dann auf die Mangelbeseitigung. Die Frist zur Mangelbeseitigung ist gemäß § 281 I BGB verstrichen.

**Vertretenmüssen?**
Volker müsste die Mangelhaftigkeit gemäß §§ 280 I i. V. m. 276 BGB zu vertreten haben. Indem Volker die Maschine fahrlässig falsch montierte, hat er die Mangelhaftigkeit zu vertreten.

**Daraus Schaden?**
Kurt konnte die Maschine in seinem Waschsalon nicht einsetzen. Damit entstand ein Gewinnausfall. Außerdem wurde der Plüschteppich zerstört.

**Rechtsfolge:**
Kurt verlangt nach §§ 437 Nr. 3, 440, 281 I BGB Schadensersatz statt der ganzen Leistung. Dieser umfasst die Rückgewähr des Kaufpreises und den Gewinnausfall, der aus der Lieferung der mangelhaften Sache resultiert. Volker muss Kurt diesen Schaden ersetzen.
Fraglich ist allerdings, ob auch die Kosten für den Plüschteppich im Rahmen von §§ 437 Nr. 3, 440, 280 I BGB ersatzfähig sind. Es handelt sich nämlich um Schäden, die an einem anderen Rechtsgut, also im Umfeld der Leistung, nicht an der gelieferten Sache, aufgetreten sind. Diese sind nicht nach dem § 281 I BGB ersatzfähig.
Folglich kann Kurt von Volker aus §§ 437 Nr. 3, 281 I BGB nur die Rückgewähr des Kaufpreises und den entgangenen Gewinn nach § 252 BGB verlangen.

Kurt könnte gegen Volker einen Anspruch auf Ersatz der Kosten für einen neuen Teppich aus §§ 437 Nr. 3, 280 I BGB haben.
Die Voraussetzungen sind erfüllt (siehe Schadensersatz neben der Leistung).

Indem Volker fährlässig (§§ 280 I i. V. m. 276 BGB) eine mangelhafte Sache geliefert hat, hat er eine Pflicht aus dem Kaufvertrag verletzt und muss somit den Schaden an dem Plüschteppich nach §§ 437 Nr. 3, 280 I erstatten.

Allgemeine Geschäftsbedingungen
1. Bestellung und Lieferung
Sie bestellen per Post. Anfallende Porto- und Versandkosten für die
werden von uns möglichst kurzfristig ausgeführt.
oder zur Annahmeverweigerung.
Alle
2. Mängel
Reklamationen müssen
innerhalb von 8 Tagen erfolgen.
Schadenersatzanspruch.
Mängel verjähren nach einem
Verschulden
3. Haftung
sich auf
nach folgen
Ansprüche, auch

# 7 Vertragsfreiheit versus Verbraucherschutz

## 7.1 Soziale Marktwirtschaft: Vertragsfreiheit und ihre Grenzen

## 7.2 Sonderregelungen beim Verbrauchsgüterkauf

## 7.3 Verbraucherschutzbestimmungen bei besonderen Vertriebsformen

# 7 Vertragsfreiheit versus Verbraucherschutz

## 7.1 Soziale Marktwirtschaft: Vertragsfreiheit und ihre Grenzen

*Abb. 7.1: Abschluss eines Vertrages durch schriftliche Erklärung*

Der geistesgeschichtliche Hintergrund des Bürgerlichen Gesetzbuches, wie er im BGB vom 1.1.1900 zum Tragen kommt, ist der Liberalismus des ausgehenden 19. Jahrhunderts. Dies zeigt sich insbesondere auch in der Betonung der **Privatautonomie** (Freiheit, seine Rechtsangelegenheiten selbst regeln zu können). Auf der Vorstellung selbstverantwortlicher und gleichberechtigter Personen gründend geht das BGB davon aus, dass die Rechtssubjekte (natürliche und juristische Personen) ihre rechtlichen Beziehungen im Rahmen der Gesetze weitgehend frei regeln können. Dem entspricht auch die Vorstellung des Art. 2, Abs. 1 des Grundgesetzes, wonach jeder Mensch das Recht auf freie Entfaltung seiner Persönlichkeit hat. Dies gilt naturgemäß auch für die Gestaltung von Verträgen, was man als **Vertragsfreiheit** bezeichnet. Verträge werden durch Willenserklärungen geschlossen. Zum Menschenbild der Sozialen Marktwirtschaft gehört, dass der mündige Bürger seinen Willen frei äußern und so auch im Rahmen der Vertragsfreiheit seine Verträge selbstverantwortlich gestalten kann. § 311 des BGB geht mit dieser Vorstellung konform. Er bestimmt, dass zur Begründung eines Schuldverhältnisses durch Rechtsgeschäft ein Vertrag zwischen den Beteiligten erforderlich ist. Darüber hinaus schreibt dieser Paragraf nichts Näheres vor, lässt also die Ausgestaltung völlig offen.

**§ 311 I BGB:** Zur Begründung eines Schuldverhältnisses durch Rechtsgeschäft sowie zur Änderung des Inhalts eines Schuldverhältnisses ist ein Vertrag zwischen den Beteiligten erforderlich, soweit nicht das Gesetz ein anderes vorschreibt.

**Inhalt der Vertragsfreiheit**

a) **Abschlussfreiheit**: Freie Wahl des Vertragspartners (Partnerfreiheit) sowie die Freiheit, mit jedermann einen Vertrag schließen zu können, aber nicht zu müssen.

b) **Inhaltsfreiheit/Gestaltungsfreiheit**: Die Bedingungen eines Vertrages sind frei aushandelbar.

c) **Formfreiheit**: Von Ausnahmen abgesehen können Verträge z. B. mündlich, schriftlich oder auch auf elektronischem Wege, also in ganz unterschiedlicher Form, geschlossen werden.

Allerdings ist bereits in Art. 2 GG geregelt, dass die Freiheit nicht grenzenlos ist. Das Recht auf freie Entfaltung der Persönlichkeit endet dort, wo die Rechte anderer verletzt werden oder gegen die verfassungsmäßige Ordnung oder das Sittengesetz verstoßen wird.

**Grenzen der Vertragsfreiheit**

Die Vertragsfreiheit stößt in einer Reihe von gesetzlichen Regelungen an ihre Grenzen:

**Einschränkungen der Inhaltsfreiheit**:

**a) Gesetzliches Verbot**: Nach § 134 BGB ist ein Rechtsgeschäft, das gegen ein gesetzliches Verbot verstößt, nichtig. So ist ein Drogengeschäft von vorneherein ungültig, weshalb nicht auf Einhaltung des Vertrages geklagt werden kann, wenn ein Vertragspartner seine vermeintlichen Pflichten nicht einhält.

**b) Sittenwidriges Rechtsgeschäft**: Nach § 138 I ist ein Rechtsgeschäft, das gegen die guten Sitten verstößt, nichtig. So wäre z. B. ein Vertrag über den Übertritt von der evangelischen zur katholischen Kirche gegen Zahlung von 10.000 Euro, die A seiner Freundin B beim Übertritt zahlen will, von vorneherein nichtig.

**Einschränkungen der Abschlussfreiheit**: Sie ist z. B. für sog. Monopolbetriebe eingeschränkt. So kann das Elektrizitätswerk XY, das die gesamte Stromversorgung in der Stadt Z sicherstellt, sich nicht weigern, Strom an einen bestimmten Kunden zu liefern (sog. Kontrahierungszwang), auch wenn es z. B. früher einmal schlechte Erfahrungen mit der Zahlungsmoral des Kunden gemacht hat.

**Einschränkungen der Formfreiheit**: Für eine Reihe von Verträgen ist die Formfreiheit nicht gegeben. So müssen z. B. Bürgschaftserklärungen nach § 766 BGB schriftlich erteilt werden und Verträge über Grundstücke müssen nach § 311b BGB notariell beurkundet werden. Wird die gesetzlich vorgeschriebene Form nicht eingehalten, so ist das Rechtsgeschäft nach § 125 BGB nichtig.

### Eingeschränkte Vertragsfreiheit in der Sozialen Marktwirtschaft

Die Soziale Marktwirtschaft beruht u. a. auf den Vorstellungen der Freien Marktwirtschaft. Marktwirtschaft setzt dabei die Freiheit vor staatlichen Eingriffen voraus. Ein Wesensmerkmal der Freien Marktwirtschaft ist damit die Vertragsfreiheit. Jedoch sind die in dieser Wirtschaftsordnung geltenden Vorstellungen, wie sich die Preisbildung und die damit verbundenen Vertragsabschlüsse gestalten, nicht realistisch: Die Modellannahmen, wie z. B. völlige Marktübersicht der Marktteilnehmer, viele Anbieter und Nachfrager mit geringen Marktanteilen, keine persönlichen Präferenzen usw., entsprechen nicht den auf realen Märkten herrschenden Verhältnissen. Auch die auf *Adam Smith* zurückgehende Annahme, dass das Streben jedes Einzelnen nach maximalem Profit zu einem größtmöglichen Gesamtnutzen für alle führt, ist eher theoretischer Natur. Die Realität sieht oft anders aus. Einzelne Gütermärkte in der Bundesrepublik Deutschland lassen sich nicht durch eine große Zahl von Anbietern und Nachfragern charakterisieren. So sind auf der Anbieterseite der verschiedenen Energiemärkte oft nur eine geringe Zahl von Wettbewerbern gegeben, denen jedoch eine Vielzahl von Nachfragen gegenübersteht. Die theoretische Grundlage marktwirtschaftlicher Preisbildung, dass durch eine große Zahl von Anbietern und Nachfragern ein entsprechender Gleichgewichtspreis mit einem Maximum an Effizienz auf allen Seiten auftreten würde, ist damit nicht gegeben. Die Macht des einzelnen Verbrauchers, den Preis durch sein Nachfrageverhalten beeinflussen zu können, ist dadurch relativ gering. Trotzdem soll der Staat nur dann eingreifen, wenn der Markt nicht dazu in der Lage ist, sich selbst zu regulieren, wenn es zu ungleichen Ausgangspositionen zwischen den Vertragspartnern kommt und so die Gefahr von Ungerechtigkeiten besteht. Aus diesem Grund gibt es in der Sozialen Marktwirtschaft zahlreiche Vorschriften, die den wirtschaftlich schwächeren Vertragspartner schützen. So ist etwa im Gesetz gegen Wettbewerbsbeschränkungen (sog. Kartellgesetz) die Vertragsfreiheit durch das Verbot von Preisabsprachen eingeschränkt.

In der täglichen Praxis von Vertragsabschlüssen ist die Vertragsfreiheit im Wesentlichen auf die Abschlussfreiheit begrenzt. In der Realität legt meist der Verkäufer die Bedingungen des Vertragsabschlusses fest. Welcher Kunde handelt schon beim Kauf einer Fahrkarte die Bedingungen für seine Beförderung mit dem Bahnangestellten aus? Durch die heute übliche Massenproduktion und den Vertrieb über Großbetriebsformen wie z. B. Supermärkte, Kaufhäuser, Tankstellenketten usw. wurden typische, für die jeweilige Branche übliche Verträge vorformuliert, denen die sogenannten **Allgemeinen Geschäftsbedingungen (AGB)** zugrunde liegen.

**§ 305 I, Satz 1 BGB:** Allgemeine Geschäftsbedingungen sind alle für eine Vielzahl von Verträgen vorformulierten Vertragsbedingungen, die eine Vertragspartei (Verwender) der anderen Vertragspartei bei Abschluss eines Vertrages stellt.

Unter AGBs versteht man z. B. das „Kleingedruckte" auf der Rückseite von Verträgen. Da viele Menschen dieses Kleingedruckte beim Abschluss eines Vertrages nicht lesen, hat der Gesetzgeber 1977 Regelungen darüber erlassen, was in AGBs zulässig ist und was nicht, um die Verbraucher vor Benachteiligungen durch den Verwender zu schützen.

## Begründung für gesetzliche Regelungen der AGB

Ein Kundendienstmonteur repariert eine defekte Waschmaschine. Plötzlich steht die ganze Küche unter Wasser. Die betroffene Familie verlangt von der Firma Schadenersatz. Doch das Unternehmen [...] verweist auf seine Allgemeinen Geschäftsbedingungen, wo eine solche Haftung ausgeschlossen wird. In einem anderen Fall lässt ein Hausbesitzer eine Sauna installieren. Ein Jahr später steht zum Erstaunen des Käufers ein Handwerker vor der Tür, um die Anlage zu warten. Der Kunde wehrt ab. Doch umsonst. Er hatte mit dem Kauf der Sauna einen Wartungsvertrag über fünf Jahre unterschrieben, der im „Kleingedruckten" versteckt war.

Donau Kurier vom 24.2.1977

Das 1977 in Kraft getretene „Gesetz zur Regelung der allgemeinen Geschäftsbedingungen" (inzwischen ins BGB, §§ 305–310, aufgenommen) sollte als Kernstück der Verbraucherpolitik verhindern, „dass unbedarfte Käufer von juristisch ausgeklügelten Vertragsbedingungen übers Ohr gehauen werden." (Donaukurier)

In den Bestimmungen über die Gestaltung rechtsgeschäftlicher Schuldverhältnisse durch AGB ist u. a. geregelt,

- unter welchen Bedingungen AGBs Bestandteil eines Vertrages werden (z. B. durch gut sichtbaren Aushang am Ort des Vertragsschlusses, §305 II BGB),
- welche Klauseln in Verträgen unwirksam sind (z. B. kurzfristige Preiserhöhungen innerhalb von vier Monaten nach Vertragsschluss, § 309 I BGB).

### Fragen und Aufgaben

1. Erläutern Sie, zu welchen Zwecken für bestimmte Rechtsgeschäfte besondere Formvorschriften gelten!
2. Erarbeiten Sie mithilfe § 305 II BGB, unter welchen Bedingungen AGB Bestandteile eines Vertrages werden!
3. Ermitteln Sie, welcher Unterschied zwischen den Klauselverboten nach § 308 und § 309 besteht!
4. Recht auf freie Entfaltung der Persönlichkeit als mündiger Bürger – Eingriff des Staates in den Grundsatz der Vertragsfreiheit zum Schutz des schwächeren Verbrauchers? Halten Sie das Handeln des Staates in der Sozialen Marktwirtschaft durch Eingriffe in den Grundsatz der Vertragsfreiheit für gerechtfertigt? Diskutieren Sie über diese Frage mit Mitschülern!

## 7.2 Sonderregelungen beim Verbrauchsgüterkauf

**Vertrag ist Vertrag (pacta sunt servanda)?**
Hans Glück kauft beim Gebrauchtwagenhändler Nebel einen zehn Jahre alten Roadster zum Preis von 8000 Euro. Im Kaufvertrag wird u.a. vermerkt: „Gekauft wie gesehen." Zwei Monate nach dem Kauf tritt während einer Urlaubsfahrt ein größerer Motorschaden auf. Da die Reparatur zu lange dauert, muss Glück nach Hause fliegen. Glück fordert von Nebel Reparatur- und Flugkosten. Der Händler weigert sich, die geforderte Summe zu zahlen, da durch den Zusatz „Gekauft wie gesehen" alle Gewährleistungsansprüche ausgeschlossen worden seien. Außerdem wäre das Auto bei der Übergabe völlig in Ordnung gewesen, der Schaden sei sicherlich auf die unsachgemäße Fahrweise von Glück zurückzuführen.

**Frage:** Ist die Argumentation von Nebel richtig?

**§ 474 I BGB:** Ein Verbrauchsgüterkauf liegt vor, wenn ein Verbraucher von einem Unternehmer eine bewegliche Sache kauft. Um einen Verbrauchsgüterkauf handelt es sich auch bei einem Vertrag, der neben dem Verkauf einer beweglichen Sache die Erbringung einer Dienstleistung durch den Unternehmer zum Gegenstand hat.

### Zielsetzung und Anwendungsbereich

Wie der Begriff nahelegt, gelten für den Verbrauchsgüterkauf die allgemeinen Regeln des Kaufrechts (§§ 433–453 BGB), ergänzt um die Sondervorschriften der §§ 474–479, 241a, 310 III, 312 ff. und 355 ff. BGB.
Zielsetzung ist es, den Verbraucher als Käufer insbesondere vor aggressiven Vertriebsmethoden zu schützen. Die gesetzlichen Regelungen über den Kauf von „Verbrauchsgütern" gehen damit über die Normen des allgemeinen Kaufrechts hinaus. Jedoch gelten enge Grenzen für die Frage, wann ein Verbrauchsgüterkauf vorliegt. Konkret gelten die Sonderregeln für „Verbraucher", die eine bewegliche Sache (also kein Grundstück) von einem „Unternehmer" kaufen. Erwirbt ein „Verbraucher" neben dem Kauf einer beweglichen Sache auch die Erbringung einer Dienstleistung (z. B. Küche und deren Montage), so finden die Regelungen ebenfalls Anwendung. Die Regeln gelten auch für den Verkauf von Wasser, Gas und Fernwärme. Was unter den Begriffen Verbraucher und Unternehmer genau zu verstehen ist, steht in den §§ 13 und 14 BGB.

Die besonderen Vorschriften über den Verbrauchsgüterkauf finden keine Anwendung, wenn:
- ein Unternehmer einem anderen Unternehmer eine bewegliche Sache verkauft,
- ein Verbraucher einem anderen Verbraucher eine Sache veräußert,
- ein Verbraucher einem Unternehmer etwas verkauft oder für diesen eine Dienstleistung erbringt,
- ein Unternehmer einem Verbraucher etwas veräußert oder eine Dienstleistung erbringt, soweit dies außerhalb seiner gewerblichen oder selbstständigen beruflichen Tätigkeit erfolgt (z. B. Verkauf seines Privatwagens, vgl. § 14 I BGB).

### Vorschriften zum Verbrauchsgüterkauf:

**a) Besondere Vorschriften des § 474 III–V BGB**
- Der Gläubiger kann bei fehlender Vereinbarung des Leistungszeitpunkts die Leistung nur „unverzüglich" (also ohne schuldhaftes Zögern; vgl. aber § 271 BGB: „sofort") verlangen.
- Die für Unternehmer günstige Regelung des § 447 I BGB, dass beim Versendungskauf (Versandhandel) die Gefahr der Beschädigung bzw. des Untergangs einer Sache bereits mit der Übergabe an den Spediteur auf den Käufer übergeht, sodass dieser grundsätzlich zur Zahlung verpflichtet ist, entfällt, es sei denn, die Beauftragung eines Spediteurs oder Frachtführers geschieht auf Initiative des Käufers und der Unternehmer hat dem Käufer zuvor keinen Beauftragten genannt (§ 474 IV).
- Der Unternehmer kann im Zuge einer Nachlieferung keinen Ersatz für die Nutzung der vorher gelieferten, fehlerhaften Kaufsache verlangen (§ 474 V S. 1 BGB).

**b) Abweichende Vereinbarungen nach § 475 I BGB**
Aus dieser Regelung ergibt sich, dass auch durch individuelle Vereinbarungen nicht von den §§ 433–435, 437, 439–443 BGB abgewichen werden kann. So dürfen also die Rechte des Käufers bei einem Sachmangel nach §§ 437 ff. BGB, wie z. B. Nacherfüllung, Minderung, nicht vertraglich ausgeschlossen werden. Ein Ausschluss des Anspruchs auf Schadensersatz ist nach § 475 III BGB vertraglich zwar möglich, jedoch gelten auch hier weiterhin die Regelungen zu den AGB (§§ 307–309 BGB), nach denen u. U. bestimmte Klauseln nicht Vertragsgegenstand werden können (z. B. Vereinbarung von Vertragsstrafen in AGB; vgl. Kap. 7.1).

**Keine Umgehungsmöglichkeit**
Beim Verbrauchsgüterkauf kann sich der Unternehmer auf eine (nicht nur durch Allgemeine Geschäftsbedingungen, sondern auch individualrechtliche) vorgängige Vereinbarung nicht berufen, durch die die Bestimmungen über die Gewährleistung für Mängel der (auch gebrauchten) Kaufsache zum Nachteil des Verbrauchers abgeändert worden sind (mit Ausnahme des Ausschlusses oder einer Beschränkung des Anspruchs auf Schadensersatz), § 475 I, III BGB.
Quelle: Creifelds Rechtswörterbuch, 19. Auflage, München 2007, S. 1227

#### c) Verjährungsfristen nach § 475 II BGB

Bei neuen Sachen darf eine Verjährungsfrist von zwei Jahren, bei gebrauchten Gegenständen von einem Jahr nicht unterschritten werden. Ein völliger Gewährleistungsausschluss ist also beim Verbrauchsgüterkauf nicht möglich. Selbstverständlich ist es möglich, eine längere Frist als ein bzw. zwei Jahre zu vereinbaren.

#### d) Beweislastumkehr nach § 476 BGB

> Es handelt sich um eine Umkehr der Beweislast zugunsten des Verbrauchers hinsichtlich der Mängel, die sich innerhalb von 6 Monaten nach der Lieferung zeigen. Nach den allgemeinen Beweisgrundsätzen muss der Käufer die Voraussetzungen seines Gewährleistungsanspruches behaupten und beweisen, § 363 BGB. Dies ist jetzt beim Verbrauchsgüterkauf nicht mehr erforderlich. Wenn sich jetzt innerhalb von 6 Monaten seit Gefahrenübergang ein Sachmangel zeigt, so wird grds. vermutet, dass die Sache bereits seit Gefahrenübergang mangelhaft war und der Mangel nicht erst später infolge des anschließenden (übermäßigen) Gebrauchs der Sache durch den Käufer entstanden ist. Diese Vermutung greift nicht ein, wenn sie mit der Art der Sache oder der Art des Mangels nicht vereinbar ist.
>
> Quelle: Alpmann-Pieper, Annegerd/Becker, Peter: Express. Reform des Schuldrechts. Das neue BGB. 2. Aufl., Münster 2002, S. 71

Die Beweislastumkehr ist eine Besonderheit des Verbrauchsgüterkaufs. Ausnahmen von der Beweislastumkehr gibt es nur für kurzlebige Verbrauchsgüter (z. B. Lebensmittel), Verschleißteile (z. B. Scheibenwischer am Auto) oder Mängel, die auf falsche Nutzung durch den Käufer zurückzuführen sind (z. B. Beulen an der Stoßstange eines bereits fünf Monate alten Autos).

#### e) Sonderbestimmungen für Garantien nach § 477 BGB

Wenn ein Verkäufer, Hersteller oder sonstiger Dritter neben der gesetzlichen Mängelhaftung in einer Garantie (Garantieerklärung) oder in einer einschlägigen Werbung vor oder bei Abschluss des Kaufvertrags bestimmte Zusagen macht (z. B. Kaufpreisrückerstattung, Umtausch, Reparatur), so stehen dem Käufer diese Rechte zusätzlich zu den gesetzlichen Rechten zu, falls die Sache nicht die Beschaffenheit hat, wie in der Garantie oder in der Werbung angegeben wurde (§ 443 BGB Garantie).

Beim Verbrauchsgüterkauf kommen noch Sonderbestimmungen hinzu (vgl. § 477 BGB):

- Die Garantieerklärung muss einfach und verständlich abgefasst sein (z. B. in deutscher Sprache).
- Sie muss einen Hinweis auf die gesetzlichen Rechte enthalten sowie darauf, dass diese durch die Garantie nicht eingeschränkt werden.
- Sie muss den Inhalt der Garantie und wesentliche Angaben wie Dauer, räumlicher Geltungsbereich und Name des Garantiegebers enthalten.
- Der Verbraucher hat ein Recht auf Aushändigung der Garantieerklärung in Textform.

§ 477 I BGB stellt nur zusätzliche Anforderungen an Klarheit und Verständlichkeit bei Garantien im Vergleich zur „normalen" kaufrechtlichen Mängelhaftung nach § 433 BGB.

> **§ 2 GARANTIELEISTUNG**
>
> **1.** Die Firma XY gewährt für mechanische und elektrische Bauteile des Gerätes [...] eine Garantie von zwei Jahren, gerechnet ab dem Erwerb des Gerätes durch den Käufer (Verbraucher). Treten innerhalb dieser Garantiefrist Mängel auf [...], so wird die Firma XY nach eigenem Ermessen das Gerät entweder ersetzen oder reparieren.
>
> **2.** Bei berechtigten Garantieansprüchen wird das Produkt frachtfrei zurückgesandt.
>
> **3.** Andere als die vorgenannten Garantieleistungen werden nicht gewährt.
>
> **§ 3 REPARATURNUMMER**
>
> **1.** Um die Berechtigung zur Garantiereparatur vorab überprüfen zu können, setzt die Garantieleistung voraus, dass der Käufer oder sein Händler **VOR** Einsendung des Gerätes die Firma XY telefonisch über den aufgetretenen Mangel informiert. [...]
>
> **2.** Das Gerät muss mit der Reparaturnummer im Originalkarton eingesandt werden. Der Firma XY steht es frei, das Gerät beim Käufer oder seinem Händler abholen zu lassen. [...]

*Abb. 7.2: Garantieerklärung (auszugsweise)*

### Fragen und Aufgaben

5. Klären Sie mithilfe der §§ 13,14 BGB, was man genau unter einem Verbraucher bzw. Unternehmer versteht!
6. Suchen Sie die gesetzliche Grundlage für den Gefahrübergang beim Kauf einer beweglichen Sache und erklären Sie den Inhalt dieser Norm!
7. Erklären Sie, warum der Gesetzgeber den Inhalt einer Garantieerklärung nicht genauer gesetzlich geregelt hat!
8. Erläutern Sie die Anwendbarkeit von § 119 und § 123 BGB bei Sachmängeln im Rahmen eines Verbrauchsgüterkaufs!
9. Der Kunde XY lässt sein Fernsehgerät beim Radiohändler Z reparieren, da drei Monate nach dem Kauf bei Z die Bildröhre ausgefallen ist. Klären Sie, ob der Händler auf seinen Kosten sitzen bleibt (vgl. §§ 478, 479 BGB)!
10. Prüfen Sie, ob die in Abb. 7.2 gebrauchten Formulierungen den gesetzlichen Anforderungen an Garantieerklärungen entsprechen!
11. Zum Eingangsfall: Prüfen Sie im Gutachtenstil, ob Hans Glück Reparatur- und Flugkosten von Nebel verlangen kann oder ob die Vereinbarungen im Vertrag Gültigkeit haben. Legen Sie dabei das Prüfungsschema von Seite 118 zugrunde!

## 7.3 Verbraucherschutzbestimmungen bei besonderen Vertriebsformen

> **Vorsicht: Abzocke!**
> Hinter den billigsten Schnäppchen und den größten Gewinnversprechungen stecken oft üble Tricks, die Ihnen das Geld aus der Tasche ziehen sollen. Ob zu Hause, unterwegs, am Telefon oder im Internet: Kein Lebensbereich bleibt verschont.
>
> Quelle: http://www.ratgeber-verbraucherzentrale.de/vorsicht-abzocke (24.2.2015)

*Abb. 7.3: Kaffeefahrt*

Es kommt immer wieder vor, dass man von einem Vertragsangebot überrascht wird, wenn z. B. ein junger Mann an der Haustür ein Zeitungsabonnement anbietet und angibt, die Abschlussprämie werde einer Behinderteneinrichtung zugutekommen. Man wird von Bekannten eingeladen und dann findet überraschenderweise eine Party für verjüngende Kosmetikartikel statt. Insbesondere ältere Leute beteiligen sich aus Langeweile an sogenannten Kaffeefahrten, bei denen man ein kleines Geschenk erhält, aber dann häufig mit einem Vertrag über die „unbedingt notwendige" Wellenmaschine für die häusliche Badewanne nach Hause kommt.

Um den Schutz der Verbraucher im Binnenmarkt zu stärken, hat die Europäische Union bereits 1975 mit der Harmonisierung des Verbraucherschutzes begonnen. Die ab Juni 2014 in Kraft getretenen Regelungen stärken in den meisten Fällen die Rechte der Verbraucher insbesondere hinsichtlich **Verbraucherinformationen**, **Lieferbedingungen** und **Widerrufsrecht.**

Die §§ 312 ff. BGB regeln den Verbraucherschutz für **besondere Vertriebsformen** wie außerhalb von Geschäftsräumen geschlossene Verträge oder Fernabsatzverträge.

**Besondere Vertriebsformen nach dem BGB**

| Außerhalb von Geschäftsräumen geschlossene Verträge § 312b BGB | Fernabsatzverträge § 312c BGB z. B. Kaufvertrag per Email |
|---|---|

### Außerhalb von Geschäftsräumen geschlossene Verträge nach § 312b BGB

sind Verträge,

- die an einem Ort geschlossen werden, der kein Geschäftsraum des Unternehmers ist (z. B. ein Café),
- für die Verbraucher unter den genannten Umständen (z. B. auf einer Verkaufsparty) Angebote abgegeben haben (vgl. § 312b I 1.),
- wenn ein Unternehmer in seinen Geschäftsräumen oder über Fernkommunikationsmittel mit einem Verbraucher einen Vertrag abschließt, den er unmittelbar zuvor dem Verbraucher außerhalb seiner Geschäftsräume direkt, persönlich und individuell angetragen hat (§ 312b I Nr. 3),
- die auf einem Ausflug geschlossen wurden, der von dem Unternehmer selbst oder mit seiner Hilfe organisiert wurde (Kaffeefahrt).

### Fernabsatzverträge nach § 312c BGB

sind Verträge, bei denen ein Unternehmer oder eine in seinem Auftrag handelnde Person bei Vertragsverhandlungen und bei Vertragsschluss mit einem Verbraucher ausschließlich **Fernkommunikationsmittel** verwendet. Das Wesen des Fernabsatzvertrages ist es also, dass sich der Unternehmer und der Verbraucher bei Anbahnung des Vertrages und auch beim Vertragsabschluss nicht begegnen, sondern über Fax, Telefon, E-Mail, SMS oder Briefe verkehren und den Vertrag schließen. Der Verbraucher hat also keine Möglichkeit, die angebotene Ware oder Dienstleistung vor Abschluss des Vertrages zu prüfen, da er ja den Geschäftsbetrieb des Unternehmers nicht aufsucht.

### Informationspflichten

Bei außerhalb von Geschäftsräumen geschlossenen Verträgen sowie bei Fernabsatzgeschäften hat der Gesetzgeber dem Unternehmer zum Schutz des Verbrauchers besonders weitreichende Informationspflichten auferlegt (vgl. § 312d BGB und § 246a Einführungsgesetz zum Bürgerlichen Gesetzbuch). Danach muss der Verbraucher u. a. über die Identität des Unternehmers, wesentliche Eigenschaften der Ware oder Dienstleistung, den Gesamtpreis inklusive aller Nebenkosten, die Liefer- und Zahlungsbedingungen, das Bestehen eines gesetzlichen Mängelhaftungsanspruchs und über ein gesetzliches Widerrufsrecht informiert werden. Der Vertragsinhalt muss auf einem dauerhaften Datenträger (vgl. § 126b BGB) zur Verfügung gestellt werden, also auf Papier oder in Form einer E-Mail, die gespeichert werden kann.

### Widerrufsrecht

Bei besonderen Vertriebsformen steht dem Verbraucher nach § 312 g BGB in Verbindung mit §§ 355 ff. BGB ein Widerrufsrecht zu. Dabei beträgt die **Widerrufsfrist** einheitlich 14 Tage. Sie beginnt in der Regel mit dem Zugang der bestellten Ware, jedoch nicht bevor der Unternehmer den Verbraucher ordnungsgemäß (Textform) über sein Recht auf Widerruf informiert hat. Die Frist zum Widerruf endet aber spätestens nach zwölf Monaten und 14 Tagen. Der Widerruf kann mündlich oder telefonisch erklärt werden, allerdings ist aus Gründen eines Nachweises Schriftform ratsam. Ob die kommentarlose Rücksendung der Sache für einen Widerruf ausreicht, wird die Rechtsprechung zeigen. Nach § 356 I BGB kann der Verbraucher ein **Widerrufsformular** (Artikel 246a § 1 II EGBGB, Anlage 2) in Anspruch nehmen (vgl. das folgende Muster). In diesem Fall muss ihm der Unternehmer den Zugang des Widerrufs unverzüglich auf einem dauerhaften Datenträger bestätigen (Papierform, E-Mail).

***Muster-Widerrufsformular (etwas gekürzt)***

- *An [Name, Anschrift, Telefon, Fax, E-Mail-Adresse des Unternehmers durch den Unternehmer einzufügen]:*
- *Hiermit widerrufe(n) ich/wir (*) den von mir/uns (*) abgeschlossenen Vertrag über den Kauf der folgenden Waren (*)/die Erbringung der folgenden Dienstleistung (*)*
- *Bestellt am (*)/erhalten am (*)*
- *Name und Anschrift des/der Verbraucher(s/in)*
- *Unterschrift des/der Verbraucher(s/in) (nur bei Mitteilung auf Papier)*
- *Datum (bei Papierform)*

*(*) Unzutreffendes streichen.*

In § 312 g II (in Verb. mit § 312 II) sind eine Reihe von Verträgen angeführt, bei denen **kein Widerrufsrecht** besteht, sofern die Vertragsparteien nichts anderes vereinbart haben. So kann der Vertrag über die Herstellung eines Schranks, der speziell nach Kundenwünschen gefertigt wurde, nicht widerrufen werden. Dies gilt auch bei:

- notariell beurkundeten Verträgen,
- entsiegelten Waren (z. B. Entfernung der Schutzfolie von einem online bestellten Medikament),

*Abb. 7.4: Widerrufsrecht*

- außerhalb von Geschäftsräumen geschlossenen Verträgen, bei denen die Leistung sofort erbracht wird und der Verbraucher nicht mehr als 40 Euro zu bezahlen hat (vgl. § 312 II 12 BGB).

### Rechtsfolgen des Widerrufs nach § 357 BGB

Nach einem wirksamen Widerruf hat die **Rückabwicklung** des Vertrags Zug um Zug zu erfolgen. Nach § 357 I BGB sind die empfangenen Leistungen spätestens nach 14 Tagen zurückzugewähren. Die Frist beginnt für den Kunden mit der Abgabe und für den Händler mit dem Eingang der Widerrufserklärung (vgl. § 355 III, Satz 2). Nach § 355 II beträgt die Widerrufsfrist 14 Tage und beginnt mit dem Vertragsschluss, soweit nichts anderes bestimmt ist. Bei einem Verbrauchsgüterkauf kann der Unternehmer die Rückzahlung verweigern, bis er die Waren erhalten hat oder der Verbraucher den Nachweis liefert, dass er die Waren abgeschickt hat (vgl. § 357 IV BGB). Die **Kosten der Rücksendung** hat der Kunde zu tragen, vorausgesetzt der Verkäufer hat den Käufer vorab darüber unterrichtet (§ 357 VI BGB). Der Händler kann diese Kosten aber natürlich auch selbst übernehmen. Hat die Ware durch einen unangemessenen Umgang des Kunden einen Wertverlust erlitten, muss dieser entsprechend **Wertersatz** leisten, soweit er über diese Rechtsfolge informiert wurde. Deutliche und erhebliche Gebrauchsspuren, z. B. an einer Kamera, können eine derartige Ersatzpflicht auslösen (§ 357 VII BGB).

### Pflichten im elektronischen Geschäftsverkehr

Besondere Regeln gelten im sogenannten elektronischen Geschäftsverkehr nach § 312 i und § 312 j BGB. So muss der Unternehmer dem Kunden bei Online-Einkäufen technische Mittel zur Verfügung stellen, mit deren Hilfe der Kunde Eingabefehler vor Abgabe seiner Bestellung erkennen und berichtigen kann. Zudem gilt:

- Bestell-Buttons müssen an Worten wie „kostenpflichtig kaufen" klar erkennbar sein (312 j III).

Weiterhin gilt für alle Verbraucherverträge:

- die Anbieter müssen ein gängiges und zumutbares, kostenfreies Bezahlverfahren anbieten (312a IV);
- für Service-Hotlines, die zur Klärung von Fragen aus einem geschlossenen Vertrag eingerichtet sind, dürfen keine zusätzlichen Entgelte verlangt werden, die über normale Telefongebühren hinausgehen (312a V);
- Bestellungen mit voreingetragenen Häkchen oder Kreuzen über das Internet sind unwirksam. Kunden müssen jede Leistung ausdrücklich bestellen (312a III).

### Fragen und Aufgaben

**12.** Begründen Sie die Notwendigkeit der Rechtsfortentwicklung am Beispiel der §§ 312 ff. BGB!

**13.** Angenommen, ein Freund/eine Freundin von Ihnen wird auf dem Marktplatz einer Stadt, die er/sie gerade besucht, von einem jungen Mann so geschickt angesprochen, dass er/sie mit ihm einen Kaufvertrag über eine Kaffeemaschine der Mittelklasse sowie Kaffeepulver zum Preis von 1.800,– Euro abschließt. Zwei Tage später besucht er/sie den Kaffeeladen eines bekannten Unternehmens und stellt fest, dass die gekaufte Kaffeemaschine einschließlich Kaffeepulver höchstens 500 Euro hätte kosten dürfen. Rekapitulieren Sie die einschlägigen Normen und informieren Sie ihn/sie über rechtlich angemessene Schritte und deren Rechtsfolgen!

# Übungsschulaufgaben

## Schriftliche Abiturprüfung

In der schriftlichen Abiturprüfung im Fach Wirtschaft und Recht werden den Prüflingen zwei Aufgaben vorgelegt, von denen sie eine auswählen und bearbeiten müssen. Jede der zwei Aufgaben umfasst jeweils beide Fachgebiete, wobei eine Aufgabe mit **Schwerpunkt Wirtschaft** (ca. 70 BE Wirtschaft, ca. 30 BE Recht) und eine Aufgabe mit **Schwerpunkt Recht** (ca. 70 BE Recht, ca. 30 BE Wirtschaft) gestaltet ist. Es können maximal **100 BE** in **210 Minuten** Arbeitszeit erreicht werden.

Jede der beiden Aufgaben setzt sich aus drei bis fünf Aufgabenblöcken mit verschiedenen Teilaufgaben zusammen, die, soweit möglich, in einem thematischen Zusammenhang stehen. Zusätzlich werden aktuelle Materialien zur Auswertung beigefügt sein. Bei der Aufgabenstellung sollen zukünftig vermehrt auch offene Fragestellungen zur Anwendung kommen. Im Folgenden werden aus den beiden Schwerpunkten Teilaufgaben gestellt.

## Übungsschulaufgaben (Teilaufgaben):

### Teilbereich Wirtschaft — Außenwirtschaft

**M 1 EU nimmt deutschen Exportüberschuss ins Visier**

Die deutsche Wirtschaft hat im vergangenen Jahr den größten Leistungsbilanzüberschuss weltweit erzielt. Der EU-Kommission ist das ein Dorn im Auge, sie fürchtet um die Stabilität der Euro-Zone. [...] Der 2014 erneut gestiegene Exportüberschuss Deutschlands könne nur teilweise durch den niedrigeren Ölpreis erklärt werden, sagte ein EU-Vertreter am Dienstag. Die schwache Nachfrage und die geringen Investitionen im Inland gehörten ebenso dazu wie die starke Wettbewerbsfähigkeit der Exportindustrie.

Nach Berechnungen des Münchner Ifo-Instituts weist die sogenannte Leistungsbilanz in Deutschland für 2014 einen Überschuss von knapp 220 Milliarden Euro und damit den weltweit höchsten Wert auf. [...] Die EU-Kommission stuft Werte von dauerhaft mehr als sechs Prozent im Verhältnis zum Bruttoinlandsprodukt als stabilitätsgefährdend ein. Da Deutschland seit Jahren über dieser Grenze liegt, wurde die Bundesregierung im März 2014 von Brüssel gerügt. Gleichzeitig wird ihr von der EU-Kommission wiederholt empfohlen, mehr zu investieren und so die Nachfrage im Inland zu stärken. Wegen der bedeutenden Rolle der deutschen Wirtschaft habe das auch Effekte auf die EU und die Euro-Zone. Die EU-Kommission stellte aber schon im vergangenen Frühjahr klar, dass Länder mit einem Überschuss anders als Defizitsünder laut EU-Regeln keine Sanktionen aus Brüssel fürchten müssen.

Quelle: Die Welt: http://www.welt.de/137079168, aufgerufen am 21.06.2015

**M 2 Auszug aus der Zahlungsbilanz für die Europäische Währungsunion**

Mio €

| | | | | 2014 | | 2015 | | | |
|---|---|---|---|---|---|---|---|---|---|
| Position | 2012 | 2013 | 2014 | 4. Vj. | 1. Vj. | 2. Vj. | Juni | Juli | Aug. p) |
| A. Leistungsbilanz | + 124 314 | + 193 936 | + 241 045 | + 96 115 | + 53 839 | + 67 125 | + 35 079 | + 37 881 | + 13 655 |
| 1. Warenhandel | | | | | | | | | |
| Ausfuhr (fob) | 1 889 125 | 1 921 961 | 1 974 263 | 515 635 | 498 353 | 530 017 | 186 055 | 187 721 | 148 199 |
| Einfuhr (fob) | 1 764 373 | 1 710 845 | 1 722 540 | 434 699 | 432 640 | 443 657 | 152 707 | 151 713 | 132 989 |
| Saldo | + 124 750 | + 211 116 | + 251 723 | + 80 936 | + 65 711 | + 86 361 | + 33 349 | + 36 007 | + 15 210 |

**M 3 Auszug aus der Zahlungsbilanz der Bundesrepublik Deutschland (Mio. €)**

| Position | Juli 2014 | Aug. 2014 | Sept. 2014 | Okt. 2014 | Nov. 2014 | Dez. 2014 | Jan. 2015 | Feb. 2015 | März 2015 | April 2015 | Mai 2015 |
|---|---|---|---|---|---|---|---|---|---|---|---|
| Leistungsbilanzsaldo | + 20181 | + 10717 | + 22880 | + 21627 | + 18490 | + 24870 | + 14512 | + 15511 | + 26765 | + 21162 | + 11633 |
| Warenhandelsaldo | + 22461 | + 14220 | + 23241 | + 22907 | + 17861 | + 17792 | + 15591 | + 19584 | + 25207 | + 22536 | + 21354 |

**M 4 Bruttoinlandsprodukt (Mrd. €)**

| Position | 2014 (gesamt) | 2014 1. Vj. | 2014 2. Vj | 2014 3. Vj. | 2014 4. Vj. | 2015 1. Vj. | 2015 2. Vj. |
|---|---|---|---|---|---|---|---|
| BIP (real) | 2915,65 | 715,91 | 716,85 | 742,51 | 740,38 | 739,44 | 743,42 |

Quelle für M2, M3 und M4: Monatsbericht der Deutschen Bundesbank; November 2015

**M 5 Entwicklung des Euro/Dollar-Kurses seit Juli 2014**

Quelle: http://www.ecb.int/stats/exchange/eurofxref/html/eurofxref-graph-usd.en.html (Stand: 10.07.2015)

**1.1** Zeigen Sie anhand einer Skizze den Aufbau der Zahlungsbilanz!

**1.2** Beschreiben Sie die Wechselkursentwicklung des Euros gegenüber dem Dollar (M 5) und erläutern Sie mögliche und tatsächliche Auswirkungen auf Unternehmen und Haushalte in der EU! Vergleichen Sie Ihre Ergebnisse mit den entsprechenden Werten der Zahlungsbilanzen der Europäischen Währungsunion und Deutschlands! (M 2, M 3 und M 4)

**1.3** Die deutschen Exportüberschüsse begünstigen anderswo auf der Welt Handelsbilanzdefizite (vgl. M 1). Nehmen Sie zu dieser These Stellung!

**M 6 Perspektiven der Europäischen Geldpolitik**

Die monetäre Analyse ist in der geldpolitischen Strategie des Eurosystems ein natürliches Korrektiv gegen eine zu enge Fokussierung auf die kurzfristige, konjunkturgetriebene Inflationsentwicklung. Durch die mittelfristige Orientierung sind Preisniveaustabilität und Finanzstabilität besser miteinander in Einklang zu bringen. Sie sind quasi komplementär zueinander und bedingen sich gegenseitig. Preisniveaustabilität ist der beste Beitrag, den die Geldpolitik für Finanzstabilität leisten kann. Die Stabilität des Finanzsystems ist aber auch eine wesentliche Voraussetzung für die Gewährleistung von Preisniveaustabilität. Zum einen ist in Zeiten von Turbulenzen auf den Finanzmärkten der geldpolitische Transmissionsmechanismus gestört. Zum anderen erhöhen Finanzkrisen die gesamtwirtschaftliche Volatilität und gefährden damit auch die stabile Verankerung der Inflationserwartungen. Es liegt daher im ureigenen Interesse einer auf Preisniveaustabilität ausgerichteten Geldpolitik, auch die Finanzstabilität im Blick zu behalten. Es ist jedoch so, dass der Geldpolitik im Regelfall nur ein Politikinstrument zur Verfügung steht, nämlich der kurzfristige Zins.

Quelle: Auszug aus einer Rede von Axel Weber, früherer Präsident der Deutschen Bundesbank, gehalten am 03.12.2009, bearbeitet

**Teilbereich Wirtschaft — Geld und Währung**

**2.1** Erläutern Sie, mit welchen Instrumenten die EZB versucht, ihre zentrale Aufgabe der Gewährleistung der Preisniveaustabilität (M 6) wahrzunehmen und beschreiben Sie in diesem Zusammenhang den im Text angesprochenen „Transmissionsmechanismus"!

**2.2** „Sie sind quasi komplementär zueinander und bedingen sich gegenseitig. Preisniveaustabilität ist der beste Beitrag, den die Geldpolitik für Finanzstabilität leisten kann." (M 6) Erklären Sie die komplementären Ziele Preis- und Finanzstabilität anhand konkreter Beispiele!

**2.3** Untersuchen Sie, durch welche Faktoren die Wirksamkeit der Geldpolitik der EZB beschränkt ist!

## Teilbereich Recht

## M 7

*»Im Sinne einer gerechten Auslese lautet die Prüfungsaufgabe für Sie alle gleich: Klettern Sie auf den Baum!«*

**3.1** Zeigen Sie anhand der Karikatur (M 7) die Problematik des Begriffes „Gerechtigkeit" auf und legen Sie dar, inwiefern die Anspruchssystematik bei Leistungsstörungen versucht, allgemeinen Gerechtigkeitsvorstellungen gerecht zu werden!

**3.2** Prüfen Sie im Gutachtenstil, ob K von V im unten beschriebenen Beispiel die Rückzahlung des Kaufpreises verlangen kann!

Abiturient Kilian (K) kauft beim Elektrohändler Vittorio (V) ein neues Fernsehgerät mit Flachbildschirm zum Preis von 2000 Euro, um es später in seiner Studentenbude aufzustellen. V hat wegen des günstigen Preises mit K vereinbart, dass jegliche Gewährleistung ausgeschlossen ist. Da K nicht sofort eine kleine Wohnung gefunden hat, lagert er das Gerät bei seinen Eltern in einem feuchten Keller. Als er das Gerät drei Monate nach dem Kauf in der neuen Wohnung aufstellt, funktioniert es nicht. Mögliche Ursachen sind die feuchte Lagerung oder ein Fehler bei der Herstellung des Apparates. Kilian bringt das Gerät zu Vittorio zurück und will von ihm die Rückerstattung des Kaufpreises. V ist dazu nicht bereit, auch nicht zur Reparatur oder zur Lieferung eines anderen neuen Gerätes, das funktioniert.

## Weitere Aufgaben

### Beschäftigung und Einkommen (kombiniert mit Lerninhalten der 11. Jahrgangsstufe)

**M 8**

(23.1.2011) Die Industriegewerkschaft Bauen-Agrar-Umwelt (IG BAU) fordert für die rund 700.000 Bauarbeiter, Angestellten und Auszubildenden am Bau 5,9 Prozent mehr Geld. Das hat die Bundestarifkommission der IG BAU für die Tarifrunde 2011 im Bauhauptgewerbe beschlossen. „Der Aufschwung hält auch in diesem Jahr an. Die Bauwirtschaft wird davon profitieren und erwartet ein stabiles Geschäft. An der positiven Entwicklung müssen auch die Beschäftigten am Bau teilhaben", sagte der stellvertretende IG BAU-Bundesvorsitzende Dietmar Schäfers. [...] Dazu erklärte der **Vizepräsident des Zentralverbandes des Deutschen Baugewerbes, Frank Dupré** [...]: „Nach zwei schwierigen Jahren konnte die Branche in 2010 zwar geringe Umsatzsteigerungen verzeichnen, diese rechtfertigen jedoch nicht derart hohe Lohnforderungen [...]."

(Quelle: baulinks, 23.01.2011)

**1.1** Skizzieren Sie das klassische Arbeitsmarktmodell (Koordinatensystem, vollständig beschriftet) und stellen Sie unter Einbeziehung des Modells die Auswirkungen dar, die aus Sicht vieler Arbeitgeber ein staatlich festgelegter Mindestlohn gegenüber der freien Lohnbildung hat. (9)

**1.2** Beschreiben Sie die im vorliegenden Text (M 8) verfolgte Art der Lohnpolitik und erörtern Sie Für und Wider dieser Art! Beziehen Sie in ihre Darlegung dabei auch die nebenstehende Karikatur (M 9) ausführlich mit ein! (13)

**1.3** Arbeitslosigkeit und Staatsverschuldung sind die Hauptprobleme vieler moderner Industriestaaten. (14)

a) Beschreiben Sie, inwieweit beide Probleme miteinander zu tun haben!

b) Erläutern Sie zwei arbeitsmarktpolitische Maßnahmen, mit denen man strukturelle Arbeitslosigkeit im Bereich der Industrie bekämpfen könnte!

c) Zeigen Sie mögliche Folgen zu hoher Staatsverschuldung auf!

**M 9** *„Grausam, wie der Hase den armen Fuchs hetzt!" (Haitzinger)*

Die Müller KG, ein kleiner Industriebetrieb, produziert Fußbälle. Da die Unternehmensleitung die Nachfrageentwicklung für die Zukunft positiv einschätzt, soll die Produktion erhöht werden. Kosten und möglicher Gewinn spielen bei den betriebswirtschaftlichen Entscheidungen des Unternehmens eine entscheidende Rolle. Für die zu produzierenden Fußbälle gilt pro Woche:

- die Erlösfunktion: $E = 25x$,
- die Kostenfunktion für die alte, gegenwärtig genutzte Maschine: $K_a = 20x + 500$,
- die Kostenfunktion für eine neue Maschine: $K_n = 15x + 2000$.

**2.1** Berechnen Sie mithilfe einer Gewinnvergleichsrechnung, ob sich der Kauf der neuen Maschine lohnt, wenn eine Produktionsmenge von 500 Mengeneinheiten (ME) pro Woche geplant ist!

**2.2** Bestimmen Sie die Nutzenschwelle für die neue Maschine rechnerisch und grafisch!

Angenommen, die Produktivität je Arbeitsstunde steigt bei der Müller KG durch den Kauf der neuen Maschine um 5 % und dies entspräche dem Branchendurchschnitt. Die Inflationsrate betrage 2 %. Bei Tarifverhandlungen würde nun von Gewerkschaftsseite eine Erhöhung des Tariflohns um 7 % gefordert, während die Arbeitgeberseite maximal 2 % Lohnerhöhung akzeptieren will.

**3.** Entwerfen Sie einen sachlichen Dialog mit je zwei Argumenten auf beiden Seiten, welcher den grundsätzlichen Positionen der Tarifpartner entspricht!

## Weitere Aufgaben

### Beschäftigung und Einkommen: Staatsverschuldung/wirtschaftspolitische Konzepte/Geldpolitik

**M 10**

*Frankfurter Rundschau vom 13. Januar 2009. (Bild: Plaßmann)*

Im Jahr 2014 übertrifft der Schuldenstand Deutschlands die Grenze des Stabilitätspakts von 60 % des BIP mit knapp 75 % deutlich, sinkt jedoch langsam. Insgesamt beträgt der Schuldenstand von Bund, Ländern und Gemeinden im Jahr 2014 2.170 Mrd. Euro. Zugleich hat sich beim Haushaltsdefizit mit einem Haushaltsüberschuss von +0,7 % des BIP (vgl. die Maastricht-Grenze: –3 %) der positive Trend weiter fortgesetzt. Mit einer weiteren Stabilisierung ist zu rechnen.

**4.1** Interpretieren Sie die Karikatur (M 10) und gehen Sie dabei darauf ein, warum in diesem Zusammenhang von „Eltern in der Bredouille" gesprochen wird!

**4.2** Beschreiben Sie einige Ursachen der in der Vergangenheit angehäuften Schulden Deutschlands!

**4.3** Erklären Sie die Notwendigkeit der Reduzierung der Staatsverschuldung und erläutern Sie Wege aus der Schuldenkrise!

**4.4** Beurteilen Sie folgende Maßnahmen, mit denen Staatsschulden abgebaut werden könnten: Erhöhung der Einkommensteuer, Erhöhung der Mehrwertsteuer! Gehen Sie dabei besonders auf die volkswirtschaftlichen Auswirkungen ein (Wirkungskette)!

**5.** In der konjunkturellen Entwicklung in der Bundesrepublik zeigten sich in den letzten Jahrzehnten abnehmende Wachstumsraten und immer wieder auch Phasen der Rezession. Seit Anfang der 1980er-Jahre diskutierte man in diesem Zusammenhang zunehmend über das richtige wirtschaftspolitische Konzept. Vergleichen Sie in knapper Form – mit Bezug auf die Frage nach Überwindung wirtschaftlicher Krisen – das fiskalpolitische Konzept von Keynes mit dem angebotsorientierten Konzept!

**6.** Angesichts der niedrigen Wachstumsraten und der hohen Arbeitslosigkeit innerhalb der Europäischen Union fordern manche Politiker von der EZB mehr Unterstützung der Wirtschaft durch einen noch expansiveren Einsatz des geldpolitischen Instrumentariums. Erläutern Sie, warum insbesondere deutsche Vertreter der EZB auf entsprechende Forderungen generell mit Zurückhaltung reagieren. Gehen Sie dabei auch auf die politische Stellung der EZB ein!

## Weitere Aufgaben
## Recht (Jahrgangsstufen 11 und 12)

### Aufgabe I

Klaus (K) erwirbt bei Vogel (V) für seinen vierjährigen Sohn Sam (S) einen elektronischen Spielzeugpapagei, der sprechen und fliegen kann, für 800 Euro. V hatte den Papagei als Einzelstück aus Japan importiert. S packt freudestrahlend an seinem Geburtstag das Paket aus und muss leider feststellen, dass der Papagei entgegen der Packungsaufschrift nicht spricht. K bringt den Papagei erbost zu V zurück, der feststellt, dass das fehlende Sprechvermögen auf einen falsch verbundenen Draht zurückzuführen ist. Er bietet K an, „die Sache in Ordnung zu bringen" und den Papagei zu reparieren. K will sich damit nicht zufriedengeben. Er verlangt deshalb einen ganz neuen Papagei mit der Begründung, in den alten habe er das „Vertrauen verloren". V ruft in Japan an und erfährt, dass der Einkaufspreis wegen der hohe Nachfrage auf 1000 € gestiegen ist. Daraufhin erklärt er dem K, er könne nicht gezwungen werden, Verluste zu machen.

**1.1** Definieren Sie den Begriff Pflichtverletzung i.S.d. § 280 I BGB?
**1.2** Erstellen Sie eine allgemeine Übersicht der Rechte, die ein Käufer im Falle einer mangelhaften Leistung geltend machen kann!
**1.3** Erläutern Sie, inwiefern auch Regelungen des Verbrauchsgüterkaufs im gegebenen Fall zum Tragen kommen könnten!
**1.4** Prüfen Sie im Gutachtenstil, welche Rechte K zustehen, und zeigen Sie anhand der konkreten Falllösung auf, inwiefern der Gesetzgeber auf einen gerechten Ausgleich der Vertragsparteien Wert legt! Beziehen Sie sich bei der Beantwortung auch auf die unterschiedlichen Funktionen des Rechts!

Endlich befindet sich ein funktionierender Papagei im Hause des K. Als der Hobbybastler Züntl (Z) zu Besuch kommt, möchte er sich selbst einen derartigen Papagei basteln. Zu diesem Zwecke leiht er sich den Papagei von K aus. Leider wird Zintl der Papagei vom Dieb (D) gestohlen. D veräußert den Papagei an den gutgläubigen Albert (A).

**2.1** Erklären Sie, ob zwischen D und A ein wirksamer Kaufvertrag zustande kam!
**2.2** Prüfen Sie, ob K von A den Papagei herausverlangen kann!

### Aufgabe II

Der Dieb (D) aus Aufgabe I wird gefasst, vor Gericht gestellt und verurteilt.

1. Geben Sie eine Übersicht über die bekannten Straftheorien mit Bezug zum gegebenen Fall und legen Sie ein Strafmaß fest! Begründen Sie Ihre Festlegung!
2. § 242 StGB lautet: „Wer eine fremde bewegliche Sache einem anderen in der Absicht wegnimmt, die Sache sich oder einem Dritten rechtswidrig zuzueignen, wird mit Freiheitsstrafe bis zu 5 Jahren oder mit Geldstrafe bestraft." Erläutern Sie mit Bezug auf § 242 StGB und die Handlung des D den Begriff „Tatbestandsmäßigkeit"!
3. Auch in der heutigen Zeit gibt es noch Gesellschaften, in denen Diebstahl mit dem Abschlagen einer Hand geahndet wird. In den aufgeklärten europäischen Staaten hat sich das Recht jedoch weiterentwickelt. Zeigen Sie an zwei Beispielen der deutschen Rechtsordnung, wie und warum sich Gesetze fortentwickeln!
4. Gehen Sie davon aus, dass der Papagei aus Aufgabe I durch den unberechtigten Verkauf durch D verloren geht und nicht mehr auftaucht. K verlangt deshalb Schadensersatz von D.
   a) Erklären Sie kurz den Unterschied, den unsere Rechtsordnung zwischen der Forderung nach Bestrafung und der Forderung nach Schadensersatz macht!
   b) Prüfen Sie ausführlich, ob K tatsächlich Schadensersatz von D fordern kann!

# Schriftliche Prüfungen: Anforderungsbereiche und Aufgabenformulierungen

### Wirtschaft: Anforderungsbereich I (30 %)

Dazu gehören u. a.:
- **Beschreiben** von Strukturen (z. B. Aufbau der EZB)
- sachgerechtes **Wiedergeben** fachwissenschaftlicher Begriffe (z. B. betriebswirtschaftliche Ziele)
- **Darstellung** von wirtschaftlichen Grundmodellen (z. B. idealtypischer Konjunkturverlauf)
- **Ermitteln** von wirtschaftlichen Größen (z. B. Ermittlung des break-even-point)
- **Nennen** von wirtschaftlichen Zielen (z. B. Magisches Viereck und Erweiterungen)

Dem Anforderungsbereich I entsprechen u. a. folgende **Aufgabenformulierungen**:
Nennen Sie … Beschreiben Sie … Ermitteln Sie … Berechnen Sie … Geben Sie wieder … Fassen Sie zusammen …

| | |
|---|---|
| **nennen wiedergeben zusammenfassen** | Kenntnisse (Fachbegriffe, Daten, Fakten, Modelle) und Aussagen in komprimierter Form unkommentiert darstellen |
| **beschreiben darstellen** | wesentliche Aspekte eines Sachverhaltes im logischen Zusammenhang unter Verwendung der Fachsprache wiedergeben |
| **berechnen ermitteln** | Aufgaben anhand vorgegebener Daten und Sachverhalte mit bekannten Operationen lösen |

### Wirtschaft: Anforderungsbereich II (40 %)

Dazu gehören u. a.:
- **Erklären** von wirtschaftlichen Strukturen und Prozessen (z. B. Soziale Marktwirtschaft)
- **Vergleichen** von wirtschaftlichen Theorien (z. B. Markttheorien)
- **Anwenden** grundlegender Arbeitsweisen (z. B. Auswertung von Tabellen, Grafiken)
- **Analysieren** bekannter Sachverhalte unter bestimmten Gesichtspunkten (z. B. Arbeitsmarktpolitik)
- **Erläutern** funktionaler Zusammenhänge in der Wirtschaft (z. B. Auswirkungen von Faktorpreisänderungen auf die Kostenstruktur, Spannungsverhältnis Ökonomie und Ökologie)
- **Anwenden** von Erklärungs-, Beschreibungs- und Entscheidungsmodellen (z. B. Konjunkturverlauf)

Dem Anforderungsbereich II entsprechen u. a. folgende **Aufgabenformulierungen**:
Erklären Sie … Erläutern Sie … Analysieren Sie … Vergleichen Sie … Werten Sie aus … Arbeiten Sie heraus … Wenden Sie an … Übertragen Sie …

| | |
|---|---|
| **erklären erläutern** | Sachverhalte durch Wissen und Einsichten in einen Zusammenhang (Theorie, Modell, Regel, Gesetz, Funktionszusammenhang) einordnen und deuten; ggf. durch zusätzliche Informationen und Beispiele verdeutlichen |
| **analysieren auswerten** | wirtschaftliche Sachverhalte aus Materialien kriterien- bzw. aspektorientiert beschreiben und erklären; Daten oder Einzelergebnisse zu einer abschließenden Gesamtaussage zusammenführen |
| **vergleichen** | Sachverhalte gegenüberstellen, um Gemeinsamkeiten, Ähnlichkeiten und Unterschiede herauszuarbeiten |
| **herausarbeiten** | aus Materialien bestimmte Sachverhalte herausfinden, die nicht explizit genannt werden, und Zusammenhänge zwischen ihnen herstellen |
| **anwenden** | grundlegende Arbeitsweisen und Modelle auf unbekannte Sachverhalte bzw. Zusammenhänge übertragen |

### Wirtschaft: Anforderungsbereich III (30 %)

Dazu gehören u. a.:
- **selbstständige Urteilsbildung** hinsichtlich der Anwendbarkeit von Theorien und Modellen auf ein Beispiel bezogen (z. B. Vergleich zw. Konjunkturmodell und realem Konjunkturvergleich)
- **selbstständiges Entwickeln von nachhaltigen Lösungsansätzen** (z. B. Rohstoffproblematik)
- **Entwickeln von Konzepten** und adressatenbezogenes, sachlogisch strukturiertes Gestalten der Arbeitsergebnisse unter Nutzung geeigneter Materialien und Medien (z. B. wirtschaftspolitisches Maßnahmenbündel in der Krise)
- **Diskutieren von Problemstellungen** (z. B. EU-Erweiterung)
- **Entwickeln und Beurteilen von Zukunftsszenarien** (z. B. Auswirkungen der Arbeitslosigkeit)
- **Bewerten** unterschiedlicher wirtschaftlicher Situationen und Lösungsansätze (z. B. wirtschaftspolitische Konzeptionen)

Dem Anforderungsbereich III entsprechen u. a. folgende **Aufgabenformulierungen**:
Beurteilen Sie … Gestalten Sie … Diskutieren Sie … Nehmen Sie Stellung … Entwickeln Sie …

| | |
|---|---|
| **beurteilen** | den Stellenwert von Sachverhalten und Prozessen in einem Zusammenhang bestimmen, um theorie- und kriterienorientiert zu einem begründeten Sachurteil zu gelangen |
| **Stellung nehmen** | ausgehend vom Sachurteil unter Einbeziehung individueller Wertmaßstäbe zu einem begründeten eigenen Werturteil kommen |

| | |
|---|---|
| **selbstständiges Entwickeln** | zu einem Sachverhalt oder einer Problemstellung ein konkretes Lösungsmodell, eine Gegenposition oder einen Regelungsentwurf begründet entfalten |
| **gestalten** | Aufbereiten und adressatenbezogenes, sachlogisch strukturiertes, fachsprachlich korrektes Darstellen der selbstständig entwickelten Ergebnisse |
| **diskutieren** | zu einer ökonomischen Problemstellung eine Pro- und Kontra-Argumentation entwickeln, die zu einer begründeten Bewertung führt |

## Anforderungsbereiche und Aufgabenformulierungen im Fachbereich Recht

| **Anforderungsbereich I (30 %)** | **Anforderungsbereich II (40 %)** | **Anforderungsbereich III (30 %)** |
|---|---|---|
| **Beschreiben** von Strukturen (z. B. Gliederung des Rechts) | **Einordnen von Sachverhalten** in Strukturen (z. B. Einordnung in die Systematik der Rechtsgeschäfte) | selbstständiges **Auslegen** unbestimmter Rechtsbegriffe und **Interpretieren** von Rechtsnormen |
| sachgerechtes, korrektes **Wiedergeben fachwissenschaftlicher Begriffe** (z. B. Geschäftsfähigkeit) | sachgerechtes und sprachlich korrektes Abgrenzen oder **Anwenden fachwissenschaftlicher Begriffe** (z. B. verschiedene Arten des Schadensersatzes) | **Reflektieren von Normen** hinsichtlich des Normzwecks bzw. zugrundeliegender Gerechtigkeitsvorstellungen |
| **Zuordnung eines Sachverhalts** zu einem Rechtsgebiet (z. B. Kaufvertrag – Schuldrecht/BGB) | den rechtlichen **Hintergrund eines Lebenssachverhaltes verdeutlichen** und verschiedenen Rechtsgebieten zuordnen (z. B. Verkehrsunfall: Zivil-, Straf-, Polizeirecht) | **Bewertung** z. B. von eigenen Falllösungen, Rechtsprechung und herrschender Meinung im Hinblick auf Grundwerte der Verfassung, v. a. in Entscheidungssituationen |
| **Auffinden** einschlägiger Rechtsnormen in einem **bekannten** Zusammenhang | **Auffinden** einschlägiger Rechtsnormen in einem **unbekannten** Zusammenhang | sachlogisch strukturierte und korrekte **Argumentation** bei der Lösung von komplexen Problemstellungen |
| **genaues Zitieren** von Rechtsnormen (z. B. bestimmte Art des Sachmangels, § 434 I S. 1 BGB) | **eigenständige Analyse von Rechtsnormen** mit komplexerem Aufbau (z. B. Bewirken der Leistung mit eigenen Mitteln, § 110 BGB) | **Prüfung eines** komplexen, unbekannten **Falles im Gutachtenstil** |
| **Wiedergeben der Analyse** im Unterricht erarbeiteter Rechtsnormen (z. B. Schadensersatzpflicht, § 823 I BGB) | **Erläutern komplexer Falllösungen** und fachwissenschaftlicher Literaturmeinungen (z. B. Analyse eines Gerichtsurteils) | **Entwickeln eigener Fallbeispiele** |
| fachsprachlich korrekte **Lösungen einfacher Fälle** in einem geübten Zusammenhang (z. B. Prüfung der Geschäftsfähigkeit) | fachsprachlich korrekte **Falllösungen mit bekannter Grundstruktur** (z. B. Prüfung der Geschäftsfähigkeit und Anwendung der §§ 107 ff. BGB) | **Entwerfen von Alternativen zu geltenden Normen** |
| **Formulierungen**: Nennen, Aufzählen, Wiedergeben, Zusammenfassen, Beschreiben, Schildern, Kennzeichnen, Darstellen, Ermitteln | **Formulierungen**: Erklären, Erläutern, Aufzeigen, Begründen, Erörtern, Analysieren, Herausarbeiten, Vergleichen, Abgrenzen, Subsumieren, Bestimmen, Festhalten | **Formulierungen**: Prüfen, Untersuchen, Beurteilen, Abwägen, Diskutieren, Stellung nehmen, Bewerten, Würdigen, Entwickeln, Widerlegen |

# Normen des Grundgesetzes, des BGB und des StGB (Auswahl)

## Grundgesetz der Bundesrepublik Deutschland

Grundrechte
Art. 1 (Menschenwürde, -rechte)
Art. 2 (pers. Freiheitsrechte)
Art. 3 (Gleichheit vor dem Gesetz)
Art. 5 (Freiheit der Meinung …)
Art. 8 (Versammlungsfreiheit)
Art. 9 (Vereinigungs- und Koalitionsfreiheit)
Art. 14 (Eigentum – Erbrecht – Enteignung)
Art. 15 (Vergesellschaftung)
Art. 19 (Einschränkung von Grundrechten – Rechtsweg)

Der Bund und die Länder
Art. 20 (Verfassungsgrundsätze – Widerstandsrecht)
Art. 28 (Landesverfassungen – Selbstverwaltung der Gemeinden)
Art. 31 (Vorrang des Bundesrechts)

Die Rechtsprechung
Art. 103 (Grundrechte vor Gericht)

## Bürgerliches Gesetzbuch (BGB)

**Allgemeiner Teil**
§ 1 (Rechtsfähigkeit)
§ 2 (Eintritt der Volljährlichkeit)
§ 13 (Verbraucher)
§ 14 (Unternehmer)
§ 90 (Begriff der Sache)
§ 91 (Vertretbare Sachen)
§ 104 (Geschäftsunfähigkeit)
§ 105 (Nichtigkeit der Willenserklärung)
§ 106 (Beschränkte Geschäftsfähigkeit)
§ 107 (Einwilligung des gesetzlichen Vertreters)
§ 108 (Vertragsabschluss ohne Einwilligung)
§ 110 (Bewirkung der Leistung mit eigenen Mitteln)
§ 123 (Arglistige Täuschung)
§ 125 (Nichtigkeit wegen Formmangels)
§ 126 (Schriftform)
§ 126a (Elektronische Schriftform)
§ 126b (Textform)
§ 134 (Gesetzliches Verbot)
§ 138 (Sittenwidrigkeit)
§ 145 (Antrag)
§ 147 (Annahme)
§ 158 (Aufschiebende und auflösende Bedingung)
§ 182 (Zustimmung)
§ 183 (Widerruflichkeit der Einwilligung)
§ 184 (Rückwirkung der Genehmigung)

**Recht der Schuldverhältnisse**
§ 241 (Pflichten aus dem Schuldverhältnis)
§ 247 (Basiszins)
§ 249 (Art und Umfang des Schadensersatzes)
§ 252 (Entgangener Gewinn)
§ 271 (Leistungszeit)
§ 275 (Ausschluss der Leistungspflicht)
§ 276 (Verantwortlichkeit des Schuldners)
§ 278 (Verantwortlichkeit des Schuldners für Dritte)
§ 280 (Schadensersatz wegen Pflichtverletzung)
§ 281 (Schadensersatz statt der Leistung)
§ 283 (Schadensersatz statt der Leistung bei Ausschluss der Leistungspflicht)
§ 284 (Aufwendungsersatz)
§ 286 (Verzug des Schuldners)
§ 287 (Verantwortlichkeit während des Verzugs)
§ 288 (Verzugszinsen)
§ 305 (Allgemeine Geschäftsbedingungen)
§ 308 (Klauselverbote mit Wertungsmöglichkeit)
§ 309 (Klauselverbote ohne Wertungsmöglichkeit)
§ 311 (Rechtsgeschäftliche und rechtsähnliche Schuldverhältnisse)
§ 311a (Leistungshindernis bei Vertragsschluss)
§ 311b (Verträge über Grundstücke)
§ 312 (Verbraucherverträge: Anwendungsbereich)
§ 312a (Verbraucherverträge: Pflichten)
§ 312b (Außerhalb vom Geschäftsräumen geschlossene Verträge)
§ 312c (Fernabsatzverträge)
§ 312d (Informationspflichten)
§ 312g (Widerrufsrecht)
§ 312i (Elektronischer Geschäftsverkehr: Allgemeine Pflichten)
§ 312j (Elektronischer Geschäftsverkehr: Besondere Pflichten)
§ 323 (Rücktritt)
§ 325 (Schadensersatz und Rücktritt)
§ 346 (Wirkung des Rücktritts)
§ 349 (Erklärung des Rücktritts)
§ 355 (Widerrufsrecht bei Verbraucherverträgen)
§ 356 (Widerrufsrecht bei außerhalb von Geschäftsräumen geschlossenen Verträgen und Fernabsatzverträgen)
§ 357 (Rechtsfolgen des Widerrufs)
§ 433 (Kauf)
§ 434 (Sachmangel)
§ 437 (Rechte des Käufers beim Mangel)
§ 438 (Verjährung der Mängelansprüche)
§ 439 (Nacherfüllung)
§ 440 (Besondere Bestimmungen für Rücktritt und Schadensersatz)
§ 441 (Minderung)
§ 442 (Kenntnis des Käufers)
§ 446 (Gefahr- und Lastenübergang)
§ 447 (Gefahrübergang beim Versendungskauf)
§ 449 (Eigentumsvorbehalt)
§ 363 (Beweislastumkehr bei Annahme)
§ 435 (Rechtsmangel)
§ 443 (Garantie)
§ 474 (Verbrauchsgüterkauf)
§ 475 (Abweichende Vereinbarungen)
§ 476 (Beweislastumkehr)
§ 477 (Sonderbestimmungen für Garantien)
§ 488 (Gelddarlehen)
§ 535 (Miete)
§ 598 (Leihe)
§ 607 (Sachdarlehen)
§ 611 (Dienstvertrag)
§ 631 (Werkvertrag)
§ 766 (Schriftform der Bürgschaftserklärung)
§ 812 (Herausgabeanspruch)
§ 816 (Verfügung eines Nichtberechtigten)
§ 823 (Schadensersatzpflicht)

**Sachenrecht**
§ 854 (Besitz)
§ 868 (Mittelbarer Besitz)
§ 903 (Befugnisse des Eigentümers)
§ 929 (Einigung und Übergabe)
§ 930 (Besitzkonstitut)
§ 931 (Abtretung des Herausgabeanspruchs)
§ 932 (Gutgläubiger Erwerb)
§ 935 (Kein gutgläubiger Erwerb von abhanden gekommenen Sachen)
§ 985 (Herausgabeanspruch)
§ 986 (Einwendungen des Besitzers)
§ 1004 (Eigentumsvermutung für Besitzer)

## Strafgesetzbuch StGB

**Die Tat**
§ 15 (Vorsätzliches und fahrlässiges Handeln)
§ 19 (Schuldunfähigkeit eines Kindes)
§ 20 (Schuldunfähigkeit wegen seelischer Störungen)
§ 21 (Verminderte Schuldfähigkeit)
§ 32 (Notwehr)
§ 33 (Überschreitung der Notwehr)
§ 34 (Rechtfertigender Notstand)
§ 35 (Entschuldigender Notstand)

**Rechtsfolgen der Tat**
§ 46 (Grundsätze der Strafzumessung)

**Straftaten gegen das Leben**
§ 211 (Mord)
§ 212 (Totschlag)
§ 222 (Fahrlässige Tötung)

**Straftaten gegen die körperliche Unversehrtheit**
§ 223 (Körperverletzung)
§ 224 (Gefährliche Körperverletzung)
§ 227 (Körperverletzung mit Todesfolge)
§ 229 (Fahrlässige Körperverletzung)

**Diebstahl und Unterschlagung**
§ 242 (Diebstahl)

**Raub und Erpressung**
§ 249 (Raub)
§ 250 (Schwerer Raub)

**Sachbeschädigung**
§ 303 (Sachbeschädigung)

**Gemeingefährliche Straftaten**
§ 316 (Trunkenheit im Verkehr)
§ 323a (Vollrausch)

# Stichwortverzeichnis

**Q**



**R**



**S**



**T**



**U**



**V**



**W**



**Z**

# Bildquellenverzeichnis

**6** Fotolia LLC (sokolovsky), New York; **7** shutterstock (prism_68), New York, NY; **8** Picture-Alliance (dpa-infografik), Frankfurt; **10** Bergmoser + Höller Verlag, Aachen; **11** CCC, www.c5.net (Reiner Schwalme), Pfaffenhofen a.d. Ilm; **12** Bergmoser + Höller Verlag, Aachen; **13** Bergmoser + Höller Verlag, Aachen; **14** CCC, www.c5.net (Horst Haitzinger), Pfaffenhofen a.d. Ilm; **14** Statistisches Bundesamt - DESTATIS, Wiesbaden; **15** iwd-Informationsdienst des Instituts der deutschen Wirtschaft Köln, Nr. 9/2009 © Deutscher Instituts-Verlag GmbH; **15** Picture-Alliance (dpa-infografik), Frankfurt; **16** Bergmoser + Höller Verlag, Aachen; **16** ww.isw-muenchen.de, München; **18** Kaiser, Egon, Waiblingen; **24** CCC, www.c5.net (Freimut Woessner), Pfaffenhofen a.d. Ilm; **25** Picture-Alliance (dpa-infografik), Frankfurt; **25** CCC, www.c5.net (Fritz Behrendt), Pfaffenhofen a.d. Ilm; **27** CCC, www.c5.net (Thomas Plaßmann), Pfaffenhofen a.d. Ilm; **27** Bundesagentur für Arbeit, Nürnberg; **28** Bundesministerium der Finanzen, Berlin; **28** CCC, www.c5.net (Thomas Plaßmann), Pfaffenhofen a.d. Ilm; **29** Bundesministerium der Finanzen, Berlin; **30** Picture-Alliance (dpa-infografik), Frankfurt; **31** Picture-Alliance (dpa-infografik), Frankfurt; **31** ww.isw-muenchen.de, München; **32** Picture-Alliance (maxppp), Frankfurt; **33** Fotolia LLC (Pascal Demure), New York; **34** Wikimedia Foundation Inc., St. Petersburg FL; **34** Bundesarchiv (Katherine Young), Koblenz; **35** EZB, Frankfurt; **36** Fotolia LLC (m.schuckart), New York; **36** Deutsche Bundesbank, Frankfurt am Main; **37** Deutsche Bundesbank, Frankfurt am Main; **37** Wikimedia Foundation Inc. (PD - International Monetary Fund), St. Petersburg FL; **37** Wikimedia Foundation Inc. (Monika Flueckiger, World Economic Forum - CC-BY-SA-3), St. Petersburg FL; **37** EZB (Martin Joppen), Frankfurt; **38** Bergmoser + Höller Verlag, Aachen; **38** Deutsche Bundesbank, Frankfurt am Main; **40** Fotolia LLC (Gina Sanders), New York; **40** Deutsche Bundesbank, Frankfurt am Main; **41** Publikation Geld und Geldpolitik, Deutsche Bundesbank; **42** AKG, Berlin; **42** Wiedenroth, Götz (Wiedenrath), Flensburg; **43** Deutsche Bundesbank, Frankfurt am Main; **43** Fotolia LLC (Scott Karcich), New York; **43** Fotolia LLC (WK), New York; **43** Fotolia LLC (Daniel Burch), New York; **43** Fotolia LLC (Ferenc Szelepcsenyi), New York; **45** Deutsche Bundesbank, Frankfurt am Main; **48** Bundesverband deutscher Banken (Hrsg.), Schul|Bank, Ordner Wirtschaft - Materialien für den Unterricht, Berlin 2009, Kapitel 3.10, S. 112; **51** Bundesverband deutscher Banken (Hrsg.), Schul|Bank, Ordner Wirtschaft - Materialien für den Unterricht, Berlin 2009, Kapitel 3.10, S. 112; **51** http://www.bankenverband.de/themen/finanzmaerkte-konjunktur/leitzinsen/die-leitzinsen-der-europaeischen-zentralbank/; **52** Bundesverband deutscher Banken (Hrsg.), Schul|Bank, Ordner Wirtschaft - Materialien für den Unterricht, Berlin 2009,Kapitel 3.10, S. 112; **52** Deutsche Bundesbank, Frankfurt am Main; **53** Die Geldpolitik; **54** Verlag C. H. Beck oHG, München; **54** Fotolia LLC (Phototom), New York; **56** Roger Schmidt, Karikatur-Cartoon, Brunsbüttel; **56** CCC, www.c5.net (Jürgen Tomicek), Pfaffenhofen a.d. Ilm; **57** EZB (leitzinsinfo), Frankfurt; **60** Donaukurier, Ingolstadt; **60** Deutsche Bundesbank, Frankfurt am Main; **61** Lucius & Lucius Verlagsgesellschaft mbH, Stuttgart; **61** Fotolia LLC (tomtitom), New York; **62** APPLE GmbH, München; **63** shutterstock (Karin Hildebrand Lau), New York, NY; **64** Bergmoser + Höller Verlag, Aachen; **68** Fotolia LLC (Reiner Wellmann), New York; **69** Fotolia LLC (ewolff), New York; **71** Picture-Alliance (dpa-infografik), Frankfurt; **72** Picture-Alliance (dpa-infografik), Frankfurt; **72** aus N. Gregory Mankiw/Mark P. Taylor: Grundzüge der Volkswirtschaftslehre. 4., überarbeitete und erweiterte Auflage. S. 768.© 2008 Schäffer-Poeschel Verlag für Wirtschaft - Steuern - Recht GmbH & Co. KG in Stuttgart.; **73** Picture-Alliance (dpa-infografik), Frankfurt; **74** Picture-Alliance (dpa-infografik), Frankfurt; **75** Picture-Alliance (dpa-infografik), Frankfurt; **77** Bergmoser + Höller Verlag, Aachen; **78** Picture-Alliance (dpa-infografik), Frankfurt; **79** Bergmoser + Höller Verlag, Aachen; **84** Picture-Alliance (dpa-infografik), Frankfurt; **86** Fotolia LLC (gourmecana), New York; **87** Fotolia LLC (Kautz15), New York; **88** Fotolia LLC (Kati Molin), New York; **96** Fotolia LLC (Adagio), New York; **97** Fotolia LLC (Starwalker), New York; **98** ce-comico.de (Marcus Gottfried), Solingen; **99** Deutsche Bundesbank, Frankfurt am Main; **106** Fotolia LLC (klickit), New York; **107** Fotolia LLC (Horst Schmidt), New York; **108** Kaster, Petra; **120** Fotolia LLC (Gunnar Leon), New York; **121** Fotolia LLC (Liv Friis-larsen), New York; **122** Fotolia LLC (Reicher&Reicher), New York; **126** CCC, www.c5.net (Hürlimann), Pfaffenhofen a.d. Ilm; **128** Deutsche Bundesbank, Frankfurt am Main; **129** EZB, Frankfurt; **130** Heinisch, Philipp, Berlin; **131** Bergmoser + Höller Verlag, Aachen; **132** Thomas Plaßmann, Essen

Die Informationen auf der Bundesbank-Website sind kostenfrei erhältlich.

**Sollte es in einem Einzelfall nicht gelungen sein, den korrekten Rechteinhaber ausfindig zu machen, so werden berechtigte Ansprüche selbstverständlich im Rahmen der üblichen Regelungen abgegolten.**